FACULTÉ DE DROIT DE LYON

DE LA CONDITION DES ENFANTS NATURELS A ROME

ET DE LEUR LÉGITIMATION

ESSAI

SUR LES

EFFETS DE LA RECONNAISSANCE

DES ENFANTS NATURELS

EN DROIT CIVIL FRANÇAIS

PAR

H^y BARRIER,

Avocat à la Cour d'Appel de Lyon

LYON

IMPRIMERIE DU SALUT PUBLIC

BELLON, RUE DE LA RÉPUBLIQUE, 33

1880

THÈSE POUR LE DOCTORAT

DE LA CONDITION DES ENFANTS NATURELS A ROME

ET DE LEUR LÉGITIMATION

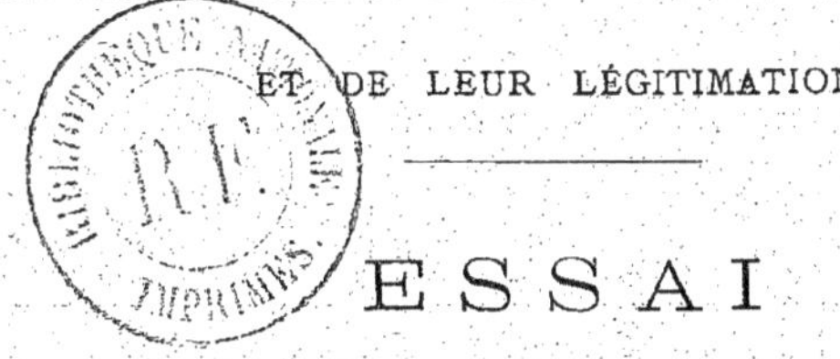

ESSAI

SUR LES

EFFETS DE LA RECONNAISSANCE

DES ENFANTS NATURELS

EN DROIT CIVIL FRANÇAIS

THÈSE

POUR LE DOCTORAT

PAR

H^y BARRIER,

Avocat à la Cour d'Appel de Lyon

LYON

IMPRIMERIE DU SALUT PUBLIC

BELLON, RUE DE LA RÉPUBLIQUE, 33

1880

FACULTÉ DE DROIT DE LYON

MM. Caillemer ✳, correspondant de l'Institut, doyen, professeur de
    Code civil,
  Mabire, professeur de Code civil.
  Garraud, professeur de Droit criminel.
  Appleton, professeur de Droit romain.
  Brémond, professeur de Procédure civile.
  Flurer, professeur de Code civil.
  Thaller, professeur de Droit commercial.
  Rougier, professeur d'Économie politique.
  Enou, professeur de Droit administratif.
  Audibert, agrégé, chargé du cours de Droit romain.
  Hanoteau, agrégé, chargé du cours des Pandectes et de Législa-
    tion industrielle.
  Cohendy, agrégé, chargé du cours de Droit constitutionnel.
  Giraud, secrétaire, agent comptable.

JURY DE LA THÈSE

Président : M. Caillemer, doyen.

Suffragants : MM. Mabire
       Appleton
       Flurer   } professeurs.
       Enou
       Hanoteau, agrégé.

MEIS ET AMICIS

DE LA CONDITION

DES

ENFANTS NATURELS A ROME

ET DE

LEUR LÉGITIMATION

Nous ne nous proposons pas de présenter ici une monographie complète des enfants naturels d'après le droit romain. L'étude d'un pareil sujet dépasserait en même temps la mesure de nos forces et les limites d'un travail comme celui-ci. Notre but, plus modeste, est de rechercher quelle est la condition faite à Rome aux enfants issus de cette union d'ordre inférieur qui est le concubinat, de préciser leurs droits, d'indiquer les déchéances dont il sont frappés et le degré d'infériorité où il se trouvent placés vis-à-vis des enfants nés d'une union légitime, d'un *justum matrimonium*. Nous étudierons ensuite quels ont été, aux différentes époques de la législation romaine, les modes de légitimation, c'est-à-dire, comment il fut possible de relever ces enfants de la situation défavorable où ils étaient placés. Enfin nous déterminerons les effets produits par la légitimation.

Mais il est indispensable de donner en commençant quelques notions préliminaires sur le mariage légitime, le *justum matrimonium*, et sur le *concubinatus*, notions sans lesquelles il serait absolument impossible de comprendre le sujet que nous voulons traiter.

CHAPITRE PREMIER

Notions préliminaires.

Le droit romain connaissait diverses espèces d'unions : le *justum matrimonium* ou les *justæ nuptiæ*, le véritable mariage du droit civil ; le *matrimonium injustum*, ou mariage de droit des gens ; le *concubinatus*, mariage libre, qui ressemble beaucoup, dans ses effets, au précédent ; l'union entre esclaves ou *contubernium* ; enfin le *stuprum*, union réprouvée par la morale. Toutes, sauf la dernière, sont permises et sont considérées comme honnêtes.

Nous n'avons rien à dire du *contubernium* ni du *stuprum*. Le *contubernium* est une union purement de fait et n'entraînant aucune espèce d'effets civils, hors, après affranchissement, certains empêchements à mariage entre parents à certain degré, basés sur la morale et la décence publique. A part cela, et avant Justinien, « *ulla antiqua lege talis cognatio computabatur*[1]. » Cela se comprend : l'esclave

(1) Instituts, lib. III, tit. VI, § 10.

n'étant pas une personne, mais une chose, au même titre qu'une bête de somme quelconque, on ne pouvait attacher juridiquement à son union plus d'effets qu'à celle des animaux appartenant au même propriétaire.

Le *stuprum* est une expression un peu large et qui comprend plusieurs cas. On peut dire qu'une union rentre dans la catégorie du *stuprum* toutes les fois qu'elle est honteuse. Ainsi, le viol est un *stuprum;* l'adultère, l'inceste, indépendamment de leur caractère criminel, sont aussi un *stuprum* [1]. On doit aussi y comprendre un commerce entre personnes qui auraient pu s'épouser, c'est-à-dire, qui n'est ni incestueux, ni adultérin, mais un commerce purement passager, qui se différencie par ce caractère des autres unions qui supposent la perpétuité ou, du moins, une durée illimitée.

En dehors de ces unions illicites et contraires aux bonnes mœurs, ou, tout au moins, sans effets légaux, il y en avait d'autres que la loi reconnaissait et auxquelles elle attachait certains effets : c'étaient le *justum matrimonium*, le mariage par excellence des romains ; puis le mariage de droit des gens, dont les romains usèrent beaucoup sous le nom de *concubinatus*, concubinat.

Il convient de comparer l'une à l'autre ces deux institutions.

Les créations du droit civil des romains étaient réservées aux seuls citoyens ; exclusivement propres à ceux qui faisaient partie de la cité. Par conséquent, le mariage tel qu'il est organisé et réglementé par les lois romaines, avec toutes les conditions requises pour sa possibilité et tous ses effets civils que nous allons indiquer, était l'apanage des seuls citoyens de la ville de Rome : le *justum matrimonium*, les

____

(1) *Pour l'inceste*, loi 4, au Code, titre, *de nuptiis*, livre V, titre 4.

justæ nuptiæ, étaient inaccessibles à quiconque ne possédait pas le droit de cité romaine.

Définissons les justes noces, pour faire ressortir les différences qui existent entre elles et le concubinat et que nous indiquerons bientôt. Tirons de cette définition les conditions requises pour les contracter et examinons en quelques mots quels effets sont produits par elles.

Le mariage est l'union perpétuelle de l'homme et de la femme pubères, ayant le *connubium,* contractée pour partager l'existence et la condition l'un de l'autre. C'est ce que veulent dire les mots : « individuam vitæ consuetudinem continens [1]. »

Dans ce que nous venons de dire, ce qui est le propre du mariage du droit civil, c'est, d'une part, le *connubium* qui est une condition du mariage ; d'autre part, l'égalité de position sociale entre époux, qui en est un effet.

Commençons par les conditions imposées pour que le mariage soit possible. Ce sont : l'âge, le consentement, le *connubium.* Les deux premières sont communes aux unions régulières autres que le mariage du droit civil : nous n'avons pas à nous y appesantir.

Mais qu'est-ce que le *connubium ?* C'est là une de ces institutions du droit civil auxquelles ne participent que les citoyens romains. C'est la faculté de se marier avec telle personne déterminée. C'est une capacité tout à fait relative. Le *connubium* n'existe qu'entre deux personnes qui font partie de la même cité, qui n'appartiennent pas à la même *familia* et qui sont membres de la même caste. Ces trois conditions doivent concourir. D'où suit qu'une union contractée entre un magistrat et une femme de la province

(1) Instit. I. IX, § 1. — *Comparer* L. 1, *Digeste,* lib. XXIII, t. 2.

qu'il administre ; entre romain et étranger ; entre patricien et plébéien , au moins à l'origine ; entre ingénu et affranchi, peut bien être régulière, ne pas être *stuprosa*, mais bien un *matrimonium* ; cependant, elle ne saurait jamais constituer le *justum matrimonium*.

Avec le temps, ces prohibitions s'adoucirent. Ainsi, sous l'empereur Théodose II, il n'était plus défendu de se marier qu'avec des barbares ; car, à cette époque, dans l'empire, il n'y avait plus de variétés entre les personnes. Depuis Antonin Caracalla, on comptait autant de citoyens dans l'Etat qu'il y avait de sujets [1] et le *connubium* existait entre tous, comme nous le voyons dans de beaux vers du poète Prudence. La sanction de la prohibition réservée par Théodose, qui était la mort, fut abolie elle-même par Justinien. De même, les distinctions et les différences de castes cessèrent petit à petit d'être des empêchements au *connubium*. Sous Justinien, il n'y a plus que les sénateurs et descendants d'eux qui ne puissent plus s'unir à des affranchis [2] ; et encore, *indulgentia principis*, les sénateurs pouvaient être exemptés de cette prohibition [3]. Enfin, Justinien pour des motifs à lui particuliers, leva toute espèce de prohibition au mariage fondée sur la différence de condition des contractants.

Voici, en peu de mots, en quoi consistait la plus importante des conditions requises pour qu'il y eût *justæ nuptiæ*, le *connubium*. Il convient de dire que, pour des motifs d'ordre public, l'exercice du *connubium* pouvait être momentanément suspendu. Ainsi, le tuteur, le curateur, ne pouvaient

(1) L. 17 D. I. 5.
(2) L. 34, § 1 D. XXIII. 2.
(3) L. 31 D. XXIII-2.

épouscr leurs pupilles, sauf le cas où le père les avait fiancés ensemble[1]. Il en était de même du fils ou de l'affranchi du tuteur (*eisd. leg.*); mais les comptes de tutelle une fois rendus, et l'ex-pupille âgé de vingt-six ans, toutes choses rentraient dans le droit commun, et le mariage redevenait possible. Il y avait même prohibition temporaire pour le fonctionnaire impérial ou son fils dans les provinces : ils n'y pouvaient prendre, tant que durait la fonction, une *justam uxorem* « Quæ species pupillæ comparanda est[2] » ; mais le temps de la magistrature expiré, le mariage n'était plus interdit[3].

Examinons maintenant très-brièvement les effets des justes noces, pour en faire ressortir les différences avec les autres espèces de mariage dont nous allons bientôt parler.

Ces effets se rattachent à quatre ordres d'idées : aux devoirs des époux, à la condition de la femme, aux enfants nés du mariage, aux biens des époux.

Devoirs des époux. — Avec toutes leurs conséquences, le mari prend le titre de *vir ;* la femme, celui d'*uxor justa.* Ils se doivent mutuellement fidélité, secours et assistance. La fidélité est sanctionnée, non-seulement par le divorce, mais encore par le *crimen adulterii* puni de mort après Constantin. Mais il faut remarquer que le *crimen adulterii* ne peut être intenté que contre la femme. L'infidélité du mari, si coupable qu'elle soit, ne constitue pas un adultère proprement dit, mais bien un *stuprum.* Pour nous en convaincre, nous n'avons qu'à consulter les textes qui traitent de cette

(1) L. L. 36-37-66. D. *Eod. tit.*
(2) L. 63. D *eod. tit.*
(3) L. 65, § 1 D. *eod. tit.*

matière. Nous remarquerons d'abord en passant qu'ils ne parlent jamais que de la femme exclusivement, pas une seule fois du mari. Mais de plus, si nous lisons la loi 6 au Digeste, lib. 48 tit. 5, nous voyons ces mots : « Proprie adulterium in nupta committitur, propter partum ex altero conceptum composito nomine » . La loi 34, *eodem titulo* se sert des mêmes expressions « adulterium in nupta admittur. » Il en est de même à la loi 101, Digeste, lib. 50, tit. 16. Il s'ensuit que, puisque l'adultère ne peut être commis qu'avec une femme mariée, un mari ne sera pas adultère par cela seul qu'il aura été infidèle. Il sera adultère quand il aura détourné une femme mariée, ou pour mieux dire, il sera complice de l'adultère de cette femme ; mais en lui donnant ce nom, on a en vue non pas son mariage à lui, dont il a violé la foi, mais celui de sa complice où il est allé porter le trouble.

Cette distinction présente de l'intérêt au point de vue des peines qui frappent les coupables. L'adultère de la femme, comme nous l'avons dit, est puni de mort depuis Constantin : « Sacrilegos autem nuptiarum, gladio puniri oportet » dit une Constitution de l'an 326[1].

La peine du *stuprum* infligée au mari, est, outre la note d'infamie, la confiscation au profit du trésor public de la moitié de ses biens et la déportation dans une île[2].

Les conséquences du devoir de secours et assistance sont le bénéfice de compétence[3] ; la dispense de déposer en justice l'un contre l'autre[4] le non-usage de l'action *furti,*

(1) L. 30 C. IX, 9.
(2) Inst. IV, 18 § 4 — Pauli Sent. II. 26 § 14.
(3) Inst. IV, *tit.* 6, § 37 L. L. 17-20, D. XLII. 1.
(4) L. 4 D. XXII-5.

action infamante, entre époux ; mais seulement la possibilité d'une action *in factum rerum amotarum*, puis certains
droits de succession ; obligation pour la femme de suivre
le mari partout où il lui plaît de résider [1] ; communauté de
domicile. Comme sanction de ces deux derniers droits, le
mari a contre le *paterfamilias* de la femme une action spéciale
pour se la faire livrer : c'est l'interdit *de uxore exhibendâ et
ducendâ* [2].

Condition de la femme. — L'*uxor justa* prend la condition
de son mari, partage ses honneurs, s'il exerce quelque
charge publique, sa noblesse, s'il en a ; de même, elle
déchoit et déroge si elle épouse un homme d'une condition
inférieure à la sienne [3]. La puissance maritale spécialement
connue sous le nom de *manus* n'est pas nécessairement produite par le mariage.

Quant aux biens. — Le mariage rend possible une constitution de dot et la dot ne peut exister qu'en cas de légitime mariage, car elle est apportée *ad sustinenda matrimonii
onera.* Avant Justinien et dans le droit classique, la dot passait en toute propriété au mari, d'une manière définitive et
sans restitution, si elle avait été constituée par une personne
autre que le *paterfamilias* de la femme (dot adventice); elle
devait, au contraire, être restituée à ce *paterfamilias*, si
c'était lui qui l'avait constituée (dot profectice); ou si une
personne quelconque l'avait donnée avec réserve de retour
(dot réceptice), à ce donataire. Il y avait pourtant une

(1) L. 9. C. X. 39.
(2) L. 2. D. XLIII-30.
(3) L. L. 1 § 1, 8. D. I. 9.

exception à ce principe : lorsque le mariage se dissolvait par le divorce, la femme pouvait réclamer sa dot au moyen d'une action nommée action *rei uxoriæ*, si la femme était *sui juris* c'était elle-même qui agissait ; lorsque, au contraire, elle était encore en puissance paternelle, c'était le père au nom et avec le concours de sa fille. Peu importait l'origine de la dot : que le père ou toute autre personne l'eût constituée, il en était de même[1]. Quoique le texte d'Ulpien ne vise que l'hypothèse du divorce, nous pouvons généraliser cette solution et l'étendre à tous les cas où la femme survivait à la dissolution du mariage, car le motif d'ordre public qui avait inspiré les jurisconsultes, se présente avec une égale force dans l'une et l'autre hypothèse, savoir : assurer à la femme une fortune pour faciliter un second mariage : « Interest reipublicæ mulieres dotes salvas habere, propter quas nubere possunt[2]. »

Justinien déclare que, sous le bénéfice de certaines retenues, le mari devra toujours restituer la dot à la femme (divorce), ou à ses héritiers (prédécès de la femme). De plus, cet empereur décide que le domaine direct des biens dotaux demeure à la femme ; que le mari n'a plus sur eux qu'un droit utile qui ressemble plus ou moins à l'usufruit. Enfin, il rend la dot immobilière inaliénable, même quand la femme consentirait à son aliénation. Nous ne faisons, bien entendu, qu'indiquer ici, sans les développer, les traits caractéristiques des effets du mariage sur les biens des époux.

(1) Ulp. *Reg.* VI, § 6.
(2) L. 19 D. 23. 2).

Quant aux enfants. — Nous avons réservé ces effets du mariage pour les derniers, car ils nous intéressent particulièrement, à cause du but de cette étude. D'abord, conçus pendant le mariage, les enfants ont un père connu, certain, qui est le mari : *pater is est quem justæ nuptiæ demonstrant ;* conçus avant, ils sont légitimés *per subsequens matrimonium,* sous la condition essentielle, toutefois, que ce soient des *liberi naturales* issus du concubinat et non des *spurii,* fruits du *stuprum* [1] ; conçus pendant le concubinat et nés après que les père et mère ont contracté de *justæ nuptiæ,* ils naissent légitimes et non légitimés. (*Eod. loco*).

Le mariage, quant à eux, produit l'agnation, ou parenté civile, avec tous les agnats du père, leur donne son nom, et fait naître en sa faveur le droit si important, si capital, en droit romain, qui est la puissance paternelle. Nous ne saurions entrer ici dans les détails ; mais ce droit n'a aucun rapport avec celui qui porte le même nom dans le droit français. Ce droit est un véritable *dominium,* un vrai droit de propriété, qui, du moins à l'origine, ne diffère guère de la puissance du maître sur les esclaves [2]. Cette puissance, sans application dans le droit public et dans l'ordre politique consiste dans la possibilité pour le *paterfamilias* de disposer de la personne, de la vie, de la nationalité, de la liberté des enfants légitimes : faculté d'exposer l'enfant en bas âge, coutume barbare que le christianisme dût employer tous ses efforts à déraciner ; de le donner, le vendre, l'abandonner en réparation d'un dommage causé par lui, le mettre à mort. Ces droits exorbitants se perdirent peu à peu. Entamé par

(1) L. II C. V. 27.
(2) Maynz, tome 3, § 326.

Adrien, puis par Alexandre Sévère [1], le droit de vie et de
mort fut aboli par Constantin qui punit de la peine du
parricide le père qui aurait tué son enfant [2]. L'abandon
noxal, encore usité du temps de Paul, était au VIe siècle,
complètement tombé en desuétude. et les Instituts enseignent que désormais il n'aura plus lieu [3]. Le droit de vente,
d'abord illimité, fut condamné par Caracalla et par Dioclé-
tien [4]. Constantin, pour prévenir l'exposition des nouveau-
nés, permit de les aliéner au père qui se trouvait hors d'état
de les élever, disposition conservée par Justinien sous les
mêmes conditions.

Relativement aux biens, la puissance paternelle consiste
dans l'identité de personne juridique entre le *parens* et tous
ceux qui sont soumis à sa *patria potestas ;* dans la substitu-
tion pupillaire et dans l'exercice des actions. Il en résulte
que les personnes en puissance ne peuvent pas, en principe, posséder en propre davantage que l'esclave : il leur
est possible, comme à lui, d'avoir la jouissance d'un pécule,
mais voilà tout. Cependant, peu à peu, les enfants de famille
sont considérés comme *patresfamilias* relativement à leur
pécule *castrens, quasi-castrens,* puis ensuite, quant aux biens
de leur mère prédécédée (pécule adventice). Enfin, sous
Justinien, tout ce que le *filius familias* ne tient pas de son
parens lui-même, et quelle que soit la cause d'acquisition,
lui demeure en toute propriété. Le père n'en a plus que la
jouissance [5].

---

(1) L. 5, D. 48.9 — L. 2. D. 48.8.
(2) L, un. *Code Théodosien,* 9.15 — L. un. Code de Justinien, 9.17.
(3) *Pauli Sententiæ,* 2. 31 § 9 — Inst. IV, VIII § 7.
(4) LL. C. 1. C. 4, 43 — 1, C. 7. 6 — 6. 8. 17.
(5) Instit. II. IX, § 1 — L. 6. C., § 6, 61.

La *patria potestas* impose au *parens* l'obligation de nourrir et élever ses enfants[1] ; aux enfants, celle d'honorer l'ascendant. Nous en trouvons un exemple dans la dispense accordée au père usufruitier du pécule adventice de son fils de lui donner caution pour la restitution de ce pécule.

On serait tenté de rapporter à la même cause (la *patria potestas*), la prohibition de citer en justice le *parens* sans une autorisation, et celle de lui intenter des actions infamantes, remplacées, pour lui, par des actions *in factum* produisant les mêmes résultats. Nous ne croyons pas que ce rapprochement soit exact. Cette prohibition découle moins, à notre avis, de la puissance paternelle que du lien du sang qui rattache entre eux certains individus. En effet, le Digeste nous offre des textes fort précis, d'après lesquels défense est faite de citer en justice sans autorisation des personnes sous la puissance desquelles on n'est cependant point. Ainsi, voici ce que nous lisons dans la L. 4, §§ 1, 2, 3, lib. 2, tit. 4 : « prætor ait: parentem..... in jus sine permissu meo ne quis vocet Parentem hic *utriusque sexus* accipe. » On ne peut donc citer en justice sa mère, et pourtant jamais un fils n'est en puissance de sa mère : la puissance maternelle n'existe point. Ulpien enseigne dans le même fragment que l'enfant *vulgò quæsitus*, ne peut assigner sa mère, et pourtant il n'est pas en puissance : il est *sui juris*. Il y avait même controverse entre les deux écoles de jurisconsultes romains sur le point de savoir si le mot *parentes* placé dans l'Edit ne s'appliquait pas au père esclave ; les Proculiens soutenaient que le fils affranchi ne pouvait pas citer sans autorisation son père affranchi comme lui, et certes,

[1] L. 134, D. 50, 16.

l'on n'a jamais prétendu qu'il y eût puissance paternelle dans cette hypothèse. Dans la L. 8 pr. *eod. tit.*, nous voyons ceci qui est bien caractéristique : « naturalem parentem ne quidem dum est in adoptiva familia, in jus vocari permittitur. » Ainsi, voilà un fils que son père a donné en adoption. La puissance du père selon la nature est alors dissoute, et cependant il ne peut être cité en justice par ce fils qui ne dépend plus de lui, sans une permission du magistrat. Cela reste incompréhensible si l'on n'admet pas, comme nous, que la prohibition tient au lien du sang qui unit le fils au père, quelle que soit leur position respective au point de vue civil. De là à conclure que le fils émancipé ne peut assigner son père, il n'y a qu'un pas, et d'après ce qui précède, on voit que ce pas doit être franchi. Le fils adoptif au contraire, que le sang ne rattache pas à son père, peut le citer en justice sans aucune permission, dès qu'il n'est plus sous la puissance de ce dernier. (*Ead. lege.*)

La *patria potestas* donne, enfin, dans le droit classique, à celui qui y est soumis, le droit de succéder ab intestat à l'ascendant chef de famille. Sous Justinien, la législation des Novelles opère une réforme radicale : On s'attache, désormais, pour la dévolution des successions, aux seuls liens du sang, sans considérer si les héritiers sont agnats ou cognats seulement. Ce n'est dès lors, plus la puissance paternelle, mais la parenté qui produit le droit successoral.

Le *justum matrimonium* a pour dernier effet de relever, selon les circonstances, des peines et déchéances portées contre les *cœlibes* et contre les *orbi*.

Pour terminer ce que nous avons à dire sur le mariage des citoyens Romains, disons qu'il se dissout par la mort naturelle ou civile de l'un des deux époux (*capitis deminutio*)

et par le *repudium* ou divorce, inusité jusqu'à la fin de la
République [1] ; puis sa fréquence devint bientôt scandaleuse.
Il fut réglementé par Auguste, dans la loi *Julia de adulteriis*,
mais sans succès [2], et, plus tard, restreint encore, grâce à
la salutaire influence du christianisme [3], par l'application
de peines pécuniaires ou même afflictives.

A côté du mariage du droit civil, dont nous venons de
signaler les traits les plus saillants et les éléments essentiels
ou distinctifs, il existait d'autres unions, non prohibées par
la loi, qui ne présentaient rien de honteux. Nous citerons
les mariages entre étrangers, ou entre Romains et étrangers. On sait dores et déjà que ce n'étaient jamais là de
justæ nuptiæ, mais ces unions pouvaient n'en être pas moins
parfaitement régulières, stables et honorables. C'était là ce
qu'on appelait le mariage du droit des gens, considéré dans
la rigueur exclusive du droit romain comme une simple
union de fait, parce que le *connubium* n'existait pas entre les
conjoints. Eh bien, il en était de même du concubinat. Un
citoyen, cela dut arriver bien des fois, aurait voulu épouser
une femme appartenant à une autre classe de la société
(patricien et plébéienne ou réciproquement), ou un ingénu
aurait désiré prendre pour femme une affranchie, ou même
une personne non honorable. Or, la loi ou l'opinion publique le lui défendait. Cependant, qu'il entretînt avec une
telle femme des relations régulières, honnêtes, enfin ; il
était évident, bien qu'il n'y eut pas le mariage romain
impossible, qu'il y avait quelque chose de plus qu'une liaison
coupable ; une situation qui ne pouvait être déconsidérée ni

---

(1) Valère-Maxime, lib. 2. c. 1, n° 4. *De matrimoniorum ritu.*
(2) Sénèque, *de beneficiis*. lib. 3, c. 16.
(3) Ozanam, *La Civilisation au V° siècle*, tome II, 14° leçon.

méprisée dans la société. Voilà ce qu'était le concubinat. Une telle espèce d'union entra si bien dans les mœurs des Romains, qu'il devint impossible au législateur de ne pas s'en occuper. On croit que ce sont les lois *Julia* et *Papia Poppœa* qui ont, les premières, réglementé cette institution.

Ici trouve sa place la question suivante :

Une esclave peut-elle être concubine ? Nous pensons que cela est possible, et voici, croyons-nous, comment on peut établir cette opinion ; il y a deux manières de le faire :

Ulpien dit, dans son Commentaire sur la loi *Julia* et *Papia Poppœa*[1] : « Cum Atilicino sentio et puto solas eas in concubinatu habere posse sine metu criminis, in quas strupum non committitur. » On ne peut prendre pour concubines que des femmes avec lesquelles on ne commet pas un *stuprum*. Quelles sont ces femmes ? Telle est la question. Tout se réduit à savoir si un *stuprum* peut être commis avec une esclave ; de sorte que si l'on prouve que des relations entretenues avec une *ancilla* ne constituent point un *stuprum*, on démontre par cela même et d'une manière implicite que l'*ancilla* peut être concubine.

Or, Papinien nous enseigne[2] que lorsqu'on avait eu commerce avec une esclave, on échappait aux pénalités portées par la loi *Julia de adulteriis* contre l'adultère ou le *stuprum*, car ces pénalités n'étaient applicables que lorsque le délit était commis entre personnes libres : « Inter liberas tantum personas adulterium stuprumve passas, lex Julia locum habet. » S'il était commis avec une esclave, on pouvait être poursuivi par l'action de la loi *Aquilia*, par l'action d'injure ou par l'action *de servo corrupto*. Ce premier texte

(1) L. 1 § 1, D. 25. 7.
(2) l. 6 pr. D. 48. 5.

nous montré déjà que l'on distinguait au point de vue pénal, si les relations avaient eu lieu entre personnes libres ou avec une esclave, et que les peines du *stuprum* n'étaient encourues que dans la première hypothèse.

Mais voici un autre texte, plus probant, peut-être, dans le sens que nous indiquons. Il est de Modestin : « Stuprum committit qui liberam mulierem consuetudinis causa, non matrimonii continet; excepta videlicet concubina[1]. » Ainsi, pour commettre un *stuprum*, il faut vivre hors mariage et hors du concubinat avec une femme libre. La liberté de la femme est donc une condition requise pour qu'on puisse dire qu'il y a *stuprum*. Par conséquent, si l'on a vécu avec une esclave, il n'y a point de *stuprum :* « In serviles personas, dit Pothier[2], ex antiquo romanorum instituto, stuprum committi non videbatur. » Cujas professe la même opinion. La raison pour laquelle les relations avec une esclave ne sont pas *stuprosœ*, est la suivante : c'est une conséquence de ce vieux principe romain que l'esclave ne possède point de personnalité civile[3].

Puisque, d'une part, il faut que la femme soit libre pour qu'on commette avec elle un *stuprum*, et que, par argument a contrario, cela ne peut pas arriver avec une *ancilla;* puisque, d'autre part, on peut prendre pour concubine une femme *in quam stuprum non committitur*, la démonstration de notre proposition n'est-elle pas faite, n'est-il pas prouvé que l'esclave peut être prise pour concubine ?

La même démonstration peut se faire d'une autre manière, avec le secours d'un autre texte et sans recourir à l'argument a contrario. Voici comment :

(1) l. 34, D. *eod. tit.*
(2) Pandectes, *ad hanc legem.*
(3) Pothier, *eod. loco.*

Il existe un fragment de Paul, qui statue dans l'hypothèse suivante : Il s'agit d'une hypothèque générale donnée
par un débiteur sur tous ses biens, et le jurisconsulte énumère certains objets mobiliers qui échappent à cette hypothèque. C'est une question d'insaisissabilité : « Omnibus
bonis quæ quis habet quæque habiturus est obligatis, nec
concubina, nec filius naturalis; nec alumnus, nec ea quæ
in usu quotidiano habet, obligantur[1]. » Ce texte nous annonce que la concubine n'est pas soumise à l'hypothèque :
elle ne peut pas être saisie. Mais pour qu'il en soit ainsi, il
faut que cette concubine soit un objet mobilier susceptible
d'être hypothéqué, et, pour qu'elle remplisse cette condition, il faut de nécessité absolue que cette femme soit esclave,
car il est non moins impossible qu'une personne de condition
libre soit grevée d'hypothèque. La conclusion qui s'impose
est donc celle-ci : la femme esclave peut être concubine.

Mais, pourrait-on nous objecter, le mot *concubina* n'est
peut-être pas pris ici dans le sens précis et exclusif que nous
lui donnons. Cette expression latine, pour nous, est devenue
un terme scientifique, dont le sens ne varie plus; mais,
pour les romains, c'était un mot usuel, employé dans le
langage courant, dont l'acception n'était pas rigoureuse :
de même que nous parlons latin lorsque nous voulons nous
exprimer d'une manière technique, les romains parlaient
grec. Par conséquent, l'esclave dont parle Paul, n'est pas
la concubine au sens juridique du mot, et notre démonstration n'est pas vérifiée.

Peut-être cette objection serait-elle admissible, si dans
le fragment de Paul, le mot *concubina* se trouvait isolé.

____

(1) Pauli *Sent.* lib. V *tit.* VI, § 16.

Mais il n'en est rien. Le jurisconsulte nous apprend que l'enfant qui est né du maître et de cette esclave n'est pas, lui non plus, grevé d'hypothèque , et , cet enfant est traité de *filius naturalis*. Le rapprochement de ces deux expressions significatives de *concubina* et de *filius naturalis* ne saurait être purement fortuit : il est certainement employé par Paul, avec une intention bien raisonnée. Paul a voulu appuyer et insister sur la première expression en lui adjoignant celle de *filius naturalis* et, par là, bien nous montrer qu'il lui donnait le sens que nous lui attribuons nous-mêmes.

Et le mot *filius naturalis*, lui aussi, est pris dans son sens précis et rigoureux. A la vérité, comme tout enfant né hors des justes noces, celui-ci suit la condition de sa mère et se trouve esclave : « Partum ancillæ matris sequi conditionem nec statum patris in hac specie considerari explorati juris est [1]. » « ..... ita ut etsi herilem lectulum ancilla ascenderit, non liberorum domino, sed servorum partum suscipiat [2]. » Mais il n'y a pas, pour cela d'incompatibilité entre les deux conditions d'esclave et d'enfant naturel, pas plus qu'il n'en existe entre celles d'esclave et de concubine. Il est positif, dans tous les cas, que la continuité du commerce entre le maître et l'*ancilla* a suffi pour donner à l'enfant qui en est issu une paternité certaine. C'est le texte même de Paul qui nous le montre. Il n'y a dès lors, rien de bien choquant qu'il puisse porter le titre de *filius naturalis*. Mais, d'ailleurs, voici un nouvel argument en faveur de cette proposition. La Novelle 78, chap. IV, nous dit que si un individu, après avoir eu des enfants de l'une ses esclaves, affranchit celle-ci et l'épouse,

(1) l. 7, C. 3. 32.
(2) Cuja s, *ad hanc legem*.

les enfants acquièrent eux-mêmes la liberté par le fait seul de ce mariage. On peut affirmer, en outre, qu'ils sont légitimés, car Justinien dit ces mots : « Si enim miles relinquens legatum alicui suorum servorum, ipsa donatione legati et libertatem dare videatur, quo modo non multo magis pater si documentum nuptiale conscripserit, habebit proprios filios ex hoc solo et liberos et legitimos successores? »

Il ressort de cette phrase que le maître, en épousant l'esclave, se donne des fils et des héritiers légitimes. Or, quels sont les enfants qui peuvent être légitimés? Ce sont uniquement ceux qui sont nés du concubinat, c'est-à-dire, les véritables *filii naturales*. Et cependant ceux dont parle la Novelle ont été esclaves jusqu'à leur légitimation. Il faut donc qu'ils aient été *filii naturales* quoique en état d'esclavage.

Le concubinat est un mariage. C'est donc une union illimitée dans sa durée, entre l'homme et la femme pubères, contractée pour partager l'existence l'un de l'autre. Mais il n'y a pas besoin du *connubium*.

Puisque c'est un mariage, on comprend qu'il doive présenter de grandes ressemblances avec les *justæ nuptiæ* : il faut la capacité et la puberté, [1] comme pour le mariage du droit civil. Il faut aussi, en principe, le consentement du *paterfamilias*. Cependant, cette dernière condition est ici moins rigoureusement exigée, parce que le concubinat ne fait pas entrer les enfants en puissance paternelle et ne donne pas au *parens* malgré lui des héritiers siens.

Il n'y a pas plus de formes solennelles pour le mariage que pour le concubinat, ce qui rend parfois difficile leur distinction [2] ; tous deux sont des unions monogames [3] :

(1) L. 1, § 4, D. 25.7.
(2) L. 3 pr., D. 25, 7. — L. 24, D. 23.2.
(3) L. un, C. 5.26.

il n'est pas permis d'avoir, à la fois, une concubine et une femme légitime, non plus que plusieurs concubines en même temps.

Mais, entre ces deux institutions, les différences sont nombreuses et capitales. L'indication des principales va nous faire connaître les effets du concubinat.

Effets entre concubins. — Nous savons que l'épouse légitime prend la condition et partage les honneurs de son époux. La concubine ne monte pas au même niveau social que son conjoint; elle garde sa condition inférieure. C'est ce qu'expriment les jurisconsultes en disant qu'elle diffère de l'épouse « solo animi affectu, sola aestimatione, nihil interest nisi dignitate [1]. »

Dans le mariage le devoir de fidélité est rigoureusement sanctionné. Il n'y a point de *crimen adulterii* dans le concubinat, sauf un cas spécial, celui où un patron a pris pour concubine son affranchie [2].

Il n'y a pas besoin du divorce pour faire cesser le concubinat.

Le mariage est honorable pour la femme qui prend le titre respectable de *matrona* ou *materfamilias*. Le concubinat, sans être honteux ni déshonorant pour une femme, n'est pas honoré : la concubine n'est pas *matrona*, sauf l'affranchie concubine de son patron.

Il y a bien d'autres différences encore, relativement aux conjoints, entre le mariage et le concubinat. Ainsi, deux concubins peuvent intenter l'un contre l'autre toutes actions, même infamantes ; l'action *furti*, même, pourra l'être :

(1) L. L. 4, D. 25, 7 ; 49 § 4, D. 32, etc.
(2) L. 13 pr., D. 48.5.

« si concubina res amoverit, hoc jure utimur, ut furti teneatur [1]. »

Les concubins ne jouissent pas entre eux du bénéfice de compétence : chacun d'eux peut être condamné envers l'autre à payer la totalité de sa dette.

Ici se place une question très-controversée. On sait que le mariage légitime, les *justæ nuptiæ*, exemptent les époux de certaines déchéances édictées par les lois caducaires contre les célibataires ou les *orbi*. Le concubinat produit-il, à ce point de vue, les mêmes effets que le *justum matrimonium* ? Telle est la question. Certains auteurs enseignent que si l'on se rend bien compte de ce qu'avait voulu faire Auguste en instituant le concubinat, on arrive à se convaincre que cette union procurait des avantages identiques à ceux du mariage lui-même et que les enfants naturels relevaient leurs parents des déchéances portées contre l'*orbitas*, tout comme s'ils étaient légitimes. Cette théorie a été exposée par M. Pilette dans un remarquable article publié dans la Revue historique de droit français et étranger [2]. Le but d'Auguste était d'enrayer les progrès de la dépopulation produite à Rome par la dépravation des mœurs et la cessation des mariages légitimes. Quel remède apporter à cet état de choses ? Fallait-il forcer tout le monde à contracter des justes noces, ne reconnaître que cette sorte d'union et déclarer que les *justi liberi* seuls vaudraient à leurs auteurs des avantages particuliers ? l'empereur devait-il proscrire le concubinat ? « Mais il eût ainsi fait disparaître une union prolifique et que les mœurs étaient loin de réprouver. Ce n'eût pas été très-adroit ! Aussi, loin de réprimer le

(1) L. 17 pr., D. 25.2.
(2) Pilette : *du concubinat chez les romains* ; revue hist., 1865, t. XI.

concubinat, le sagace et prudent empereur le régularise, le consacre, le légitime [1].» Il est notable que cette reconnaissance du concubinat comme institution légale a probablement été faite dans cette même loi Julia qui frappait les *cœlibes*. De son côté, le concubinat fixe la paternité tout comme le mariage. « Eh bien, dit encore M. Pilette, de celui qu'Auguste déclarait père certain de ses enfants, il n'aurait pas fait un *pater !* A ceux qui choisissaient cette union reconnue et consacrée par la loi, il aurait, par une contradiction étrange laissé le titre de *cœlibes* et infligé des pénalités jusqu'à lui inconnues ! cela n'est pas possible ; ce n'est pas ainsi qu'un législateur procède. »

Malgré tout ce que ce système présente de séduisant, nous ne pensons pas qu'il doive être adopté : les personnes qui vivent en concubinat n'échappent donc pas aux peines du célibat, car elles sont elles-mêmes *cœlibes*. En effet le mot latin *cœlebs* ne correspond pas exactement à celui de *célibataire;* l'expression latine présente un sens plus étendu et comprend dans son acception toute personne non actuellement engagée dans les liens d'un mariage légitime, fût-elle, même, veuve ou divorcée. Il y a plus : un mariage même légitime, d'après l'ancien droit civil, mais contracté au mépris des nouvelles prohibitions de la loi *Julia* ne relève pas les conjoints des peines du célibat et il n'en serait pas de même d'un simple concubinat [2] ? Nous savons qu'une controverse s'élève sur ce texte même ; les uns ont dit que le mot *matrimonium* qu'emploie Ulpien, désigne bien un mariage valable, mais dépouvu de certains effets ; d'autres, que le mariage est absolument nul et qu'il

(1) Pilette, *loc. cit.*
(2) Ul., *Reg.* XVI, § 2.

s'agit d'un concubinat. Quelle que soit la portée que l'on attribue au texte, celui-ci nous est favorable ; ce dernier sens même, nous l'est plus que l'autre, car il nous fournit l'argument direct au profit du système que nous soutenons : si le mariage est nul, le mot *matrimonium* désigne un concubinat, et justement, le jurisconsulte nous dit qu'il ne relève pas des déchéances portées contre les *cœlibes*. D'ailleurs, comme dit M. Accarias [1], aucun texte ne pose même la question et tous ceux que nous possédons parlent un langage qui suppose un véritable mariage. Ils emploient, en effet, les mots *vir*, *uxor*, *matrimonium*, *nuptiœ*.

On nous fait cette objection : Il eût été maladroit de la part d'Auguste de proscrire le concubinat qui était passé dans les mœurs et fournissait des citoyens à Rome menacée de dépopulation. Mais, sans le proscrire, l'empereur devait-il l'encourager ?

Ce n'était pas une union déshonorante, c'est vrai ; mais on n'a jamais prétendu, non plus, qu'elle fût honorable. Qu'Auguste l'ait organisé, c'est bien ; mais il y a loin de là à le récompenser ; car enfin, le concubinat est un état moins parfait que le mariage. Que ce dernier soit récompensé, rien de mieux : c'est le mariage qu'il faut encourager, lui qui est l'union par excellence. Récompenser le concubinat ; mais pourquoi ? C'est un état anormal, c'est l'exception, une tolérance organisée de peur d'un mal pire, car le concubinat vaut mieux encore que le *stuprum*. Il est certain que la loi voit avec défaveur l'union d'un individu honnête avec une fille perdue de réputation, ou celle d'un sénateur avec une affranchie. Sans cela, prohiberait-elle le

____

(1) *Précis*, t. I, nᵒ 373, note.

mariage entre ces personnes ? S'il en est ainsi, est-il admissible qu'on leur attribue néanmoins les prérogatives réservées au *justum matrimonium* ? La négative ne nous paraît pas douteuse. Nous ne croyons pas non plus, que les enfants naturels évitent à leurs auteurs les peines de l'*orbitas* et qu'ils procurent à leur père le *jus patrum*.

On nous oppose des textes. Mais, ici, pour plus de clarté et de méthode, il faut distinguer entre eux les différents priviléges de la paternité et de la maternité. M. Pilette les range dans les trois classes suivantes : 1° Le *Jus capiendi*; 2° le *jus caduca vindicandi*; 3° le *jus liberorum*.

Le *jus liberorum*. — Sous cette dénomination on comprend diverses espèces de droits qui varient, selon qu'il s'agit de l'homme ou de la femme. Ce sont, pour celle-ci, l'exemption de la tutelle perpétuelle à laquelle elle était soumise, ce qui entraîne pour elle la permission de tester *sine tutoris auctoritate* ; de même, un droit de succession *ab intestat* donné par le sénatus-consulte Tertullien, sur les biens de ses enfants prédécédés, lorsqu'elle en a un certain nombre. Ce nombre est de trois pour la femme ingénue (*triplex enixus*); il est de quatre pour l'affranchie. Pour l'homme, le *jus liberorum* le dispense des fonctions de *judex* et de celle de tuteur, sous les distinctions indiquées par les §§ 191 et 192 des *Fragments du Vatican*. Un affranchi, père de trois enfants, n'est plus obligé de laisser à son patron une partie de ses biens, s'il en possède pour plus de 100,000 sesterces.

Le *jus capiendi*. — On doit entendre par cette expression le droit pour une personne instituée dans un testament, de recueillir en totalité les libéralités qui lui sont faites.

Le *jus caduca vindicandi* est la prérogative accordée à tous ceux qui ont des enfants légitimes et qui sont inscrits dans un testament, de bénéficier par préférence au fisc, des parts héréditaires attribuées à des célibataires ou à des *orbi* et devenues caduques.

Eh bien, dit-on, tous ces droits indistinctement sont accordés, qu'il y ait mariage ou simple *concubinatus*, que les enfants soient légitimes ou naturels, il n'importe.

Pour le *jus liberorum*, d'abord, s'il n'était accordé que pour récompenser la paternité légitime, il n'existerait que parallèlement à la puissance paternelle, car les enfants légitimes sont *sub patriâ potestate*. Or, il n'en est rien, puisque les femmes qui n'ont pas la *patria potestas* jouissent du *jus liberorum*. Et ce n'est pas tout : les enfants, quelle que soit leur origine, sont comptés pour l'obtention de ce droit, pourvu que leur filiation soit certaine. Eh bien, en cas de concubinat, la filiation est certaine vis-à-vis du père, comme à l'égard de la mère. Donc le père naturel a le *jus liberorum*. D'ailleurs, voici un texte qui le prouve : « numerus..... liberorum a tutela excusationem tribuit..... justi autem an injusti sint filii non requiritur[1]. »

Nous pouvons répondre que pour que ce texte fût concluant, il faudrait prouver que la qualification d'*injusti* ne s'applique qu'aux enfants issus *ex concubinatu*. Mais les mêmes *Fragments du Vatican*, § 168, nous indiquent que cela n'était rien moins que certain. Les enfants *justi* seraient ceux nés d'un mariage conforme aux

______

[1] *Frag. du Vatic.*, § 194.

prescriptions des lois *Julia* et *Papia Poppœa* : « quidam justos secundum has leges putant dici..... » Les enfants *injusti* seraient ceux issus d'un mariage non conforme aux lois *Julia* et *Papia Poppœa*, mais valable d'après le droit civil. Nous avons dit qu'il y avait controverse sur le point de savoir si un tel mariage était nul ou valable, du moins jusqu'à Marc-Aurèle. On ne peut donc pas dire de prime abord qu'il s'agit d'un concubinat, ni d'enfants naturels.

A ce texte on peut en opposer un autre qui nous semble trancher la difficulté. Le concubinat a-t-il pour effet de donner le *jus liberorum* au père en l'exemptant de la tutelle ? Non : « legitimos autem liberos esse oportet omnes, etsi non sint in potestate [1]. » Est-il possible de discuter sur un texte aussi formel ? On a eu ce courage. Dans *legitimi liberi*, M. Pilette a vu les enfants nés *ex concubinatu*. Ceux issus du mariage sont dits *justi* ; « l'enfant né du concubinat n'est pas *justus*.... . mais il est *secundum legem natus*, il est *legitimus*. » Nous ne comprenons pas comment il est possible de torturer ainsi un texte et de fausser à ce point le sens naturel des mots. Dire que *legitimus* signifie *naturel*, nous semble une hardiesse que Modestin n'a certainement pas commise en écrivant la phrase que nous venons de citer. L'on sait, au surplus, que dans la langue du droit romain, les expressions : *legitimus*, *legitime quæsitus*, *legitime procreatus*, *legitime natus* s'appliquent exclusivement aux enfants nés des *Justæ nuptiæ*, du *legitimum matrimonium*. Il est donc inutile d'insister davantage. Ainsi le concubinat ne produit pas pour effet de donner le *jus liberorum*, Mais remarquons avec M. Ortolan,

____

[1] L. 2, § 3, D. 27. 1.

que par suite des idées romaines sur la constitution de la
famille et sur la paternité, cette condition de légitimité
n'est appliquée qu'au père (tome I, n° 371). « Pour la
femme, la loi Papia donne place à d'autres idées : légitime
ou non, ce sera la fécondité qu'on récompensera en
elle » (Id.) ; l'ingénue qui a trois enfants, l'affranchie qui
en a quatre, obtient le *jus liberorum*. Les principes étant
différents pour l'homme et la femme, on voit que c'est à
tort que dans le système opposé l'on a conclu de l'existence du droit, de la mère à son attribution au père dans
des conditions identiques. On a fait là une confusion contre
laquelle il est bon de se tenir en garde.

C'est grâce à cette même assimilation entre le père et
la mère, à cette confusion dont nous venons de parler, que
l'on a pu dire que les enfants *ex concubinatu* donnaient à
leurs parents le *jus capiendi*, et à leur père le *jus caduca
vindicandi* : voici le raisonnement que l'on fait : une femme
qui a des enfants n'est pas *orba*, car la maternité n'est
jamais incertaine. De son côté, un homme qui a des enfants
nés d'un concubinat a, lui aussi, une paternité certaine ;
donc il n'est pas *orbus* et il possède le *jus capiendi*. Mais,
nous le répétons : il est extrêmement dangereux de comparer ici le père avec la mère, puisque la loi romaine a
fait tant et de si importantes différences dans la manière
dont elle a traité les personnes des deux sexes. Nous avons
vu pourquoi on ne tenait pas compte de l'origine des
enfants pour donner à la femme le *jus liberorum :* on
récompense en elle la fécondité. Chez l'homme en est-il de
même ? Non. On dit : pour donner le *jus capiendi* il suffit
que la paternité soit certaine comme dans le concubinat.
Mais c'est ce qu'il faudrait démontrer, et justement, rien
ne vient à l'appui de cette affirmation ; aucun texte ne fait

même allusion à la question. Et même pour la femme, est-il vrai que les enfants qui lui viennent du concubinat lui procurent le *jus capiendi ?* Pas le moins du monde, car l'*orbitas* s'entend de toute personne mariée qui n'a pas au moins un enfant légitime vivant ou simplement conçu[1].

Quant au *jus caduca vindicandi,* il n'appartient jamais aux femmes, quel que soit le nombre de leurs enfants, car on ne tient compte, pour l'obtention du *jus patrum* que de la descendance par les mâles, comme on en voit la preuve au § 195 des *Fragments du Vatican.* Au surplus, tous les autres textes relatifs à ce droit ne parlent que des *patres.* En tous cas, les enfants qui servent au père doivent être des enfants légitimes : les naturels ne pourraient pas suffire. À la vérité, il n'y a pas besoin que ces enfants soient en puissance paternelle, ni qu'ils soient *heredes sui ;* mais le mot *liberi* employé par Gaïus doit être entendu dans le sens qui lui est attribué en matière de *bonorum possessio unde liberi* et comprendre d'abord les *heredes sui,* mais, en outre et en dehors d'eux, tous ceux qui, sans l'être actuellement, le seraient encore s'ils n'avaient pas été émancipés. Les enfants donnés en adoption avaient d'abord servi au père adoptif, mais des abus très-graves s'étant introduits, un Sénatus-Consulte mentionné par Tacite[2] fut porté sous Néron, qui fit compter ces enfants à leur père naturel et non pas à l'adoptif. C'est là dessus qu'on se base dans le système que nous combattons ; on dit : puisque les enfants donnés en adoption ne sont pas *heredes sui* de leur père naturel et qu'ils lui servent, pourtant, à acquérir les *jura*

---

(1) L. L. 148, 149, 153, D. 50. 16.
(2) Tacite, *Annales XV,* 19.

patrum ; puisqu'il n'est pas besoin, pour en jouir d'avoir des enfants en sa puissance, l'homme qui a des enfants *ex concubinatu* remplit les conditions voulues pour obtenir le *jus caduca vindicandi*.

Mais il est impossible d'adopter ce raisonnement. S'il y eut besoin d'un acte émané du Sénat pour déclarer que des enfants donnés en adoption acquerraient le *jus patrum* au père qui les a procréés, c'est bien qu'on voyait là une solution dérogatoire au droit commun. Or, quel pouvait être ce droit commun, sinon que le mot *liberi*, en matière de *jus patrum* devait être entendu dans son sens ordinaire et prétorien par le texte même des lois caducaires et par ceux qui les interprêtaient? Pour pouvoir conclure que l'homme qui a des enfants nés du concubinat jouit du *jus caduca vindicandi*, il faudrait un texte formel. Ce texte n'existe pas ; on ne peut donc compter que les enfants légitimes.

Effets quant aux biens. — Ils sont nuls dans le concubinat. Pas de dot, partant pas d'inaliénabilité ni de restitution. Dans le mariage du droit civil, les donations entre époux sont interdites ; elles sont possibles entre conjoints en concubinat.

Effets quant aux enfants. — Ici, à la différence du mariage, l'enfant n'est pas légitime, quoique son père soit connu. Pas d'agnation pour lui : il ne fait pas partie de la *familia* à laquelle ce père lui-même appartient. Il ne prend que le nom de sa mère ; à peine y ajoute-t-il le *cognomen* paternel. Enfin il ne se trouve pas sous la puissance de son père, et comme il ne peut être question d'une pareille puissance pour la mère, l'enfant est *sui juris* dès le moment de sa naissance. Il partage la condition, la nationalité de sa mère au moment de l'accouchement de celle-ci. Il lui est uni, à elle et à ses parents, par les liens de la cognation.

De ce que nous disons que l'enfant né hors des justes noces suit la condition de sa mère, nous devrions conclure que toutes les fois que celle-ci est citoyenne romaine, l'enfant est lui-même citoyen romain. Cependant, cette proposition, exacte en principe, souffre une exception dans une hypothèse de mariage du droit des gens. La voici : Une citoyenne romaine a épousé un pérégrin ; il n'y a pas *connubium*, partant, pas de *justum matrimonium*. Dans ce cas, l'enfant issu de cette union devrait suivre la condition maternelle et naître citoyen romain. Pourtant il naît pérégrin. Cette bizarrerie provient d'une loi qu'Ulpien appelle loi *Mensia* : « ..... lex Mensia ex alterutro peregrino natum deterioris parentis conditionem sequi jubet. [1] » et que l'on a cru jusqu'à ces derniers temps n'être autre que la loi *Ælia Sentia*. Mais les nouvelles recherches de M. Studemund sur le manuscrit palimpseste de Gaïus ont révélé le véritable nom de cette loi qui est une loi *Minicia* dont Gaïus parle aux §§ 75 et 78 de son Commentaire premier. L'enfant dont l'un des auteurs est pérégrin et l'autre citoyen est toujours pérégrin au moment de sa naissance. Sous Justinien, la loi Minicia n'existe plus et le mariage de droit des gens est devenu à peu près sans exemple.

(1) Ulp. *Reg.* V. § 8

CHAPITRE II

Des diverses espèces d'enfants, et spécialement des enfants naturels.

Ce que nous avons dit des diverses espèces d'unions connues en droit romain était nécessaire à l'intelligence de ce qui doit suivre. Et d'abord nous pouvons maintenant facilement voir et comprendre comment on peut classer les enfants en plusieurs catégories, suivant le caractère de l'union dont ils sont les fruits.

Au *justum matrimonium* correspondent les *justi liberi*, enfants légitimes qui sont soumis à la puissance de leur père, quel que soit leur âge et suivent sa condition considérée au moment de la conception de l'enfant ; car, après cette époque, l'existence de celui-ci est complètement indépendante de celle du père et toute modification dans la situation de ce dernier est sans influence sur l'enfant : « In his qui jure contracto matrimonio nascuntur conceptionis tempus spectatur ; in his autem qui non legitime concipiuntur, editionis [1] » ; « qui legitime concipiuntur, ex conceptionis tempore statum sumunt. [2] »

Du mariage du droit des gens naissent des *liberi non justi*. Quoique nés d'un mariage valable, ils ne sont pas sous la puissance de leur père. S'ils sont citoyens romains, parce que leur mère est *civis romana*, ils naissent *sui juris*. Par conséquent, point d'agnation entre eux et leur père, ni aucun droit de succession dans la ligne paternelle, si c'est, au contraire, le père qui est citoyen romain, car le père n'est pas inconnu. Nous pensons, avec les auteurs les plus autorisés que la présomption *pater is est quem nuptiæ demonstrant* s'applique aux enfants nés du *matrimonium non justum*, que ce soit un mariage du droit des gens, ou un concubinat, il n'importe. D'abord, telle nous paraît avoir été la pensée des jurisconsultes romains, et cette pensée se révèle jusque dans les expressions qu'ils emploient pour qualifier les diverses catégories d'enfants qui ne sont pas issus des justes noces. Pourquoi font-ils constamment antithèse entre les enfants *vulgo quæsiti* et ceux qu'ils appellent *liberi naturales ?* Ces derniers sont donc *quæsiti* NON *vulgo*, d'où suit que les premiers étant ainsi nommés parce qu'ils peuvent être attribués au premier venu, les autres ne le peuvent justement pas, ce qui prouve alors que leur père n'est pas inconnu. De qui tous les textes disent-ils que *nullum patrem habere intelliguntur ?* Des enfants *vulgo quæsiti*, exclusivement : jamais cette formule n'a été appliquée aux *liberi naturales*. Donc, par argument *a contrario* on peut soutenir que ces derniers *patrem certum habere intelliguntur*.

Mais en dehors de ce raisonnement, on peut encore très-

(1) Ulpien, *Regulæ*, V. § 10.
(2) Gaïus, I, § 89.

bien arriver à la même conclusion. Quel est le fondement
de la maxime *pater is est...?* C'est la présomption de
cohabitation entre les époux. Mais cette présomption se
présente avec la même force quand il s'agit du concubinat
que lorsqu'il s'agit du mariage légitime, car l'un et l'autre
sont contractés dans le même but : *liberorum quœrendorum
gratiâ.* Si l'on nous objecte que la certitude de paternité est
un effet du mariage, et que le concubinat n'en saurait produire de pareils, nous répondrons que le concubinat, lui
aussi, est une union légale, une sorte de mariage de droit
naturel qui doit produire les effets que ce droit attache au
mariage, et que la présomption de paternité doit être
évidemment rangée parmi ces effets du droit naturel.
Mais, dira-t-on encore, cette présomption dans le mariage
a pour corrélatif le devoir de fidélité de la femme, sanctionné par la loi elle-même ; mais dans le concubinat, où il
n'y a rien de semblable, n'est-il pas fort imprudent de
laisser subsister une présomption aussi stricte que celle
dont nous parlons ? Eh bien non. D'abord, il est certains
cas où la concubine est tenue du devoir de fidélité comme
la femme mariée elle-même, et où les peines de l'adultère
peuvent être prononcées contre elle[1] ; mais encore, dans la
règle *pater is est.....* l'idée de fidélité n'est que l'accessoire,
le motif fondamental est, nous l'avons dit, la présomption
de cohabitation entre les conjoints qui existe indubitablement dans le cas du concubinat. Le concubinat est une
imitation du mariage, dit Cujas : « Est imitatio justi matrimonii et consequenter qui ex concubinatu nascuntur
etiam civilem patrem matremque habent[2].

(1) Voet, *ad Pand.* lib. 48, t. 5, Voorda, *Thesaurus controv.*
(2) Cujas, *Ad leg.* 5 D. lib. 2, tit. 4.

A l'époque de Justinien, le mariage du droit des gens, comme on le sait n'existe plus : tout le monde est citoyen. Tout mariage régulier produit donc des *liberi justi*.

Les enfants naturels, proprement dits, sont le fruit du concubinat. Le concubinat est inférieur au mariage du droit des gens, mais les enfants qui en naissent sont, à peu près, dans la même situation que ceux issus du *matrimonium non justum*. Nous allons revenir longuement sur ces enfants.

En dessous encore, nous distinguons les enfants *spurii* ou *vulgò concepti*, issus d'un libertinage honteux, d'une liaison contraire aux mœurs, ou d'un commerce passager et fortuit ; tandis que le concubinat est stable, monogame et non immoral. Ces enfants, plus mal vus, encore, que les enfants naturels, n'ont pas même, comme ceux-ci, un père certain et déterminé par la continuité de l'union de leur parents. Ils n'ont réellement point de père. Ils peuvent être attribués au premier venu, d'où les noms de *vulgò concepti*, *vulgo quæsiti*, usités pour les désigner. Mais de même que le *stuprum*, le mot *spurius* est une expression générique comprenant plusieurs espèces : l'enfant né du viol est un *spurius ;* l'enfant adultérin ou incestueux est *spurius*, ce dernier, même, avec certaines déchéances.

Quant aux enfants nés du *contubernium*, ils sont esclaves, comme leurs parents ils n'ont donc pas de personnalité ni de condition. Nous n'avons pas à nous en occuper.

Tous les enfants qui ne sont pas nés des justes noces romaines se rattachent exclusivement à leur mère, qu'ils soient issus d'un mariage du droit des gens, nés d'un concubinat, ou le fruit de la honte, il n'importe. De sorte, que pour une femme, la classification que nous venons d'établir

entre les enfants n'existe pas : elle n'a que des enfants légitimes ou des enfants naturels. Parmi ces derniers, quelques-
uns pourront n'avoir pas de père connu, mais la maternité
est toujours certaine : c'est un fait matériel dont la constatation n'a jamais été impossible.

CHAPITRE III

De la condition des enfants naturels.

———————

Parmi toutes ces catégories d'enfants, nous nous attachons spécialement à ceux qui, nés hors de *justæ nuptiæ* ont pourtant un père certain, lequel pourra, plus tard, moyennant certaines formalités, leur procurer tous les avantages attachés à la filiation légitime et acquérir sur eux la puissance paternelle. Nous pouvons, à ce point de vue, assimiler les enfants nés du *matrimonium non justum* à ceux issus du concubinat et dont le père est citoyen romain. Nous laissons de côté les *spurii* et les *vernæ*, ou enfant nés des esclaves.

Sur les enfants naturels, nous pouvons nous demander quelle position leur est faite :

1° Dans la société ;
2° Dans la famille ;
3° Quels sont leurs droits héréditaires.

SECTION PREMIÈRE

Quelle est la position des enfants naturels vis-à-vis de la société.

Il n'y a que peu de chose à dire sur ce sujet. Les enfants naturels n'étant frappés d'aucune déchéance et pouvant exercer, tout comme les légitimes, les fonctions publiques les plus élevées, on n'avait pas à considérer la régularité de leur naissance, mais seulement leur qualité de citoyens romains. Nous en voyons la preuve dans différents textes qui parlent même d'enfants *spurii*. A plus forte raison doit-il en être de même des *naturales* : « Spurios posse in ordinem (decurionum) allegi, nulla dubitatio est [1]. » Ce n'est pas la faute de ces enfants si leur naissance est illégitime : ils ne doivent pas en souffrir : « Spurii decuriones fiunt : et ideo fieri poterit ex incesto quoque natus, non enim impedienda est dignitas ejus qui nihil admisit. [2] » Mais la dignité de décurion n'était pas la seule dont ils pussent être revêtus. Heineccius fait mention de l'épitaphe d'un *filius naturalis* qui avait été successivement édile, prêteur, duumvir et deux fois questeur. De plus grands honneurs furent même accordés à quelques-uns.

La proposition que nous venons d'émettre, que l'on ne considérait pas la naissance pour la collation des charges publiques, nous paraît conforme aux textes, comme aux principes du droit romain. Cependant elle peut être contestée. En effet, nous trouvons au Digeste un fragment qui porte ces mots : « de honoribus, sive muneribus

(1) L. 3, § 2. D. 50, 2.
(2) L. 6 pr., D., *es tit.*

gerendis cum quæritur, in primis consideranda est persona..... item origo natalium [1] ; » lorsqu'il s'agit de conférer des honneurs ou des fonctions publiques, on doit, non-seulement, faire état du mérite, mais encore, prendre en considération l'origine de la naissance des candidats. Ne semble-t-il pas que la conséquence de cette idée est que l'on devrait, alors, écarter les enfants naturels ? La loi ne leur fait-elle pas un grief de leur qualité de *liberi naturales*, ne les frappe-t-elle pas d'une déchéance en les déclarant incapables d'exercer aucune magistrature? Nous ne le pensons pas : cette loi ne doit pas, à notre avis, recevoir l'interprétation qu'on serait tenté de lui donner à première vue, et ce serait en forcer le sens que de l'entendre de la manière que nous venons d'indiquer. On doit, au contraire, l'interpréter au moyen d'un autre fragment du Digeste que nous avons cité ci-dessus, la loi 3, § 2, livre 50, titre 2. Ces deux textes ne sont pas en contradiction l'un avec l'autre, malgré l'apparence ; mais bien plutôt ils se complètent et s'expliquent réciproquement, et voici la conclusion que l'on doit tirer de leur combinaison : En règle générale, les enfants naturels, même ceux *vulgo quæsiti*, peuvent prétendre aux dignités les plus élevées, mais se présente-t-il deux candidats à la même place, l'un issu de justes noces, l'autre d'un concubinat : « Si habeat competitorem legitime quæsitum... » c'est alors que l'on doit considérer l'origine de chacun, et, à mérite égal, donner la préférence au premier sur le second. Voilà toute la portée de la loi 6 précitée ; elle n'a pas d'autre signification que celle-là ; le principe est posé par la loi 3, § 2 ; la loi 6 ne fait qu'y apporter une dérogation dans un cas particulier ;

[1] L. 6, pr. D. *eo tit.*

« Ce n'est pas une loi prohibitive, dit le chancelier
« d'Aguesseau, mais elle marque seulement ceux qui
« doivent être préférés lorsqu'on élit des magistrats[1]. »
Cette opinion est également soutenue par Godefroy.

SECTION DEUXIÈME.

Quelle est la position de l'enfant naturel dans la famille.

Les membres d'une même famille sont tenus entre eux à
de certains devoirs, et ce que nous disons ici peut s'étendre
à tous les peuples, à tous les temps, à toutes les législations. Les pères, les anciens, doivent aux plus jeunes la
protection, l'assistance dont ceux-ci ont besoin jusqu'à ce
qu'ils aient atteint l'âge d'hommes, obligation qui pèse sur
les premiers à raison de leur âge et de leur qualité. A leur
tour, les jeunes doivent à ceux qui ont eu pour eux ces
soins salutaires une sollicitude affectueuse, l'honneur et les
hommages, et si leurs auteurs sont tombés dans une situation misérable, pourvoir à leurs besoins et leur rendre ainsi,
dans une certaine mesure, la vie qu'ils en ont reçue.

Ce triple devoir peut se caractériser par les trois mots
de protection, d'assistance, d'honneur et respect. Ils
composent le droit de la famille.

Mais, spécialement dans le droit romain, comment allons-
nous voir ces règles mises en pratique, quelle est la famille
à laquelle ce droit va s'appliquer ?

On sait que dans le langage juridique des romains le mot
familia a un sens restreint et spécial, parce qu'il y a deux

(1) D'Aguesseau. *Dissertatiou sur les bâtards.*

sortes de parenté, la parenté civile et la parenté selon le sang, selon la nature, et que le mot *familia* ne s'entend que de la première. La *familia* ne comprend que les agnats ; la parenté naturelle comprend en outre les cognats. L'agnation, parenté par les mâles seulement, se rattache intimement à la *patria potestas*, dont elle est une émanation ; les parents par les femmes en sont exclus. Jamais les enfants naturels n'ont fait partie de la *familia*, n'ont été agnats à partir de leur naissance. Il n'y a que ceux-là seuls qui sont issus de justes noces : « In potestate sunt liberi parentum ex justi matrimonio nati [1]. »

Les cognats sont tous ceux dont la parenté n'est pas formée par une suite d'hommes non interrompue, mais qui sont unis par les liens du sang, qui ont communauté d'origine, qui descendent d'un même auteur, « cognati ab eo dici putantur quod quasi una communiterve nati, vel ab eodem nati progenitive sint [2]. » « Cognati autem, dit Ulpien, appellati sunt quasi ex uno nati aut (ut Labeo ait) quasi commune nascendi initium habuerint [3]. »

Ici se présente une question des plus délicates et qui est controversée par les auteurs. Les enfants nés hors des *justæ nuptiæ* font partie de la famille naturelle : ils ont des cognats. Il est facile de justifier cette assertion : nous avons des textes qui nous l'enseignent d'une manière précise, au moins à l'égard de la famille maternelle. C'est ainsi que nous lisons au Digeste que les enfants *vulgo quæsiti* peuvent demander l'envoi en possession pour partie des biens de leur mère ; cette mère celui des biens de ses en-

---

(1) Ulp. Reg. V, § 1. — Conf. Gaïus, I, § 55.
(2) L. 4, § 1., D. 38.10.
(3) L. 1, § 1., D- 38.8.

fants, ainsi que les divers frères et sœurs *spurii* entre eux, *quia sunt invicem sibi cognati* [1]. De même Justinien dit aux Instituts : « Vulgo quæsitos nullum habere agnatum manifestum est......, nec inter se quidem possunt videri consanguinei esse....., tantum igitur cognati sunt sibi, sicut et matris cognatis [2]. » Il est bien évident que si des enfants *vulgo quæsiti* peuvent avoir des cognats, il en est de même à bien plus forte raison, des enfants issus du concubinat dont la situation est infiniment plus favorable. Cela n'est point en discussion et ne peut faire de doute pour personne. Mais, comme nous venons de le voir, les textes ne parlent exclusivement que de la cognation avec la mère naturelle, et ses propres cognats à elle-même, ainsi que de la parenté qui relie entre eux plusieurs frères naturels. On peut dès lors, se demander si les enfants naturels, qui, indubitablement ne sont pas les agnats de leur père, seraient au moins ses cognats et ceux de ses propres cognats à lui-même. C'est là qu'est la difficulté. Et d'abord, il faut éliminer toute une catégorie d'enfants, les *spurii :* ceux là ne sont pas même cognats de leur père, puisque, de ce côté, leur filiation est incertaine « nullum patrem habere intelliguntur » mais *quid* des *liberi naturales* ? M. Maynz [3] soutient la négative. La raison de douter que ces enfants soient les cognats de leur père vient du silence absolu des textes relativement au père, tandis qu'ils parlent toujours de la mère naturelle et de ses cognats ; puis, peut-on dire encore, on connaît le principe *partus ventrem sequitur :* les enfants nés hors mariage se rattachent exclusivement à

(1) L. 2, D. 38. 8.
(2) Inst. III. V, § 4.
(3) T. 1. § 102.

leur mère. Que signifie cela, sinon que leur père n'est pour eux qu'un étranger, et que devient le principe si l'on admet la solution opposée ?

Cependant, nous ne saurions adopter cette opinion, et c'est aussi au nom des principes que nous soutenons l'affirmative. Le concubinat indique les rapports de paternité et de filiation comme le mariage lui-même ; nous avons vu que la règle « pater is est quem nuptiæ demonstrant » est applicable en ce cas. Dès lors, il y a donc entre le *liber naturalis* et son père un lien qui, pour n'être pas celui de la parenté civile, n'en est pas moins étroit, celui du sang, Or, sur quoi repose la cognation, quel en est le fondement ? c'est précisément la communauté du sang et celle de l'origine, la *ratio sanguinis*, pour employer le langage de Gaïus dans son commentaire sur l'Edit [1]. La conclusion s'impose : Ils font partie de la famille naturelle de leur père [2].

Les enfants naturels sont donc, tout comme les légitimes, cognats de leur père et de leur mère et des parents de ceux-ci ; l'accès de la seule famille civile leur est fermé. Il semblerait donc, dès lors, que les règles du droit de famille qui sont du droit civil, ne leur sont pas applicables, mais il n'en est rien ; comme elles ont leur fondement dans la morale et dans le droit naturel, elles sont certainement communes à tous ceux qu'une commune origine et les liens du sang ont rattachés entre eux.

Mais dans quelle mesure s'appliquent-elles aux enfants naturels ? C'est ce qu'il faut maintenant examiner.

(1) D. leg. cit.

(2) Accarias, Précis, t. I n° 101. *a*, 2. — Ortolan : Explication, t. II, n° 122.

§ I. — *Protection.*

Nous savons que, en principe, l'enfant naturel d'une citoyenne romaine naît lui-même *civis romanus*. Comme il n'est en puissance de personne, il est *sui juris*. Il y a donc lieu à une tutelle jusqu'à la puberté de cet enfant. Mais de quelle tutelle peut-il être ici question ? De la tutelle testamentaire ? Non, car c'est le *paterfamilias* seul qui a le droit de désigner un tuteur dans son testament, et c'est du *paterfamilias* uniquement que parle la Loi des XII Tables en ces termes : « uti legassit super pecunia tutelave suæ rei, ita jus esto [1] ». Or, ici, l'enfant n'a pas de *paterfamilias*, puisqu'il est *sui juris*. Est-ce de la tutelle des agnats ou des Gentils ? Pas davantage, car nous savons que l'enfant naturel n'a aucun agnat, puisqu'il ne fait pas partie de la *familia* de son père. Il n'a pas davantage de Gentils, si l'on admet, avec Vinnius, que la *gens* est une agrégation de *familiæ* issues d'une souche commune [2]. Or, comme il ne peut pas être ici question de la tutelle légitime du patron, ni de la tutelle fiduciaire, ni de la tutelle des ascendants, la seule qui reste applicable aux enfants naturels nés du concubinat et *sui juris* est celle déférée par le magistrat ou utelle *attilienne*. Cette tutelle est, en effet, comme nous enseignent les Instituts, celle qui est organisée à défaut de toute autre : « Si cui nullus omnimodo tutor fuerat [3]. »

Nous disons que la tutelle testamentaire ne peut avoir lieu pour l'enfant naturel, parce qu'elle découle de la puis-

---

(1) Ulp. Reg. XI § 14.

(2) Vinnius, *ad titul* XV, *lib.* I *Instit.*

(3) Instit. I. 20 pr.

sance paternelle. Cependant la rigueur du droit avait fini
par s'adoucir, et, dès l'époque de Trajan, c'est-à-dire dans
la période la plus florissante du droit classique, nous
voyons par un fragment de Neratius[1], que si une mère
désignait dans son testament un tuteur à ses enfants, cette
nomination devait être confirmée par le magistrat. Toutefois, ce n'est encore qu'une dérogation au droit, introduite
par faveur pour la mère, car le jurisconsulte a bien soin de
dire : « mulier liberis non recte testamento tutorem dat. »
Et il fallait encore pour cela que la mère eût institué
l'enfant héritier [2]. Dans ces différents textes, on ne distingue
pas entre la mère légitime et la mère naturelle et cette
distinction ne doit pas être faite, car dans l'esprit des
jurisconsultes romains, il n'y a pour la mère qu'une seule
classe d'enfants, comme il n'y a qu'une maternité. Nous
avons cependant vu plus haut que cette idée n'est pas
absolument exacte.

Le père naturel a-t-il, à son tour, joui d'une semblable faveur dérogatoire au droit strict ? On serait tenté de
le croire, du moins pour l'époque du Bas-Empire, car on
lit au Digeste un fragment d'Hermogénien, jurisconsulte
dont on ne connaît pas précisément la date, mais qui vient
certainement sous le dernier état du droit romain. « Naturali filio cui nihil relictum est, tutor frustra datur a patre,
nec sine inquisitione confirmatur [3]. » D'où suit, a contrario,
que si le père a institué son fils pour héritier, il pourra,
dans le même testament, lui donner un tuteur.

Dans tous les cas, à l'époque classique, lorsque c'était le

(1) L. 2 pr. D. 26. 3.
(2) L. 4 pr. D. 26. 2.
(3) L. 7 pr., D. 26.3

magistrat qui déférait la tutelle,   est infiniment probable
que son choix se portait sur le père naturel.

La tutelle était une charge publique ; aussi les femmes,
à l'origine, en furent-elles rigoureusement exclues. Cependant nous voyons des adoucissements s'introduire, en cette
matière, comme dans la précédente et des exceptions au
principe être admises en faveur des mères, et cela, dès
l'époque classique : Nératius a écrit : « Fœminæ tutores
dari non possunt (voilà la règle), quia id munus masculo-
rum est, nisi a principe filiorum tutelam specialiter postu-
lent [1]. » Ainsi un rescrit de l'empereur peut, sur la demande d'une mère, accorder à celle-ci la tutelle de ses
enfants. Il n'y a aucune raison pour ne pas étendre cette
exception à la mère naturelle. A l'époque de Trajan, c'était
encore une dérogation au droit commun ; sous Justinien
l'exception est devenue la règle et il y a tout un titre au
Code portant pour rubrique : *quando mulier tutelæ officio
fungi potest* [2]. La Novelle 118, chap. 5, porte ces mots :
« mulieribus nos interdicimus tutelæ subire officium, nisi
mater aut avia fuerit. His enim solis, secundum hæreditatis
ordinem et tutelam subire permittimus, si, inter gesta et
nuptiis aliis et auxilio Velleiani S. C. renuntiant. » Mais
cette tutelle, comme le dit Justinien, ne peut-être accordée
à la femme que sous certaines conditions : il faut qu'elle
prête entre les mains du juge compétent, serment, dont
acte est dressé, de ne pas se marier et de renoncer au bénéfice du sénatus-consulte Velléien, pour qu'on pût traiter
avec elle en toute sécurité. — La défense de se marier

(1) L. 18, D. 26.1
(2) Code, livre V, titre 35.

était faite en haine de l'influence du mari [1]. Cette autorisation est spécialement accordée par Justinien à la mère naturelle : « Ita filiorum suorum vel filiarum naturalium tutricem eam existere sancimus. »

Après la puberté le jeune citoyen romain était, dans les actes de la vie civile, assisté d'un curateur jusqu'à l'âge de 25 ans. Il est probable, comme en cas de tutelle, qu'en fait le père naturel fut souvent désigné pour remplir cette fonction, mais nous ne voyons pas que la mère en ait jamais été revêtue. Lorsque la mère légitime ou naturelle a désigné un curateur à son enfant, dans son testament, ce curateur doit être confirmé par le magistrat, après enquête [2].

§ 2. — *Dette alimentaire.*

En ce qui concerne les enfants légitimes, l'obligation alimentaire réciproque existe ; elle est civilement obligatoire. Le père qui refuse des aliments à son fils est regardé comme le meurtrier de celui-ci [3]. L'obligation pèse sur le père et sur ses parents.

Que comprend-on sous le nom générique d'aliments ? C'est, non-seulement la nourriture, mais « cetera quoque onera liberorum », c'est-à-dire, le logement, l'habillement, les soins en santé et en maladie. Il faut y ajouter une éducation convenable, selon selon le niveau social de l'enfant [4].

(1) L. 5, C. *hoc tit,*
(2) L. 2, § 1, D. 26. 3 ; *Comp.* Justit. I. 23, § 1.
(3) L. 4 D. 25. 3.
(4) L. L. 43-44-234, D. 50. 16.

Cette dette n'incombe à la mère que subsidiairement, lorsque le père est mort ou dans l'impossibilité d'acquitter cette charge.

La réciprocité de l'obligation alimentaire est aussi consacrée par des textes [1].

Dans quelle mesure allons-nous appliquer ces principes aux enfants naturels? Que l'obligation pesât sur la mère et sa famille, cela n'est pas discutable [2]. Mais le père naturel était-il obligé de fournir des aliments à ses enfants issus du concubinat? Pour l'ancien droit et le droit classique, la question est douteuse. L'affirmative est soutenue par certains commentateurs du Digeste, entre autres, par Voët. Cette solution leur semblait hors de discussion, car ils considéraient la dette alimentaire comme rattachée à la seule cognation. Cependant les textes mentionnant la dette alimentaire qui pèse sur le père ne parlent que d'enfants « qui sunt in potestate, vel emancipati *qui juste procreati sunt* [3]. » Or, il est certain que ces mots ne peuvent s'appliquer qu'aux enfants légitimes. Dans le droit de Justinien, aucune controverse ne peut plus s'élever : le père naturel doit des aliments aux enfants ; les fils légitimes de celui-ci sont tenus envers leurs frères naturels de la même obligation [4]. A défaut du père, l'aïeul paternel succède-t-il à l'obligation de son fils? La question est controversée, mais on peut décider l'affirmative avec Voët et le président Favre, en se basant sur l'analogie de motifs qui existe entre le père naturel et le légitime.

(1) L. 5, §§ 3 et 13 D. 25. 3.
(2) L. 5, § 4, D. *eod. tit.*
(3) L. 5 §§ 1, 6. D. 25, 3.
(4) C. 5. 27. *licet patri* (novelle 18 c. 5.) nov. 89. c. 12. Tous ces textes parlent de succession.

Sur qui, du père ou de la mère naturels pèse la dette des aliments? Nous avons vu qu'en cas de légitime mariage elle pèse d'abord sur le père et sa famille, et que la mère ne peut être que subsidiairement recherchée. En cas de concubinat il doit en être autrement : le concubin n'a pas reçu de la femme une dot dont il jouit, dont il perçoit les revenus ; on ne peut pas dire *ubi emolumentum ibi onus.* En mariage, on peut dire que l'entretien des enfants est la véritable destination de la dot qui est apportée « ad sustinenda matrimonii onera ». Or, au premier rang de ces *onera* se placent évidemment la nourriture, l'entretien et l'éducation des enfants communs. Mais ici, rien de semblable. Il serait donc injuste de faire supporter au père tout le fardeau de cette obligation. La concubine doit donc en supporter sa part.

Les aliments sont dus proportionnellement à la fortune de celui qui en est débiteur et aux besoins de ceux qui les réclament. Ils cessent d'être dus quand l'enfant peut s'en passer. Il en est de même si l'enfant exerce une profession qui suffise pour le faire vivre[1].

L'enfant exerce son droit au moyen d'une *cognitio extraordinaria*, c'est-à-dire, que c'est là une de ces affaires dont le préteur se réserve la connaissance au lieu de renvoyer les parties devant un *judex*, avec une formule.

§ III. — *Devoir de respect.*

Notre langue manque d'un mot pour traduire exactement l'expression de *reverentia* employée par les jurisconsultes

---

(1) L. 5, § 7. D. 25.3.

romains. M. Oudot[1] emploie celle de *fidélité*, qui nous paraît impropre en notre matière, car *fidélité*, dans le langage du droit, a un sens précis et scientifique, qu'il n'est pas permis de détourner : c'est le devoir de la femme mariée envers son époux. Le mot de respect nous paraît correspondre mieux à celui de «reverentia.» Le devoir qui est ainsi imposé à l'enfant, consiste en l'honneur qu'il doit à ses père et mère.

Nous avons déjà dit (*passim*) à peu près tout ce qu'il comprend; nous ne ferons que le rappeler ici. L'enfant est obligé d'obtenir une autorisation du prêteur pour citer en justice ses ascendants. La sanction de cette obligation est une action pénale *in factum* spéciale[2]. Il ne peut plus intenter contre eux aucune action infamante, ni leur opposer aucune exception ayant le même caractère. Mais l'enfant a une action et une exception *in factum* qui produisent le même résultat, quant au fond du procès, sauf la note d'infamie, sauf aussi le caractère de pénalité que présentent parfois les actions infamantes et la condamnation au double, au triple, au quadruple qu'entraîne un certain nombre d'entre-elles[3]. De même, les pères et les enfants naturels ne sont tenus que dans la limite de ce qu'ils peuvent faire, quand il s'agit du paiement de ce qu'ils se doivent l'un à l'autre. C'est ce qu'on appelle le bénéfice de compétence.

Il y a des peines spéciales pour celui qui « patrem aut matrem, quos venerari oportet, contumeliis adjecit; vel impias manus infert. Præfectus urbis delictum ad publicam

(1) Du *Droit de Famille*. pp. 2, s. s.
(2) Instit. IV, 6, § 12.
(3) Instit. IV, 6, §§ 16, 17, 21 s s.

pietatem pertinens, pro modo ejus vindicat[1]. » Enfin si le fils
« matrem aut patrem maleficos appellaverit, » il est exclu
comme indigne du service dans les armées romaines :
« indignus militia judicandus est[2]. »

SECTION TROISIÈME.

Des droits successoraux des enfants naturels.

Dans le premier état du droit romain, sous l'empire de
la loi des XII Tables, il n'y avait que trois ordres d'héritiers ab intestat : les héritiers siens, les agnats et les
gentiles. L'enfant légitime émancipé, lui-même, n'avait
rien à prétendre, par suite de la rupture des liens de la
gentilitas et de l'agnation. Par conséquent l'enfant naturel
qui était *sui juris* et partant, ni héritier sien, ni agnat, ni
gentilis de ses ascendants paternels défunts, restait en
dehors de toute succession. A la vérité, en ce qui concer-
nait les libéralités testamentaires, les père et mère naturels
jouissaient, à l'égard de leurs enfants, de la même liberté
qu'envers tout autre étranger. Mais, de droit héredi-
taire, ces enfants n'en avaient aucun.

De bonne heure on essaya de porter remède à cet état de
choses, et les prêteurs, au moyen des *bonoium possessiones,*
atteignirent le résultat cherché.

Même au cas de filiation légitime, si la mère n'était pas
tombée *in manu mariti,* aucun lien d'agnation ne la ratta-
chait, ni à son mari, ni même à ses enfants. De sorte que

(1) L. 1, § 2. D. 37, 15.
(2) Ead. L. § 3. D. eod. tit.

ceux-ci, qui n'étaient alors que ses cognats, ne lui succèdaient nullement. Si elle était tombée *in manu*, l'agnation existait, car c'était l'effet de la *manus* de placer la femme *in loco filiæ* relativement à son mari, *in loco sororis* à l'égard de ses enfants. De cette manière il y avait, entre la mère et ses enfants, des droits réciproques de successibilité. Mais nous ne rencontrons rien de tel en matière de filiation naturelle.

Il y avait quelque chose de choquant dans ce que tant de personnes qui tenaient, pourtant de fort près, quelquefois, à un défunt, fussent écartés de sa succession. Le préteur, pour y remédier, appela toute cette classe de parents. « Consacrer le lien naturel du sang, toutes les fois que cela est possible, sans écarter ni réduire aucune vocation fondée sur la loi, tel est ici l'unique but du préteur[1]. » Ajoutons que le préteur n'appelle pas les cognats à titre d'héritiers, car il n'a pas le droit de faire des héritiers, mais la loi seule[2]. Il ne fait que les mettre en possession des biens héréditaires, arrivant par là à un résultat analogue, mais sans froisser les principes. C'est ce qu'on appelle une *bonorum possessio*.

Or, parmi les cognats, se trouvent les enfants issus d'un concubinat, et même les enfants qui sont *vulgo concepti*, et cela au même titre que les légitimes. Observons, toutefois, que la *bonorum possessio undi cognati*, ne dut pas dans la pratique, recevoir bien souvent son application, car il fallait pour qu'elle pût avoir lieu, que le défunt n'eût laissé aucun agnat, ce qui n'était pas le cas le plus fréquent; puis, qu'il n'eût point fait de testament, ce qui était bien

(1) Accarias, *Précis*, tome 2, n° 456.
(2) Gaïus III, § 32.

plus rare encore, à cause de l'idée de honte qui s'attachait, chez les romains, au décès ab intestat.

Spécialement en ce qui concerne les rapports successoraux existant entre la mère et ses enfants non agnats, par conséquent ses enfants naturels, nous voyons un progrès réalisé au profit de ceux-ci, par le Sénatus-Consulte Orphitien[1]. Désormais, lorsqu'une mère vient à mourir, tous ses enfants sans distinction, sont appelés à lui succéder, et, cette fois, en qualité d'héritiers légitimes. Ils priment tous les autres héritiers de la défunte : « Præferuntur consanguineis et agnatis defunctæ matris[2]. » Puisque le texte ne fait aucune distinction entre les enfants légitimes et les enfants naturels, nous devons conclure que ces derniers sont assimilés, à ce point de vue, à ceux issus des justes noces et bénéficient de la disposition du sénatus-consulte. Venant en première ligne, ils excluent la mère de la défunte qui était appelée par le Sénatus-Consulte Tertullien à la succession de sa fille, comme conséquence pratique du *jus liberorum*. C'est ce que nous lisons dans les textes que voici : « Si intestatæ mulieri consanguinei existant, et mater et filia, ad solam filiam ex senatus-consulto Orphitiano hereditas pertinet[3] » ; « Quotiens de emancipati filii filiæve successione tractatur, filiis ex his genitis deferatur intacta pro solido successio, neque ulla defuncti defunctæve patri matrive concedatur intestatæ successionis hereditas [4].

Mais, comme on le voit, si le S. C. Orphitien appelle les enfants naturels, les petits-enfants nés de ces enfants

(1) Instit. III. 4.
(2) Instit. loc. cit. pro.
(3) L. 1, C. 6, 57.
(4) L. 4, C. *eo tit*

prédécédés y sont passés sous silence et ne peuvent, par conséquent, pas en invoquer les dispositions. La *bonorum possessio* leur est utile, et c'est par son secours qu'ils recueillent une succession qui ne peut leur être dévolue autrement. Ces petits-enfants finirent par avoir une vocation légale à la succession en vertu d'une Constitution de Valentinien, Théodose et Arcadius, insérée au Code [1]. Mais il y est fait une réserve au profit des autres parents de la femme prédécédée : les deux tiers de sa part héréditaire sont dévolus à ses enfants qui la représentent ; le troisième tiers est laissé aux frères et sœurs agnats de la mère défunte. Enfin Justinien fait un dernier pas dans une Constitution en date de l'année 528 et appelle les petits-enfants à recueillir toute la succession de la mère de leur propre mère naturelle [2].

En ce qui concerne la succession de leur père, nous voyons les enfants issus du concubinat appelés par le préteur au moyen de la possession des biens *unde cognati*. Il est vrai que les textes sont muets sur ce point, mais nous l'avons dit plus haut, la filiation paternelle des enfants nés en concubinat est certaine et parfaitement suffisante pour produire la parenté naturelle, la cognation. On peut donc, sans témérité, avancer comme une chose sûre cette proposition [3]. A la vérité, M. Demangeat le nie en appuyant sa négation sur le silence des textes antérieurs à Justinien. D'après le même auteur, c'est seulement par cet empereur qu'a été admis un droit de succession. Ce qui pourrait en

---

(1) L. 9, C. 6. 55.
(2) L. 12. C. *eod. tit.*
(3) *Sic* Ortolan, *opere citato*, t. III n° 1112; Accarias, *op. cit.*, t. II § 456, n° 2; — *Contrà* Demangeat *op. cit.*, t. II, pp. 69, 70.

effet permettre le doute, c'est que Justinien en parlant des droits *ab intestat* des enfants naturels annonce qu'il a innové sur ce point. Cependant nous croyons que l'opinion de M. Demangeat n'est pas exacte. Il y a, en effet, une innovation de Justinien, mais elle porte sur ce que désormais les enfants naturels sont appelés directement comme ayant une vocation propre à l'hérédité paternelle, tandis qu'auparavant ils ne venaient que d'une manière détournée à la succession. Justinien les relève aussi de certaines incapacités et fixe de nouveau la quotité de leurs droits. Mais, de là, ne s'ensuit pas que « la *cognatio* des *liberi naturales*, vis-à-vis de leur père et des parents de leur père, au point de vue de la successibilité, ne fût pas plus prise en considération que la *Cognatio servilis*. » Du reste, si l'on admet que l'enfant naturel était le cognat de son père, comme il est celui de sa mère, on ne voit pas pourquoi il ne bénéficierait pas de la possession de biens *unde cognati*. De cette manière, les enfants naturels viennent au troisième rang : après les héritiers siens et après les *liberi* ou enfants ci-devant héritiers siens, mais dont l'agnation a été rompue par l'émancipation, et que le préteur assimile pourtant aux héritiers siens et appelle à la succession de leur père par la possession de biens *undè liberi*.

A partir de Constantin jusqu'aux empereurs Gratien, Valens et Valentinien, les enfants naturels perdirent le droit de succéder à leur père. Ils avaient été déclarés incapables de recevoir aucune libéralité, même testamentaire. A partir de ce moment, on doit supposer que la possession des biens *unde cognati* leur fut refusée également : il ne fallait pas qu'ils pussent prendre par une voie détournée ce que les constitutions impériales ne leur permettaient pas de recevoir directement.

Les empereurs Gratien, Valens et Valentinien furent moins rigoureux : « placuit humanum aliquid agere circa naturales [1]. » Nous voyons que d'après leur Constitution qui est insérée au Code Théodosien, il faut distinguer s'ils se trouvent ou non en présence d'enfants légitimes de leur père. Au premier cas, les enfants naturels pourront recevoir par testament une once, c'est-à-dire un douzième de la succession de leur père : « siquidem sit naturalium patri legitima soboles, una uncia eos dignos esse fecerunt..... neque ex ultima dari voluntate ulterius aliquid permittentes [2]. » Au deuxième cas, le père des enfants naturels peut leur laisser un quart de sa succession : « si vero filiorum legitimorum non sint parentes..... usque ad tres uncias relinquere aut eis donare permissi sunt [3]. »

Justinien donne aux enfants issus du concubinat la qualité d'héritier de leur père, et en cela il innova : « aliquid novi introduxit. » Il faut considérer deux hypothèses : le père meurt intestat, ou il fait un testament. On doit distinguer le droit héréditaire de l'enfant naturel de sa capacité de recevoir par donation entre vifs ou par testament.

Au cas où le père naturel meurt intestat, il faut sous-distinguer. Laisse-t-il des enfants légitimes ou une *uxor legitima*, les enfants naturels sont absolument exclus de la succession : ils n'ont aucun droit sur les biens héréditaires : « si quis habens filios legitimos relinquat et naturales, ab intestato quidem nihil eis existere omnino volumus..... vel si conjugem quidem habet, filios autem naturales et ex defunctâ concubinâ sibi natos [4]. » Ces enfants naturels ne

(1) Nov. 89, C. 12 pr.
(2) *Loco citato.*
(3) *Loc. cit.*
(4) *Loc. cit.,* § 6.

peuvent réclamer que des aliments aux héritiers de leur père : « ...... illi aluntur ab ejus successoribus[1]. » — Si, au contraire, le de cujus ne laisse ni *uxor*, ni postérité légitime parce qu'il n'a pas contracté de *justæ nuptiæ*, il peut y avoir des cognats, ou un *patronus manumissor*, ou même le fisc, parmi ceux qui se présentent à la succession. Eh bien, si en présence de ces prétendants ou de l'un quelconque d'entre-eux, se trouve une femme qui ait été l'unique concubine de cet individu et des enfants nés de leur union, cette femme et ces enfants ont vocation héréditaire à un sixième de la succession ab intestat du de cujus et ils se le partagent de façon que la mère ait une part égale à celle de chacun de ses enfants : on partage cette fraction en autant de parts qu'il y a d'enfants naturels plus un et la mère en prend une. La portion est la même si la concubine n'existant plus, les enfants naturels seuls se présentent. Tel est le résumé du droit nouveau créé par Justinien [2].

Lorsque le père a fait des libéralités entre vifs ou testamentaires, quelle est la capacité de recevoir des enfants naturels? Il faut encore sous-distinguer, selon que le de cujus laisse ou ne laisse pas de postérité légitime. Au premier cas, Justinien permet au père de donner entre vifs ou de léguer aux enfants naturels non légitimés et à leur mère *unam unciam*, un douzième de sa fortune à partager entre ces personnes ; s'il n'y a plus d'enfants et que la concubine soit seule, sa capacité de recevoir se borne à 1/24 de la fortune. Au deuxième cas, si le défunt ne laisse pas de postérité légitime, les enfants naturels et leur mère sont assimilés à des étrangers ; ils peuvent être institués pour la

---

(1) *Loc. cit.*
(2) *Loc. cit.* et § 3.

totalité de la succossion : « testatori licentia fit etiam in duodecim uncias scribere filios naturales heredes et dividere inter eos quocumque voluerit modo res[1]. » Cependant si le mourant laissait des ascendants, il faudrait leur réserver la légitime à laquelle ils ont droit. C'était encore un progrès, car, dans cette dernière hypothèse, la novelle 15 chap. 5 ne permettait aux enfants naturels de recevoir que la moitié de la succession.

On voit que les enfants de l'enfant naturel prédécédé sont passés sous silence ; mais leur situation est réglée de la manière suivante par la L. 12 au Code, V, 27 : « Le petit enfant naturel, soit que son père fût lui-même naturel ou légitime, ne succède jamais à son grand père mort ab intestat. Mais par disposition testamentaire ou entre vifs, il peut recevoir autant qu'un enfant naturel au premier degré si le défunt laisse des descendants légitimes ; sinon, autant qu'un étranger. En tenant compte de la novelle 89, qui en l'absence de descendants légitimes reconnait à l'enfant naturel la même capacité qu'à un étranger, on arrive à dire que l'enfant naturel et le petit-enfant naturel sont assimilés en ce qui concerne l'aptitude à recueillir par donation ou testament [2]. »

(1) *Loc. cit.* et § 3.
(2) Accarias, *Précis* t. 2, n° 471.

CHAPITRE IV

De la légitimation des enfants naturels.

Maintenant que nous connaissons la position défavorable dans laquelle se trouvent les enfants nés du concubinat, nous avons à dire comment ils peuvent en sortir ; quels ont été pour cela, aux différentes époques du droit romain, les moyens mis par les lois à la disposition des particuliers ; quels droits nouveaux, enfin, sont attribués aux enfants relevés des déchéances que le vice de leur naissance leur avait fait encourir.

On appelle légitimation une fiction de la loi par laquelle des enfants naturels sont considérés comme s'ils étaient nés en mariage.

Dans le premier état du droit romain, il n'existe aucune manière directe et spéciale de légitimer les enfants naturels. Ceux-ci n'ont pas d'autre moyen pour se placer dans une situation analogue à celle des enfants légitimes envers leur père, que de se donner à lui en adrogation. Cette manière détournée d'opérer fut pratiquée jusqu'à Justin qui, par une Constitution de l'an 519 [1], tout en maintenant expressément la validité des légitimations par adrogation ou par adoption opérées jusqu'à ce moment, abrogea pour l'avenir ce mode de procéder.

Pendant tout le temps de la république, on ne connut pas d'autres modes de légitimation. Au temps d'Auguste, les lois Ælia-Sentia et Junia en introduisirent deux nouveaux : la *causæ probatio* et l'*erroris causæ probatio*. Mais il est important de remarquer que, d'une part, ces institutions sont spéciales au mariage du droit des gens, plutôt qu'au concubinat. Nous en parlerons, pourtant, à cause de l'analogie qui existe entre ces deux sortes d'unions. D'autre part, ce n'est qu'accessoirement que la *causæ probatio* et l'*erroris causæ probatio* produisent la légitimation : elles sont établies pour procurer, le plus souvent, au moins, à celui qui en bénéficie, le droit de cité romaine. L'acquisition des droits d'un père légitime n'a lieu, dès lors, que par voie de conséquence. C'est dans Gaïus [2] que nous trouvons des renseignements sur ces deux modes de légitimation.

De l'erroris causæ probatio. — Elle peut avoir lieu dans trois cas :

1° Si l'un des conjoints, citoyen romain, a épousé une personne qu'il croyait citoyenne romaine et qui ne l'était pas. Ce conjoint croyait ainsi contracter des *justæ nuptiæ*.

Néanmoins, cette proposition n'est pas toujours exacte. La cité romaine sera acquise pour le conjoint non romain, si c'est un latin. Si c'est un pérégrin, il faut distinguer entre les pérégrins déditices et ceux non déditices. Ces

(1) L. 7, C. V. 27.
(2) Gaïus, Comm. I, §§ 66, s s.

derniers deviennent citoyens romains par le fait de *l'erroris causæ probatio*, et si c'est le mari qui est dans ce cas, il obtient la puissance paternelle sur ses enfants qui sont légitimés, car l'union devient un *justum matrimonium*. Mais le déditice ne peut jamais devenir citoyen romain. Par conséquent, si une citoyenne romaine épouse un pérégrin déditice, le croyant romain ou latin, elle pourra bien *causam erroris probare* et obtenir la cité pour son fils ; mais le mari restera déditice et le fils, bien qu'il soit devenu citoyen romain, ne sera pas en puissance paternelle ; l'union ne pouvant pas devenir le mariage romain, l'enfant qui en est issu ne sera pas légitimé : « Si civis romana..... ei qui dedititiorum numero est, tanquam civi romano aut latino ex lege Ælia-Sentia nupta sit..... qui dedititiorum numero est, in sua conditione permanet, et ideo filius, quamvis fiat civis romanus, in potestatem patris non redigitur [1]. » Si c'est, au contraire, la mère qui est déditice et le père citoyen romain, la mère ne devient pas citoyenne romaine : son état de déditice l'en empêche à tout jamais, mais le père, par *l'erroris causæ probatio*, fait acquérir la cité à son fils et la puissance paternelle se produit du même coup ; particularité notable, car nous trouvons là une légitimation et la *patria potestas*, tandis que le *justum matrimonium* est impossible : « Si civis romanus latinam, aut peregrinam, vel eam quæ dedititiorum numero est, quasi civem romanam per ignorantiam uxorem duxerit..... causâ probata, civitas romana datur tam liberis quam parentibus, præter eos qui dedititiorum numero sunt : et ex eo fiunt in potestate parentum liberi [2]. »

(1) Gaius, Com. I, § 68.
(2) Ulp., Reg., tit. VII, § 4.

« 2° Un individu latin a épousé une femme étrangère,
la croyant romaine, dans l'espoir de pouvoir *causam probare*
et acquérir la cité romaine ;

3° Un citoyen ou une citoyenne, ignorant leur qualité
ont épousé un étranger ou une étrangère. On voit que ces
trois hypothèses reposent sur une erreur commise par un de
ses conjoints. Alors, s'il survient un enfant de cette union,
les époux peuvent faire la preuve de cette erreur devant le
magistrat, et par cela même, le *non civis* acquiert la cité
romaine, l'union devient un *justum matrimonium*, et par
suite, l'enfant tombe sous la puissance paternelle. Il est
assimilé au légitime.

De la causæ probatio. — Il y a lieu à *causæ probatio* lorsqu'un affranchi latin junien a épousé une romaine ou une
latine ; que cette union a été contractée entre personnes
présumées capables d'avoir des enfants l'une de l'autre
liberorum quærendorum causâ [1], en présence de sept citoyens
romains appelés comme témoins, et qu'il est né de ce
mariage qui n'est pas un *justum matrimonium* un enfant de
l'un ou de l'autre sexe. Si ces conditions concourent et,
qu'en outre, l'enfant soit âgé d'un an, le père peut faire
devant le magistrat la preuve de ce qui précède. C'est ce
qu'on appelle *causam probare*. A partir de ce moment, les
deux époux acquièrent le droit de cité romaine, ainsi que
leur enfant ; leur mariage devient *justum*, régulier ; ils
deviennent eux-mêmes *vir* et *uxor* et l'enfant passe, comme
un enfant légitime, au pouvoir de son père.

Ces deux modes indirects de légitimation n'ont cessé

---

[1] Accarias, *opere cit.* t. I, n° 64, *a*, note 2.

d'être applicables que lorsque Caracalla eut décidé qu'il n'y avait plus dans l'Empire que des citoyens romains.

Il y avait cependant, à l'époque classique un troisième moyen d'acquérir la cité romaine, le rescrit du prince. Il avait cela de particulier qu'il ne produisait pas de plein droit la puissance paternelle et la légitimation. Un pérégrin demande le *jus quiritium* pour lui, sa femme et ses enfants ; l'empereur le lui accorde. Mais s'il ne lui donne pas, en outre, et expressément, la puissance paternelle sur ces enfants, ceux-ci ne sont pas légitimés : « Si peregrinus cum filiis suis civitate romana donatus fuerit, non aliter filii in potestate ejus fiunt, quam si imperator eos in potestatem redegerit.... Item si quis cum uxore prægnante civitate romana donatus sit, quamvis qui nascitur, ut suprà diximus, civis romanus sit, tamen in potestate patris non fit.... Quâ de causa, qui intelligit uxorem suam esse prægnantem, dum civitatem sibi et uxori ab imperatore petit, simul ab eodem petere debet, ut eum qui natus erit in potestate suâ habeat [1]. »

Nous lisons dans le Livre X^e des lettres de Pline qui contient la curieuse correspondance administrative de ce auteur avec Trajan et qui donne de précieux renseignements sur le droit public romain, une semblable demande : « Rogo ut propinquis ejus (medici cujusdam), des civitatem, Chrysippo Mithridatis, uxorique Chrisippi Stratonicæ Epigoni. Item liberis ejusdem Chrysippo, Epigono et Mithridati, *ita ut sint in patris potestate* [2]. » Demandée de cette façon, la puissance paternelle est accordée, et par suite, la légitimation opérée. Le *jus quiritium* peut être ainsi accordé même

(1) Gaïus, *Comm.* I, §§ 93, s. s.
(2) Plin. *Epist. lib.* X, epist. 9.

à des personnes privées du *connubium*, même à des enfants incestueux. Mais le Latin, nous dit Gaïus [1], qui obtient avec ses enfants la cité romaine, obtient en même temps et par le fait lui-même sur eux la puissance paternelle : « Alia causa est eorum qui latini sunt; et cum liberis suis ad civitatem romanam perveniunt; nam horum in potestate fiunt liberi. »

Mais, comme on le voit, dans ces institutions, la légitimation n'est, pour ainsi dire, qu'un accident : c'est la conséquence de la cité romaine acquise par le père latin ou pérégrin. Il faut arriver aux Empereurs chrétiens pour trouver la légitimation proprement dite.

La légitimation, quel que soit le mode employé est, avant tout, un acte volontaire de la part du légitimant comme de celle du légitimé. Il y a en droit romain un principe fondamental, que nul individu *sui juris* ne peut-être, sans son consentement, soumis à la puissance paternelle. Nous le trouvons formulé en ces termes, au Digeste, par Modestin : « Inviti filii naturales vel emancipati non rediguntur impatriam potestatem [2]. » La conséquence naturelle de cette règle est qu'un enfant doit consentir à être légitimé pour que la légitimation soit possible. Cette proposition est très nettement consacrée par Justinien : « Generaliter autem in omnibus qui per prædictos modos deducuntur ad legitimum jus, tunc hoc volumus obtinere, dum et filii hoc ratum habuerint. » Et il insiste encore sur cette pensée en ajoutant : « nam si solvere jus patriæ potestatis, invitis filiis non pernissum est patribus, multo magis in potestatem redigere invitum filium et nolentem, sive per oblationem ad curiam,

____

(1) Gaïus, loc. cit. § 95.
(2) L. 11, D. 1. 6.

sive per instrumentorum celebrationem, sive per aliam quamlibet machinationem....... justum non est[1]. » Ainsi, il faut un accord de volontés entre les parties. Mais cela n'est pas suffisant : il faut encore accomplir certaines formalités, et ce sont elles que nous allons étudier.

SECTION PREMIÈRE

De la légitimation par oblation à la curie.

Les colonies romaines, dans les provinces, étaient organisées à l'image de la mère-patrie, avec une noblesse, une magistrature, une assemblée sénatoriale calquées sur le patriciat, le consulat, le Sénat de la métropole. Cette assemblée s'appelait *Curia*, la Curie, et se recrutait dans une classe spéciale d'habitants de la colonie, nommée pour cela *curiales*, nom qui fut donné aussi, par extension, à ceux qui faisaient partie de ce petit sénat, mais dont le titre officiel était celui de *Decuriones*. La dignité de *curialis* était héréditaire, c'est-à-dire, que la naissance, exclusivement, à l'origine, faisait entrer dans la classe d'habitants qui portait ce nom. On appelait aussi les curiaux, *curiæ subjecti*, assujétis à la curie, car, si honorable que fût la dignité de *curialis*, elle était, cependant, peu enviée, même redoutée, à cause des responsabilités et des obligations ruineuses qu'elle entraînait. Les curiales étaient tenus de certains impôts extraordinaires (l'*aurum coronarium*), qui pesaient sur eux seuls ; il leur fallait donner à leurs frais des jeux publics ; ils devaient recueillir les impôts de la colonie, avancer de leurs deniers les sommes

____
(1) Nov. 89, c. 11.

non encore rentrées au moment de l'envoi de cet argent à Rome et supporter au besoin l'insolvabilité des contribuables. Qu'arriva-t-il, principalement à l'époque d'oppression du Bas-Empire? c'est que tous les *curiales* cherchaient à se soustraire à cette misère dorée qui était devenue absolument intolérable, et ceux qui ne faisaient pas partie de l'*ordo decurionum*, se dérobaient, pour ainsi dire, et dissimulaient leur fortune, car il fallait posséder une fortune déterminée pour être curial; de sorte que, les uns s'efforçant de sortir de la curie, les autres de n'y pas entrer, le recrutement en devenait difficile. Pour faire rester les premiers, on édicta des peines très sévères contre les curiaux qui embrasseraient la vie monastique ou ecclésiastique ou la carrière des armes. Pour assurer de nouvelles fortunes qui vinssent remplacer les membres à mesure qu'ils se trouvaient ruinés, entre autres moyens on imagina le suivant :

Par une constitution de l'an 442, insérée au Code, les empereurs Théodose II et Valentinien III [1], décidèrent que toute personne qui aurait un ou plusieurs enfants naturels, pourrait, soit qu'elle fût elle-même curiale, soit qu'elle fût étrangère à la curie, légitimer ceux-ci et acquérir sur eux la puissance paternelle et les faisant inscrire à la curie de la ville qu'elle habitait. Si le père naturel réside *in vico vel possessione*, c'est à la curie de la ville où il paie ses impôts qu'il doit faire cette inscription. Enfin, si c'est à Rome ou à Constantinople que le père naturel a son domicile, l'oblation peut avoir lieu à la curie d'une ville quelconque, pourvu que ce soit un chef-lieu de province.

Comment et sous quelles conditions se fait cette légitimation? S'il s'agit de légitimer une fille, la chose est

____

[1] L. 3, C. V, 27.

bien simple : il suffit de la marier à un *curialis*. Ce seul fait opère la légitimation : « Quid enim interest utrum per filios, an per generos commoditatibus civitatum consulatur et utrum novos lex faciat curiales aut foveat quos invenit ? [1] »

Pour un garçon, il faut *l'oblatio*, l'offre à la curie ou l'inscription. Elle a lieu, dit Godefroy [2], *teste populo, vel actis intervenientibus*.

Cette légitimation peut être faite, soit par le père, soit par tout autre ascendant paternel. Elle a lieu, avant Justinien, sous trois conditions qui sont communes aux filles et aux fils ; les voici : 1° Le père doit constituer à son fils ou à sa fille un apport foncier de 25 arpents en propriété, pour lui permettre de faire face aux dépenses dont nous avons parlé ; 2° l'enfant doit accepter cette donation et la légitimation elle-même, parce qu'il ne peut pas devenir héritier sien malgré lui ; 3° le père doit n'avoir pas d'enfants légitimes. C'est ce que dit le commencement de la loi 3 précitée : « Si quis naturalem duntaxat fecunditatem sortiatur . . . . . . » A part cela, le père, s'il a plusieurs enfants naturels, peut les légitimer tous, ou un seul, ou quelques-uns seulement, à son choix et à sa volonté.

Les enfants, peu soucieux de se voir conférer la dignité de curiaux, refusèrent, paraît-il, souvent, d'accepter le bienfait de la légitimation, ce qui mit, dès l'année 460, les empereurs Léon et Anthémius dans la nécessité de déclarer que lorsque le père aurait donné ou légué tout ou partie de sa fortune à ses enfants naturels en les offrant à la curie, les enfants ne pourraient plus renoncer à ces avantages, ni aliéner ces biens en fraude de la curie, ni

(1) *Loc. cit.*
(2) *Ad hanc legem Gloss.*

répudier les donations ou la succession paternelles ; mais qu'ils seraient forcés de garder leur patrimoine et de supporter l'onéreux honneur de la curie. Les empereurs ajoutaient que le même assujétissement s'étendrait aux enfants nés ou à naître du légitimé.

Justinien vint enfin, qui supprima la troisième condition à laquelle était subordonnée la légitimation par oblation à la curie, savoir, que le père ne devait point avoir d'enfants légitimes. Il voulut ainsi faciliter le recrutement des curies, tant cette distinction était peu recherchée : « Et quoniam omnimodo favendum est curiis civitatum, illud etiam in hanc partem addendum esse censemus ut liceat patribus naturales filios curiæ patriæ suæ tradere, non solum nulla eis legitima sobole existente, sed etiam si filios vel alios liberos ex legitimis matrimoniis procreatos habeant [1]. »

Le même empereur compléta la théorie que nous venons d'exposer par deux nouvelles décisions : un homme meurt-il sans laisser de postérité légitime mais seulement des fils naturels, ceux-ci peuvent se légitimer eux-mêmes en s'offrant à la curie. C'est ce que dit la novelle 89, en ces termes : « si vero ipse quispiam semetipsum offerat, hoc permittimus cum non alii legitimi sunt fratres [2]. » Enfin un homme peut offrir à la curie même des enfants qu'il aurait eus d'une *ancilla* et les rendre ainsi libres et légitimes. Pour cela le père doit être lui même curial et n'avoir pas de postérité légitime.

Comme nous parlerons sous une rubrique spéciale des effets de l'oblation à la curie, nous pouvons, dès à présent, passer aux autres modes de légitimation.

(1) L. 4, §, 3, Cod. eod. tit. ; nov. 89. cap. 2, § 1,
(2) Nov. 89, cap. 2, §§ 2 et 3.

SECTION DEUXIÈME

De la légitimation par mariage subséquent.

Voici le mode par exellence de légitimation des enfants
naturels, le seul conforme à l'esprit du christianisme qui
l'avait inspiré. C'est que le christianisme consacre le principe de la réhabilition de la femme. Dans ce but, il proscrit
le concubinat, institution qui n'élevait pas même la concubine
au rang d'*uxor*, presque jamais à celui de *matrona*, rangs
déjà bien bas et bien humbles, dans la réalité des faits,
malgré l'égalité entre les deux époux promise en théorie
par la L. 1 D. 23. 2, le concubinat, qui devait contribuer
encore à l'abaissement de la femme et, on peut le dire, à sa
dégradation. Le christianisme subordonne aussi le rétablis-
sement des enfants naturels, êtres déchus, dans la place qu'ils
doivent légitimement occuper au sein de la famille, à la
la réparation, par leurs parents, de la faute que ces derniers avaient commise.

Une révolution radicale, en effet, s'est opérée sur ce
point. Les tendances matérialistes du paganisme qui n'as-
signait à la femme d'autre emploi que d'être un instrument
de plaisir et de donner à l'homme une postérité ; la mépri-
sante infériorité dans laquelle, par suite, elle était aban-
donnée, formaient un obstacle à son émancipation. C'est
alors qu'intervient la religion nouvelle qui « brise le des-
potisme politique, relève et ennoblit le mariage en le rattachant à une céleste origine..... Dans une union ainsi scellée
par Dieu lui-même, peu importait la condition civile des
deux époux : devant Dieu il n'y a plus *ni Barbare, ni Grec,*

ni esclave, ni libre [1]. Aussi les mots de *concubina*, de *contubernalis*, ne se rencontrent-ils jamais sur les tombes des épouses chrétiennes, fussent-elles étrangères ou esclaves. Tout mariage béni par l'Eglise et contracté par la libre volonté des époux, avaient la même valeur et les mêmes effets [2]. »

C'est Constantin qui, le premier, imagina la légitimation par mariage subséquent. D'après ce qui précède, on voit que le droit romain christianisé voulait bannir le concubinat comme une institution contraire à la morale et aux bonnes mœurs. Aussi, toutes les déchéances et les incapacités dont Constantin avait frappé les enfants naturels, étaient moins dirigées contre ceux-ci que destinées à atteindre le concubinat lui-même qu'on n'osait pas encore attaquer de front, tant il était passé dans les mœurs corrompues de cette époque.

Mais le mal existait; l'empereur voulut indiquer le remède. Il permit de légitimer par mariage subséquent les enfants nés du commerce que deux personnes avaient eu ensemble à titre de concubinat. Nous allons voir à quelles restrictions il avait soumis dans l'intérêt de la morale, la faculté qu'il donnait aux concubins.

Le texte même de la constitution de Constantin ne nous est pas parvenu, mais la teneur en est rapportée au Code par l'empereur Zénon [3].

« Cette loi rapporte que l'empereur Constantin avait fait une constitution, suivant laquelle, lorsqu'un homme avait des enfants naturels d'une femme de condition ingénue,

---

(1) St Paul, *ep. ad Galat.* III, 28.
(2) P. Gide, *Etude sur la condition privée de la femme,* livre II, chap. 1 et 2.
(3) L. 5, C. V. 27.

qu'il avait à titre de concubine et qu'il n'avait aucuns enfants légitimes d'un mariage légitime, qu'il aurait auparavant contracté avec une autre femme, le mariage légitime qu'il contractait avec la femme qu'il n'avait eue d'abord qu'à titre de concubine, non-seulement donnait à cette femme le titre et les droits de femme légitime, *justa uxor*, mais donnait pareillement le titre et tous les droits d'enfants légitimes aux enfants qu'il avait eus de cette femme pendant qu'elle n'était encore que concubine, de même que s'ils fussent nés durant le mariage, lesquels, en conséquence, étaient *sui heredes* et succédaient à leur père, même avec les autres enfants nés durant le mariage, concurremment et sans aucune distinction [1]. »

Quels sont les enfants qui peuvent être ainsi légitimés ? Ce sont uniquement les enfants de l'un ou de l'autre sexe, qui sont nés du concubinat. A la vérité, le texte de la constitution de Zénon porte le mot de *contubernium*, mais jamais personne n'a douté qu'il n'y eût là une erreur et qu'il ne s'agît du concubinat. La preuve en est dans toute cette même constitution où les enfants sont traités de *naturales*, ce qui ne peut pas se dire de ceux nés de deux esclaves ; de même la femme y est désignée par l'expression de *concubina*.

De cette proposition il résulte que pour que la légitimation *per subsequens matrimonium* soit possible, il est nécessaire que les père et mère aient été, au moment du concubinat, capables de se prendre réciproquement pour mari et femme légitimes, c'est-à-dire qu'ils ne fussent pas parents entre eux à degré prohibé, ni engagés déjà dans les liens d'une précédente union.

(1) Pothier. *Traité du contrat de Mariage.*, partie V, chap. II, art. II, §1.

On doit donc tenir pour règle générale que le mariage ne peut légitimer que les enfants nés d'un commerce *inter solutum et solutam* et qu'il ne peut jamais purger le vice de l'adultère ni de l'inceste pour légitimer les enfants qui en sont nés.

Mais encore tous les enfants naturels qui remplissent ces conditions ne peuvent pas être indistinctement légitimés, et c'est ici que nous voyons apparaître cette restriction de Constantin, fondée sur la morale, que nous annoncions plus haut. La Constitution de l'empereur avait un caractère essentiellement transitoire : elle n'accordait le bienfait de la légitimation qu'aux enfants naturels déjà nés lors de sa promulgation et le refusait aux enfants à naître d'un concubinat futur. On voulait bien donner la possibilité de réparer un mal actuel et des désordres passés , on craignait de les favoriser à l'avenir, car l'espoir d'un mariage subséquent eut encouragé à des unions réprouvées par la morale, tandis qu'on devait s'imputer à faute de n'avoir pas contracté d'abord un mariage légitime.

Plusieurs auteurs enseignent que cette restriction ne fut mise à la légitimation que par Zénon dans sa constitution de 476 [1]. Nous ne saurions partager cette manière de voir. Zénon annonce qu'il ne fait que renouveler la faculté donnée 150 ans auparavant par Constantin : « Sacratissimam constitutionem renovantes [2], » et il reproduit la teneur, les termes peut-être de la décision de son prédécesseur, mais il n'y a aucune raison pour décider qu'il a innové sur ce point [3].

---

(1) Pothier, *loc. cit.*; Ortolan, *Explic. histor.*, t. 2, nº 124; Demangeat. *Cours*, t. 1, vº *Fils de famille*.

(2) L. 5, C. V, 27.

(3) Ducaurroy, *Instit. expliq.*, t. 1, nº 166. Accarias. *Précis*, t. 1, nº 116,

Cette constitution de Zénon nous prouve que le concubinat devait être bien profondément enraciné dans les mœurs des Romains, puisque les lois de Constantin avaient été impuissantes à le faire disparaître.

Peut-on légitimer *per subsequens matrimonium*, non-seulement l'enfant naturel lui-même, mais encore, ses propres descendants, en le supposant, lui, mort? Vinnius le nie : « nam, aut nepos et ipse naturalis est et legitimus effici non potest ne patre quidem vivente, nisi pater ipse suam concubinam uxorem duxerit.... ; aut natus est nepos ex justâ filii uxore, et legitima plane persona est....[1] » . Pothier, cependant, d'accord avec Pérez, nous paraît avec plus de raison décider le contraire [2]. La légitimation est établie dans l'intérêt, aussi bien des descendants de l'enfant naturel que de cet enfant lui-même. Par cette fiction, la loi purge le vice du commerce des père et mère et produit comme une certaine anticipation à leur mariage , même au regard de l'enfant qui en est issu. Mais il est mort, dit-on : on ne peut donc plus le légitimer. Pourquoi ne pourrait-on pas, en faveur de ses descendants, le regarder comme ayant été toujours légitime, puisque le mariage a purgé le vice de sa naissance?

La légitimation s'opère par le fait seul du mariage, sans que les époux aient aucunement besoin de manifester leur intention de légitimer leurs enfants : « Tanta est vis matrimonii ut qui antea sunt geniti post contractum matrimonium legitimi habeantur. » Il faut dire, pourtant, que l'enfant *sui juris* ne pouvant tomber en puissance malgré lui, s'il

---

(1) Vinnius, *Institutionum Commentarius : ad tit. de nuptiis.*
(2) Pothier, *loco citato*, § 2.

refuse d'être légitimé, le mariage de ses parents ne produira pas cet effet.

Le mariage doit être précédé d'un *instrumentum dotale*. Nous ne pensons pas qu'il soit exigé *ad solennitatem* et que son défaut puisse entraîner la nullité du mariage, car nous savons que le mariage romain n'est assujéti à aucune forme ni à aucune solennité. Cet *instrumentum dotale* n'est exigé que comme moyen de preuve, pour marquer la transition du concubinat au mariage. Sans cela, comment connaîtrait-on ce passage, puisque mariage et concubinat ne diffèrent que *solá animi destinatione?* Mais cela nous prouve aussi que cet écrit est nécessaire pour que l'enfant soit légitimé, puisque c'est le seul moyen de faire savoir qu'il est relevé des déchéances portées contre lui.

Telle était la légitimation par mariage subséquent instituée par Constantin et renouvelée par Zénon. N'oublions pas qu'elle revêtait le caractère d'une mesure transitoire. Anastase l'introduisit définitivement en droit romain par une Constitution de l'an 508[1]. Justinien la maintint et donna des solutions sur divers points de détail dont voici les principaux :

Il y avait controverse sur le point de savoir si la légitimation serait possible malgré que des enfants seraient nés depuis le mariage contracté. Certains jurisconsultes soutenaient que les enfants naturels ne profiteraient de la légitimation que si le mariage de leur père et mère ne produisait dans la suite aucun enfant légitime. C'est ce doute que Justinien prend soin de faire cesser en déclarant[2] que cette injustice ne doit plus être soutenue ; que les légitimes ne

(1) L. 6, C. V, 27.
(2) L. 10, C. *eod tit.*

peuvent exclure les légitimés du bienfait de la légitimation quand ils leur doivent, au contraire, des actions de grâce, puisque c'est à ces derniers qu'ils doivent le nom et la qualité d'enfants légitimes. Mais alors, dirent certains autres jurisconsultes, *qui dicit de uno negat de altero* : c'est l'opinion jadis professée qui se trouve fausse et les *liberi naturales* ne sont légitimés que s'il naît dans la suite des enfants légitimes. Cette interprétation erronée nécessita une Constitution impériale [1], disant que dans l'un et dans l'autre cas la légitimation s'opèrerait au profit des enfants naturels.

Un doute s'était élevé sur le point suivant : on se demandait si un individu qui, après s'être d'abord marié et avoir eu des enfants de ce mariage, avait, après divorce ou le décès de sa femme, pris une concubine, les enfants de son précédent mariage vivant toujours, pouvait épouser ensuite cette concubine qui lui avait donné des enfants naturels et légitimer ainsi ces enfants, quand même ls enfants de son premier mariage vivaient encore et que le second mariage n'en avait produit aucun. Justinien tranche la question dans le sens de l'affirmative [2]. A partir de cet empereur, la présence d'enfants d'un précédent mariage ne fit plus obstacle à la légitimation par mariage subséquent des enfants naturels.

Enfin Justinien déclare que cette légitimation peut s'étendre aux enfants qui seraient issus du concubinat de leur père avec une affranchie [3]. Il interprète la 1. 10, C. V. 27, qui permettait la légitimation pourvu que la femme

---

(1) L. 11, C. *eod. tit.*
(2) Nov. 12, chap. 4.
(3) Nov. 18, chap. 11, Nov. 78, chap. 3 et 4.

fût *libera*. On voit ainsi que ce n'est pas seulement le mariage du patron avec son affranchie qui est visé par ce texte, ce que pourrait faire croire le mot *liberta* employé aux Novelles, mais bien le mariage avec une affranchie quelconque *libertina* [1]. Justinien même fit une innovation en permettant, lorsque le patron épouserait son affranchie, de légitimer même les enfants qu'elle aurait eus étant esclave. Il était bon de noter ce cas qui est dérogatoire au droit commun. Toutefois, dans cette hypothèse, l'empereur continue à exiger que le patron n'ait pas d'enfants légitimes issus d'un précédent mariage.

SECTION TROISIÈME

De la légitimation par rescrit du prince

Ce mode de légitimation est ouvert au père naturel lorsque le précédent est devenu impossible par suite de la mort de la concubine ou de l'incapacité de celle-ci d'épouser son conjoint. Alors, le père qui veut réhabiliter les enfants qui lui sont nés, peut s'adresser à l'empereur et obtenir de lui un rescrit qui leur confère les mêmes droits et les mêmes prérogatives que le mariage lui-même. Ce mode fut introduit par Justinien et l'on comprend son utilité puisque l'adrogation avait été supprimée par Justinien en tant que moyen de légitimation [2]. Il faut, pour que le rescrit puisse être sollicité et obtenu, le consentement de l'enfant naturel, pour les raisons que nous avons dites déjà

(1) Accarias, *Précis*, T. I, n° 116.
(2) Nov. 74, chap. 2.

plusieurs fois. Il faut aussi que le père n'ait point d'enfants légitimes [1].

On se souvient que nous avons signalé et étudié plus haut, à l'époque du droit classique, un mode de légitimation par rescrit du prince. C'était alors une institution différente de celle que nous examinons en ce moment. On ne peut ni assimiler, ni presque comparer ce qu'était ce rescrit du prince sous les empereurs, à ce qu'il est devenu sous Justinien. Il n'y a même pas une transformation, car, depuis Caracalla, l'ancien mode de légitimation par rescrit du prince avait cessé d'exister. Justinien innove et crée de toutes pièces une institution nouvelle. On sait que jadis c'était un pérégrin qui demandait la cité et qui devait demander aussi, et spécialement, la *patria potestas* sur ses enfants ; celle-ci n'était que l'accessoire, l'obtention du droit de cité étant le principal. Du temps de Justinien le rescrit du prince est un mode direct de légitimation ; il ne s'agit plus de demander la cité romaine, puisque tout le monde est citoyen.

La *Légitimation par testament* n'est qu'un cas particulier de celle par rescrit du prince. Elle a lieu lorsqu'un individu, dans les conditions voulues pour solliciter un rescrit de légitimation, ne l'a pas encore fait et se sent sous le coup de la mort. Il peut alors, dans son testament, témoigner le désir que ses enfants soient légitimés. Ceux-ci, alors, après le décès, recourent à l'empereur, qui remplit le vœu du père et accorde aux enfants le rescrit demandé. Comme on le voit, c'est encore la légitimation par rescrit, à cela près qu'elle est demandée par les enfants eux-mêmes, au lieu de l'être par le père [2].

(1) Nov. 89, chap. 10.
(2) Nov. 74, chap. 2, § 1 ; nov. 89, chap. 10.

CHAPITRE V

Des effets de la légitimation.

Nous connaissons déjà une partie de ces effets, car, en parlant de la légitimation, nous n'avons pas pu moins faire que d'indiquer souvent certains de ses résultats. Parfois, même, nous avons dû, avec les jurisconsultes, désigner la légitimation par les effets qu'elle produit : c'est ainsi que les auteurs disent que par le mariage subséquent, par exemple, les enfants passent sous la puissance de leur père, pour indiquer qu'ils ont été légitimés. Il faut, néanmoins, que nous en parlions encore, à cause de certaines spécialités qui n'ont pas trouvé leur place ailleurs et qu'il nous reste à passer en revue pour épuiser notre sujet.

Même dans les hypothèses où la légitimation a les effets les plus étendus, elle se borne à donner au père, sur l'enfant la puissance paternelle avec ses conséquences. On peut, même, poser en principe que la légitimation n'a d'autres résultats que de faire naître la *patria potestas*, car tout ce que nous allons dire dans la suite en découle directement.

Nous avons donné, au commencement de cette étude, assez de détails sur la puissance paternelle en droit romain pour qu'il soit inutile d'insister sur les caractères de cette institution du droit civil. Nous avons dit qu'il s'ensuivait l'anéantissement de la personnalité juridique du *potestati subjectus* dans la personne du *parens*, et par suite, impossibilité, sauf les adoucissements successifs, de posséder en propre, de tester, d'exercer les actions pour son propre compte ; existence d'un véritable droit de propriété du père sur l'enfant, droit exorbitant, qui, à l'époque du Bas-Empire, n'existe, pour ainsi dire, plus.

La légitimation produit un changement dans l'état de l'enfant légitimé ; mais, c'est là un effet de la puissance paternelle. De *sui juris* qu'il était auparavant, il devient *alieni juris*, et subit, à cause de cela, la *minima capitis deminutio*. De plus, l'individu légitimé passe en la puissance de son père, non pas tout seul, mais avec tous ceux qui étaient soumis à sa *manus*, à sa *patria potestas*, à son *dominium*, c'est-à-dire avec sa femme, dans un certain cas, avec ses enfants, avec ses esclaves. En effet, celui qui bénéficie de la légitimation doit être placé dans la même situation que s'il était né du légitime mariage de son père et de sa mère. Or, s'il en était ainsi, il n'y a aucun doute qu'il serait en puissance de son père ou de son aïeul ; que sa femme *in manu* et que ses enfants y seraient également, car leur état est inséparable de celui de leur époux et père. Donc, lorsqu'il vient à y tomber, par suite de la légitimation, c'est avec toute sa *familia* qui se fond dans celle du *pater-familias* et ne fait plus qu'un avec elle.

La légitimation fait naître la parenté civile entre celui
qui est légitimé, d'une part, et, de l'autre, avec le légitimant et tous les agnats de celui-ci. Mais c'est encore là, au
premier chef, un effet de la puissance paternelle, puisque
l'agnation n'existe qu'entre personnes qui sont actuellement,
ou qui auraient pu être soumises à la puissance d'un même
chef de famille. Nous verrons, tout à l'heure, ce qui se
passe en cas d'oblation à la curie-ci. Mais cette proposition
est incontestable et incontestée lorsqu'il s'agit du mariage
subséquent et du rescrit impérial qui doit produire le même
effet, puisqu'il est destiné à suppléer et remplacer le mariage devenu impossible.

Nous connaissons aussi les effets de l'agnation. Nous ne
reviendrons pas sur ce que nous avons dit à cet égard.

Un autre effet de la puissance paternelle commun à la
légitimation, est de produire un droit de tutelle légitime au
profit des agnats vis-à-vis du légitimé, s'il est impubère ;
au profit du légitimé pubère vis-à-vis de ses agnats lorsqu'ils n'ont pas atteint l'âge où cesse la tutelle. On sait que
la tutelle légitime des agnats a lieu lorsque les enfants n'ont
pas reçu de tuteurs testamentaires[1], « quamdiù testamentaria
speratur tutela, legitima cessat. » On sait également que la
tutelle légitime a son fondement dans la vocation qu'ont les
agnats, et, plus généralement les tuteurs, à succéder à leurs
pupilles, et que les tuteurs sont, de la sorte, engagés à bien
gérer un patrimoine qui peut, un jour, devenir le leur.

Cela nous amène à parler du droit de succession *ab intestat*
qui est, avant les Novelles de Justinien, un effet de la puissance paternelle, et qui reste après, une conséquence de la
légitimation. Ce droit existe au profit de l'enfant légitimé

____

(1) Inst. I, 15, pr. et § 2 ; 16, § 7. — Gaïus, I, § 155.

sur la succession de tous ses agnats et il est réciproque.
Spécialement, dans ses rapports avec son père, l'enfant
légitimé a droit, tout comme celui qui est né *ex justo matrimonio* à la succession de son père, et à l'inverse, le père
eut des droits à la succession de son fils lorsque celui-ci eut
la propriété directe exclusive de certains biens compris dans
les pecules *castrens*, *quasi-castrens* ou adventice, et plus tard,
sous Justinien, lorsqu'il eut celle de tous les biens quelconques qui ne lui venaient pas du *paterfamilias*. Dans la législation des Novelles, le père légitime ou celui qui lui est assimilé, vient, à défaut d'enfants de son fils, recueillir la succession de celui-ci, concurremment et par portions viriles avec
les frères et sœurs germains du de cujus[1]. Quant au droit
héréditaire, relativement aux agnats de l'enfant légitimé,
Justinien en parle en ces termes : « Semel eos efficientes
legitimos damus habere etiam successiones illas quas habent
ii qui ab initio legitimi sunt[2].

Ce droit de succession ab intestat sur les biens du père
est sanctionné par celui qu'a l'enfant légitimé d'attaquer
le testament paternel toutes les fois qu'il n'a pas été rem-
pli de ce que la loi lui accorde.

Cela peut arriver de plusieurs manières :

1° L'enfant procédera par la pétition d'hérédité si le
testament a été fait avant la légitimation, car l'agnation
d'un héritier sien entraîne la rupture du testament antérieur : « testamentum rumpitur agnatione sui heredis[3]. »
« Rumpitur testamentum.... agnatione, id est si suus heres
agnascatur, qui, neque heres institutus, neque ut oportet

____

(1) Nov. 118, chap. 2.
(2) Nov. 89, chap. 8.
(3) Instit. *lib.* II, *tit.* 17, § 1 ; Conf. Gaïus, *Comm* II, § 138.

exheredatus sit [1]. » Du temps de Gaïus, le testament était
rompu lors même que l'enfant y était à l'avance institué
ou exhérédé. Mais Justinien, suivant en cela l'opinion de
Papinien [2], maintient le testament au cas d'institution anti-
cipée de l'enfant ultérieurement légitimé. Sur la rupture du
testament, il faut signaler encore une particularité qui est
relative l'*erroris causæ probatio*. Jusqu'à Adrien le testament tombait, à quelque époque que la preuve de l'erreur
fût administrée. Cet empereur obtint un Sénatus-Consulte
aux termes duquel si cette preuve était faite du vivant du
testateur le testament tomberait, mais que si elle n'était
faite, au contraire, qu'après sa mort, ce qui était possible,
il faudrait encore, pour qu'il y eût rescision, que l'enfant
eût été omis : l'institution ou l'exhérédation sauverait le
testament [3].

L'enfant légitimé procédera encore par la pétition d'hérédité, comme tout enfant né en mariage, si, dans un testament postérieur à la légitimation, il a été omis, ou exhérédé illégalement, c'est-à-dire, s'il n'a pas été exhérédé
nominativement.

Dans ces deux cas, le testament est déclaré nul par le
droit civil. Dès lors, le père est réputé mort ab intestat et
son *heres suus* peut poursuivre et vendiquer son droit héréditaire contre tout détenteur des biens dont le titre empiète
sur ce droit; et cette action n'est autre que la *petitio hereditatis*. Cette action peut être suivie d'une demande en partage, *actio familiæ erciscundæ*, lorsque ceux contre lesquels
l'enfant légitimité a triomphé dans la *petitio hereditatis* sont

(1) L. 23. D. 28. 2.
(2) Ulp. *Reg. tit.* XXIII, § 2.
(3) Gaïus, *Comm.* II, § 143.

d'autres *heredes sui* du cujus, frères ou mère *in manu* du réclamant.

2° L'enfant agira par la *querela inofficiosi testamenti* quand il aura été exhérédé nominativement dans un testament où il devait être institué ou exhérédé, mais quand il prétendra que cette exhérédation est contraire à l'*officium pietatis*, que le père a oublié le devoir d'affection en déshéritant sans motif suffisant l'enfant réclamant. Dans ce cas, le testament est valable d'après le droit civil, mais les jurisconsultes en corrigent la rigueur par une subtitilité : ils supposent que le père a testé dans un moment d'aberration d'esprit qui lui a momentanément enlevé la *factio testamenti*. Là dessus, on annule le testament. Cette subtilité n'est pas même exacte. En outre, i'enfant légitimé *querelans* ne triomphera que sous les conditions suivantes : 1° que nulle cause jugée sérieuse ne justifie l'exhérédation. A partir de Justinien, ces causes sont indiquées limitativement [1]. 2° Que le *querelans* n'ait aucune autre voie de droit pour arriver à l'hérédité, car la *querela* étant injurieuse pour le testateur, n'est donnée que comme un *ultimum subsidium* ; 3° Il faut, jusqu'à Justinien, que l'enfant n'ait pas reçu par acte de dernière volonté le quart au moins de ce qu'il aurait eu dans la succession ab intestat avec mention que ce quart serait au besoin complété.

3° Depuis Justinien, l'enfant légitimé agira non plus par la *querela*, mais par une simple action en complément, lors même que la mention dont nous venons de parler ne serait pas faite, toutes les fois que le père lui aura laissé la moindre chose, soit par une donation *mortis causâ*, soit par un fidéicommis, soit par un legs dans le testament même où a

(1) Nov. 115 et 22.

été prononcée l'exhérédation. L'enfant, alors, ne peut plus que faire compléter son quart et rien de plus. Dans les Novelles, Justinien remanie de fond en comble tout ce système. Ce n'est plus le quart de la portion qu'il aurait eue *ab intestat* que l'enfant peut faire compléter ; le taux varie avec le nombre des enfants. Y a-t-il de un à quatre enfants légitimés, ils pourront se faire compléter le tiers de la succession. S'il y a plus de quatre enfants, ils pourront demander le complément de la moitié de la succession [1]. En outre, ce n'est plus une disposition *mortis causa* quelconque qui peut faire écarter la *querela :* le testateur doit instituer les enfants dans son testament. Enfin, la *querela* intentée et admise ne fait tomber que l'institution d'héritier dans le testament, tous les legs, fidéicommis, affranchissements, nominations de tuteurs subsistent.

Le droit de succession *ab intestat* de l'enfant légitimé produit encore cet effet de révoquer les donations entre vifs en un cas particulier indiqué dans une Constitution de Constantin, insérée au Code, portant ces mots : « Si unquam libertis patronus filios non habens bona omnia vel partem aliquam facultatum fuerit donatione largitus, et postea susceperit liberos, totum quicquid largitus fuerat revertatur in ejusdem donatoris arbitrio ac ditione mansurum [2]. » On le voit, cette Constitution suppose un homme sans enfants qui a donné tout ou partie de ses biens à son affranchi. Si le patron vient plus tard à avoir des enfants, la donation se trouve révoquée. Mais elle ne le serait pas si le donataire n'était pas l'affranchi du donateur. A la vérité, le texte ci-dessus ne

(1) Nov. 18, chap. 1.
(2) L. 8 C. VIII, 7.

vise pas directement la légitimation ; aussi, pourrait-on douter qu'elle produisît un tel résultat. Cependant, les expressions qu'emploie la loi sont si larges : *Si postea susceperit liberos*, qu'on peut bien dire sans témérité qu'elles comprennent aussi la légitimation qui est bien une *susceptio liberi legitimi*. C'est d'ailleurs l'avis de Godefroy qui s'exprime ainsi : « Si legitimaverit (pater), idem dicendum nam legitimatus non differt a legitimo. »

La légitimation, comme on le voit, est féconde en résultats. En voici encore d'autres qui découlent, ceux-là, plus particulièrement de la *minima capitis deminutio* produite par la puissance paternelle.

Le fils a-t-il fait un testament étant encore *sui juris*, avant d'être légitimé ? Ce testament tombe ; il devient *irritum*. En voici le motif : le testament est fait principalement pour transmettre la personnalité d'un individu ; or la *capitis diminutio* la fait disparaître. Le fils s'identifie avec la personnalité du *parens* qui absorbe tout ce qui dépend de lui. On ne peut donc pas transmettre ce qui n'existe plus. Voilà pourquoi le testament tombe. Il n'y a d'exception que pour le testament des militaires. Celui-ci ne reste valable que « quasi militis ex novâ voluntate[1]. » D'ailleurs le *capite minutus* ne perd pas le droit de tester de nouveau dans la mesure où sa nouvelle situation le lui permet.

Tous les effets dont nous avons parlé jusqu'à présent se rapportaient à des droits non appréciables en argent. Il en est autrement de ceux qu'il nous reste à indiquer et qui tirent aussi leur origine de la *capitis deminutio*.

____

[1] Instit. lib. III. tit. 11 § 5.

Effets de la légitimation relatifs à des droits appréciables en argent et effets à l'égard des tiers.

Avant Justinien l'usufruit s'éteignait par l'effet de la légitimation [1]. Il en était de même de l'usage. Justinien décide que, désormais, la grande et la moyenne *capitis deminutio* pourront seules produire ce résultat. C'est ce qui est dit formellement au Code de Justinien, puis, aux Instituts, en ces termes : « finitur autem ususfructus..... duabus capitis deminutionibus, maxima et media [2]. » C'est que, sous Justinien la *minima capitis deminutio* n'existe, pour ainsi dire, plus que comme souvenir, tandis qu'autrefois, l'usufruit qui était constitué *intuitu personæ*, devait disparaître avec la personne juridique de celui qui était légitimé.

De même les *jura patronatus* disparaissent, entraînant avec eux les droits du fils aux *operæ* des esclaves qu'il aurait pu affranchir avant la légitimation.

Mais toutes les *operæ* périssent-elles indistinctement, ou bien en subsiste-t-il quelques unes après la légitimation ? Nous pensons qu'elles disparaissent toutes, sans qu'il y ait à distinguer, au moins à l'époque de Justinien, entre celles promises *per jusjurandum*, et celles pour lesquelles une simple promesse est intervenue. Nous nous fondons, pour donner cette décision, sur la comparaison entre le texte de Gaïus qui fait évanouir « operarum obligatio libertorum quæ per jusjurandum contracta est [3]. » et le paragraphe

---

(1) Fragments du Vatican, §§ 57, 61, s. s.; Pauli Sententiœ, lib. 3, tit. 6, § 29.

(2) Instit. *lib.* II, tit. 4, § 3 ; L. 16. C. 33, 3.

(3) Gaïus, *Comm.* III, § 83.

correspondant des Instituts de Justinien où le mot *jusjuran-dum* disparaît sans être remplacé par aucune autre expression équivalente, preuve que, même en supposant la distinction faite du temps de Gaïus, elle n'existe certainement plus à l'époque de Justinien.

Faut-il distinguer davantage entre les *operæ officiales* et les *operæ fabriles*, consistant, les premières en travail comme domestique, les autres en travail comme ouvrier ou artiste ? Sur ce point encore il y a controverse.

Vinnius, dans son commentaire sur les Instituts[1], et Heineccius[2] enseignent que les *operæ officiales*, seules périssent, parce qu'elles ne peuvent être dues par d'autres qu'un affranchi, ni à d'autres qu'à un patron; tandis que des *operæ fabriles*, qui consistent dans l'exercice d'un art, peuvent très-bien être accomplies par un individu quelconque, au profit de n'importe qui. Elles passent donc au père légitimant, au lieu que ce père n'étant pas le patron de l'affranchi et les *operæ officiales* n'étant dues exclusivement qu'au patron, elles doivent nécessairement s'éteindre par l'effet de la *capitis deminutio* résultant de la légitimation.

Pérez, au contraire, nous semble ne pas faire cette distinction et dire que les *operæ*, quelles qu'elles soient, s'éteignent par la *capitis deminutio*. Selon nous c'est avec raison : d'abord les textes de Gaïus et des Instituts sont formels et ne distinguent pas : la *capitis deminutio* entraîne la perte des *operæ* en général. Mais, à supposer même que les *operæ officiales* survécussent à la *capitis deminutio*, nous venons de voir qu'elles sont intransmissibles; elles ne profiteraient donc pas davantage au père légitimant : « officiales..... nec

(1) Ad tit. adquisitione per adrogationem.
(2) Recitationes secundum ordinem Institutionum, *ad eund. titul.*

cuiquam alii deberi possunt quam patrono [1]. » Rappelons-nous, enfin, que toutes les *operæ* indistinctement, sont des conséquences des *jura patronatûs*. Or, les *jura patronatus* disparaissent absolument. Il doit donc en être forcément de même des *operæ*, à quelque catégorie qu'elles appartien-nent [2].

Il est une autre créance que la *capitis deminutio* résultant de la légitimation fait disparaître. L'on sait que lorsqu'une action était personnelle, avec une formule conçue *in jus* et qu'elle même était un *judicium legitimum*, c'est-à-dire qu'elle était intentée à Rome ou dans un rayon d'un mille autour de la ville, entre parties citoyennes romaines, devant un *unus judex* également citoyen romain [3], la *litis contestatio* produisait une novation dont l'effet était d'éteindre le droit primitivement prétendu par le demandeur, pour y substituer un droit nouveau qui était celui de poursuivre et d'obtenir une sentence : « ante litem contestatam dare debitorem oportere; post litem contestatam condemnari oportere... [4]. » Eh bien, nous voyons dans Gaïus [5] que ce droit se trouve éteint par la petite diminution de tête. Comme d'un autre côté, le droit qui existait avant la *litis contestatio* est complè-tement anéanti, il arrive que l'enfant légitimé demandeur est absolument déchu de tout droit et que le défendeur se trouve par là même, libéré de son obligation. A cette rigueur du droit, y avait-il un remède ? c'est probable :

(1) L. 9, § 1, D. 38.1.

(2) Pérez, *ad eumd.* tit. ; Ortolan, *Explic.* tome III, n° 1148, 1° ; Deman-geat, *Cours*, tome II, p. p. 138, 139; Accarias, *Précis*, tome I, n° 182, II, 3°; *tome* II, n° 477 et note.

(3) Gaïus, *Comm.* IV, § 104.

(4) Gaïus, *Comm.* III, § 180.

(5) *Comm.* III, § 83.

« bien évidemment, dit M. Accarias, il devait intervenir ici une restitution prétorienne, sans quoi l'adversaire du *capite minutus* eût réalisé un bénéfice tout-à-fait inique [1]. » Sous Justinien il n'existe plus rien de ce qui précède. Les *judicia legitima* qui étaient essentiellement propres au système formulaire, ont, à cette époque, totalement disparu. Par conséquent, la *litis contestatio* ne produit plus novation et la petite diminution de tête n'a plus rien à éteindre.

La créance qui naît au profit d'un *adstipulator* cesse d'exister si cet *adstipulator* est un fils naturel qui vient à être légitimé. M. Accarias explique ainsi cette décision : pour le créancier principal, l'*adstipulator* est un mandataire. Or, le mandat est contracté *intuitu personæ*; il doit disparaître avec la *persona* elle-même [2].

Au point de vue passif, un résultat bizarre se produit. Le père, qui, par l'effet de la légitimation succède à toutes les dettes actives de l'enfant légitimé, ne succède pas à ses dettes passives : toutes les dettes contractuelles ou quasi contractuelles du fils s'éteignent au moment où il passe *sub patriâ potestate*. On voit que cette matière est régie par d'autres principes que celle des successions à un défunt, où les actions qui compétaient contre le de cujus, sont données directement contre l'héritier. Ici, les actions qui auraient pû être dirigées contre l'enfant légitimé ne le seront pas contre son père qui ne continue pas, sous ce rapport, comme un héritier, la personne de son fils. Il est de règle qu'un fils peut bien, par des contrats ou comme par des contrats, améliorer la condition paternelle, mais non la rendre pire ; il peut faire acquérir à son père des

(1) Accarias, *Précis*, tome I, n° 182, note.
(2) Accarias, Précis, t. I, n° 182.

droits nouveaux, mais jamais l'obliger, sauf en ce qui concerne le pécule. Mais dans cette matière, le père peut-il être poursuivi *de peculio?* Non, malgré l'opinion d'Ulpien et des Proculiens[1], car le fils a contracté avec les tiers avant la légitimation. Les dettes doivent donc suivre le sort de la personnalité civile du débiteur ; celle-ci disparaissant les entraîne avec elle ; la légitimation libère l'enfant légitimé : « desinit jure civili debere nobis[2]..... »

Mais alors, dira-t-on, le droit consacre une iniquité, car des individus qui ont contracté avec l'enfant naturel *sui juris*, vont se trouver, sans compensation, frustrés de leurs créances. Telle serait, en effet, la rigueur du droit civil, mais le mal trouva bientôt des remèdes. D'abord ce même droit civil reconnaissait, à la charge de l'enfant, une obligation naturelle, ce qui déjà, pouvait suffire pour sauver les droits des créanciers s'ils étaient pourvus d'une sûreté hypothécaire, ou s'il existait des fidéjusseurs. En effet, nous lisons au Digeste : « Ex quibus casibus naturalis obligatio consistit, pignus perseverare consistit[3] » ; « ubicumque reus ita liberatur a creditore ut natura debitum maneat, teneri fidejussorem respondit (Scaevola)[4]. »

Mais hors de ces cas, l'obligation naturelle était à peu près inefficace. Aussi le droit prétorien avait-il dû venir au secours des créanciers par un de ces expédients qui lui étaient familiers : on donnait aux créanciers une action utile fictice, ainsi nommée, parce que la formule contenait une fiction d'après laquelle le juge devait décider comme si l'enfant légitimé n'avait pas subi de *capitis deminutio* : « Ne

---

(1) L. 41. D. 15. 1.
(2) Gaïus, *Comm.* IV, § 38.
(3) L. 14, § 1, D. 20, 1.
(4) L. 60, pr. D. 46. 1.

in potestate ejus sit jus nostrum corrumpere, introducta est contra eum actio utilis. rescissa capitis demitione : idest, in qua fingitur capite deminutus non esse[1]. » Le passage de l'édit où cette action est instituée nous a été conservé et forme la loi 2, § 1, au Digeste, livre IV, titre V. C'est, comme on le voit, une véritable *restitutio in integrum, lato sensu.*

Cependant, les biens du fils ont passé au père ; comment alors, au moyen d'une action dirigée contre le fils légitimé les créanciers pourront-ils arriver jusqu'à ces biens qui sont leur gage ? C'est encore Gaïus qui nous l'enseigne. Le père doit défendre et garantir le fils contre cette action en figurant lui-même et nominativement au procès, et alors il est condamné pour la totalité des dettes comme s'il les eût contractées lui-même. Faute par lui de ce faire, il ne lui est pas permis de s'enrichir aux dépens d'autrui en conservant les biens que la légitimation lui a fait acquérir ; le préteur, par un envoi en possession, les abandonne aux créanciers pour être vendus : « Si adversus hanc actionem non defendantur, quæ bona eorum futura fuissent, si se alieno juri non subjecisssent, universa vendere creditoribus prætor permittit[2]. »

On voit, dès lors, que les créanciers n'avaient rien à craindre de la légitimation, puisque dans la réalité des faits, l'extinction des obligations du fils n'avait pas lieu. Comme nous l'avons dit plus haut, c'est une véritable *restitutio in integrum* que donne le préteur, et telle était la faveur avec laquelle on la considérait, que l'action fictice qui en était

---

(1) Gaïus, Comm. IV § 38. Conf. Gaïus, Comm. III § 84.
(2) Gaïus, Comm. III § 84.

la consécration et la sanction était perpétuelle[1] ; qu'elle passait même activement et passivement aux héritiers, et qu'elle était donnée d'avance et sans enquête. Cette perpétuité doit être remarquée, car les restitutions n'étaient données que dans des délais généralement assez courts : dans le droit classique, une année *utile ;* sous Constantin, cinq, quatre ou deux ans *continus,* suivant que l'on se trouvait à Rome, en Italie ou dans les provinces. Enfin, sous Justinien, il y avait un délai uniforme de quatre ans *continus.*

Sous Justinien, cette théorie reçut quelques modifications, mais au point de vue pratique, elle est restée presque toujours la même. L'action des créanciers, nous apprennent les Instituts, s'exerce, non plus contre le fils, mais bien directement contre le père. Celui-ci, de son côté, n'est plus qu'un usufruitier du bien du fils légitimé qui en conserve la nu-propriété. Aussi la *restitutio in integrum* n'existe-t-elle plus, d'où suit que l'action n'est plus fictice ; pourtant, on ne peut pas dire non plus qu'elle soit directe, car le père est actionné au nom du fils : «ipso quidem jure non tenetur, sed nomine filii convenietur[2]. »

Les principes que nous venons d'exposer souffrent une exception que nous devons mentionner. Si le fils, avant d'être légitimé, a recueilli une succession, le père, par la *capitis deminutio,* en acquiert immédiatement l'actif, mais aussi, tout le passif passe de plein droit sur sa tête ; il devient héritier au lieu et place de l'enfant qui est légitimé et par conséquent les créanciers n'ont pas besoin d'action fictice ; ils poursuivent directement le père. Mais aussi celui-ci, plaidant pour lui-même est dispensé de donner caution

(1) L, 2, § 5, D. IV. 5.
(2) Inst., lib. III, tit. 10, § 3.

judicatum solvi, ce qu'il était obligé de faire dans les cas de l'action fictice, car on sait que dans le droit classique le défendeur, s'il plaidait pour autrui, devait toujours donner cette caution : « ab ejus parte cum quo agitur, si quidem alieno nomine aliquis interveniret, omnino satisdaret, quia nemo defensor in aliena re sine satisdatione idoneus esse creditur. Quod si proprio nomine aliquis judicium accipiebat in personam, judicatum solvi satisdare non cogebatur [1]. » De plus, c'est l'entier patrimoine du père qui sert de gage aux créanciers héréditaires. Les termes par lesquels Gaïus indique cette exception, n'ayant pas été reproduits par Justinien, nous sommes fondés à penser que sous cet empereur elle n'existe plus.

Il est des droits qui restent au fils légitimé, et parmi eux plusieurs sont appréciables en argent. Ceux-ci sont activement et passivement les droits attachés à la personne naturelle plutôt qu'à la personne civile, et ceux considérés bien plus comme des faits que comme des droits.

Ce sont, au point de vue actif, la créance alimentaire que l'enfant légitimé a contre son père ; celle résultant de legs qui aurait été fait à ce fils des *operæ* d'un esclave : « operæ servi legatæ capitis minutione non amittentur [2]. » Ce droit ressemble à l'usufruit qui est une servitude personnelle, en ce que le titulaire peut, non-seulement faire son profit des travaux que l'esclave accomplit, mais encore en ce qu'il lui est loisible de louer ces travaux à des tiers et d'en recueillir le prix. Mais il ressemble aussi au droit d'habitation, et, comme lui, n'est pas une servitude personnelle, en ce que ni l'un ni l'autre n'est un démembre-

(1) Instit. *lib.* IV, tit. 11, § 1.
(2) L. 2, D. 7, 7.

ment de la propriété, mais bien un avantage qui se renouvelle chaque jour au profit de celui qui en est investi. Nous devons signaler le droit d'habitation dont nous venons de parler : il demeure au fils après la légitimation. Comme nous l'avons dit, c'est là moins un droit unique qu'un fait qui s'accomplit jour par jour : « Si habitatio legetur nec non utendo amittitur, nec capitis deminutione[1] » ; « Si habitatio legetur ..... capitis deminutione tamen interveniente perseverat videlicet quia tale legatum in facto potius quam in jure consistit[2]. »

Au point de vue passif, l'enfant quoiqué en puissance paternelle, reste tenu de l'obligation alimentaire vis-à-vis de ses ascendants qui sont dans le besoin[3] ; il demeure soumis à l'action de dot : « de dote actio, quia in bonum et æquum concepta est, nihilominus durat etiam post capitis deminutionem[4] » ; il reste enfin obligé par ses délits, par des motifs de haute morale : « nemo ex delictis exuitur, quamvis capite minutus sit[5]. Mais l'action de la personne lésée n'aurait eu souvent que bien peu d'efficacité, lorsque l'enfant n'a point de pécule, s'il n'avait pas été permis d'agir *noxaliter* contre le père légitimant[6] ; d'où suit que celui-ci a le choix, ou de payer pour le délit, ou de donner le fils lui-même en abandon noxal. Sous Justinien, il n'en est plus de même, car le père ne peut plus donner ses enfants en abandon noxal. Les Instituts nous en expliquent le motif : Comment tolérer qu'un père soit obligé de livrer son fils et

(1) L. 10 pr. D. 7, 8.
(2) L. 10 ,D. 4, 5.
(3) L. 5, § 1 ,D. 25 3.
(4) L. 8, D. 4, 5.
(5) L. 2, § 3, D. 4, 5.
(6) Gaïus, *Comm*. IV, § 77.

surtout sa fille ? Le père ne souffrirait-il pas par son fils plus que le fils lui-même, et, pour la fille, la décence n'est-elle pas un obstacle de plus à l'abandon noxal [1] ? Désormais, les enfants de famille peuvent être poursuivis et condamnés personnellement. Dans le droit classique, ils le pouvaient déjà, et, s'ils n'avaient pas de pécule, et que le père ne voulût pas payer le montant de la condamnation, c'est alors qu'avait lieu l'abandon. Mais depuis Justinien, si l'enfant n'a pas de pécule, le créancier est obligé, pour obtenir son paiement, d'attendre que son débiteur soit devenu *sui juris*, ou qu'il ait acquis quelque pécule. Si l'enfant a un pécule, le créancier, après l'avoir fait condamner, peut se retourner contre le père et lui intenter une action *judicati de peculio* : « Papinianus scribit judicati quoque patrem de peculio actione teneri [2]..... » parce que l'obligation résultant d'une condamnation est une obligation civile résultant du quasi-contrat judiciaire, et que le fils est censé avoir mandat pour obliger son père par ses quasi-contrats.

Il est important de remarquer que la légitimation n'a jamais d'effet rétroactif, c'est-à-dire, qu'elle ne remonte pas au jour de la conception des enfants naturels, ni à celui de leur naissance. Elle ne produit ses effets qu'à partir du mariage des père et mère, ou du rescrit impérial, ou de l'oblation à la curie, et se borne à faire considérer les enfants légitimés comme conçus et nés le jour même de la légitimation : « dies nuptiarum est dies conceptionis et nativitatis legitimæ. »

Tels sont les effets de la légitimation. Il ne faudrait,

(1) Instit. *lib.* IV, *tit.* 8, § 7.
(2) L. 3, § 11, D. 15. 1.

cependant, pas croire qu'ils soient produits en aussi grand
nombre par tous les modes de légitimation indistinctement.
Ils ne sont engendrés ainsi , dans leur plénitude , que
par le mariage subséquent. Des effets plus ou moins restreints sont attachés aux autres modes. Voici ces restrictions :

Légitimation par testament. — Nous savons que le mariage
subséquent produit la puissance paternelle et la diminution
de tête, avec toutes leurs conséquences. Mais la légitimation *testamento* ne s'opère qu'après la mort du testateur.
C'est une légitimation d'outre-tombe ; elle ne peut produire
la *patria potestas* qui est déjà dissoute au moment où elle
s'accomplit, ni la *capitis deminutio*. Par conséquent, l'enfant
reste *sui juris* par la force même des choses, et aucune des
conséquences que nous avons tirées de la *capitis deminutio*.
soit quant aux personnes, soit quant aux biens n'est applicable dans cette hypothèse. Ce mode de légitimation ne
produit donc que l'agnation, ainsi que les droits de tutelle
et de succession qui en dépendent.

Légitimation par oblation à la curie. — Ce mode de légitimation ne confère pas non plus la plénitude des droits et
prérogatives d'enfant légitime. L'enfant offert à la curie
n'entre pas dans la famille de son père et spécialement,
n'a aucun droit à la succession des parents de celui-ci[1].
Les effets de la légitimation sont limités aux rapports qui
s'établissent entre le père et le fils. La puissance paternelle
existe[2] ; la *capitis deminutio* est subie ; le fils succède au

(1) Nov. 89, chap. 4.
(2) Institut. *lib.* 1, *tit.* 10, § 13.

actions. S'il a des enfants légitimes et qu'il fasse un testament, il ne peut avantager l'enfant légitimé au détriment
de ceux *qui ab initio legitimi sunt;* mais si, au contraire, il
assigne des parts inégales à ces différents enfants légitimes,
il ne lui est pas permis de laisser au légitimé plus qu'à
celui des légitimes qui a la plus petite part. En un mot,
l'enfant légitimé ne peut avoir qu'une part d'enfant légitime le moins prenant : « Ex donatione percipere poterit
patris : ita tamen ut non amplius habeat uno horum qui ab
initio legitimi sunt, et inter omnes, minus habente [1]. »

Comme on le voit, c'est la légitimation par mariage
subséquent qui produit les effets les plus nombreux et les
plus complets. C'est elle qui est la légitimation par excellence, car c'est aussi la plus morale, puisque c'est la seule
qui fasse de la réparation d'une faute une condition pour
en réhabiliter les fruits. C'est également le seul mode de
légitimation qui ait été admis par les rédacteurs des lois
qui nous régissent aujourd'hui [2].

(1) Nov. 89, chap. 3; L. 9, C. V, 27.
(2) Code civil, art. 331 et suivants.

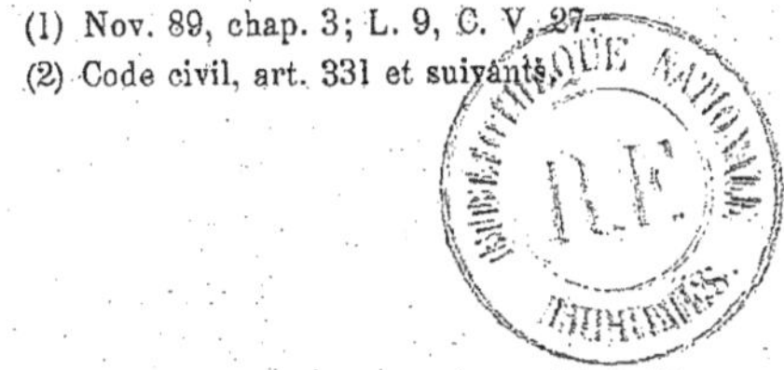

APPENDICE

Disons, avant de quitter définitivement des institutions qui n'ont plus de romaines que le nom , qu'à partir de l'époque où nous sommes arrivés , le christianisme prend un empire et un ascendant de jour en jour plus considérables et que, grâce à son influence moralisatrice , on voit progressivement pénétrer dans les lois des principes et des préceptes nouveaux. C'est ainsi que fut aboli le concubinat. Ce que les empereurs chrétiens n'avaient pas pu ou osé faire, si grande était la puissance des anciennes institutions, est enfin accompli par l'empereur Léon-le-Philosophe. A la vérité, ce progrès se réalise lentement, puisque c'est seulement près de quatre siècles après Justinien, entre les années 906 et 911, date probable des Novelles de Léon , que cette réforme est introduite. Quoiqu'il en soit, la Novelle 91ᵉ porte prohibition absolue de contracter à jamais un concubinat : « Ne ergo hoc legislatoris erratum dedecore nostram rempublicam afficere sinamus. Itaque lex illa in æternum sileto. » L'Empereur déclare que l'on doit se détourner d'une union qui est contraire à la religion comme à la décence naturelle ; pourquoi aimerait-on mieux s'abreuver à un bourbier, quand on peut se désaltérer à une source d'eau pure? « quâ ratione, cum puras aquas haurire liceat, lutum tu mavis? tum tametsi fontem non habeas, rebus tamen vetitis uti non potes. Cæterum vitæ consortem invenire difficile non est. »

A partir de cette époque, les enfants naturels furent assimilés aux *spurii* qui avaient été, par Justinien, frappés d'incapacité absolue de recevoir de leurs pères et mères [1]. Dès lors, tous les enfants nés hors mariage sont réputés n'avoir pas de père connu; leur condition devient des plus malheureuses; ils tombent dans l'abandon et dans une misère dont il leur est, désormais, bien difficile de sortir.

(1) *L.* 5, C. 6, 5. — Nov. 74, *cap.* 6. — Nov. 89, *cap.* 15.

ANCIEN DROIT

Nous avons étudié jusqu'à présent la condition des enfants nés hors mariage dans le droit classique des Romains, dans la période impériale et enfin sous la législation de Justinien ; nous savons aussi quels furent, aux mêmes époques, les moyens mis à la disposition des pères et mères pour réhabiliter ces enfants, pour leur donner la qualité et les droits d'enfants légitimes. Mais avant d'aborder une étude analogue dans notre droit français, il ne sera pas inutile d'indiquer très-rapidement les phases par lesquelles a passé notre législation nationale depuis ses origines jusqu'à la révolution de 1789, et à partir de cette révolution jusqu'à la promulgation des lois qui nous régissent aujourd'hui.

Nous ne savons rien ou presque rien des peuples qui habitaient primitivement la Gaule ; nous ignorons quelle était, chez eux, la position faite aux enfants naturels. Les lois des Germains nous sont un peu mieux connues. Il est de principe que le bâtard n'a point de famille ; il est seul au monde, étranger même à ceux qui lui ont donné le jour. Il en résulte qu'il ne peut leur succéder et qu'il n'est sous la puissance paternelle ou *mundium* de personne[1]. C'est ce que nous enseignent, notamment pour l'incapacité de succéder, la loi des Bavarois et celle des Lombards après la réforme du roi Luitprand. Auparavant, la loi Lombarde accordait aux bâtards la moitié d'une portion d'enfant légitime dans la succession paternelle[2]. D'autres lois germaniques, comme celle des Burgondes, des Frisons et celle des Wisigoths, interdisaient le mariage entre personnes dont l'une était de condition serve ; le bâtard qui naissait d'une pareille union était esclave du même maître que son auteur.

La loi Franque qui nous intéresse particulièrement, puisque c'est des Francs que nous descendons, la loi franque réduit également en servitude l'enfant né d'une union prohibée par suite de l'inégalité dans la condition des conjoints. Mais elle se sépare des autres lois germaniques par la sévérité moins grande dans les châtiments qu'elle réserve aux père et mère coupables. Tandis, en effet, que dans la législation Wisigothe, toute femme qui cohabitait avec son serf était frappée publiquement de verges et conduite au bûcher, ainsi que ce serf ; qu'elle était condamnée à recevoir cent coups de fouet, et, parfois, à été esclave, si elle s'était unie au serf d'autrui ; tandis que la loi des Burgondes prononçait aussi la peine de mort contre la femme libre qui s'était volontairement unie à son propre serf, à moins que ses parents ne lui eussent fait

---

(1) Kœnigswarter, *Essai sur la législation des peuples modernes relative aux enfants nés hors mariage*; Revue française et étrangère, tome, IX.

(2) Kœnigswarter, *loco cit.*

grâce de la vie, cas où elle devenait serve du roi, la loi des Francs saliens se bornait à rendre dans tous les cas serf du même maître, que son conjoint l'individu libre qui avait épousé un esclave, supprimant de la sorte, tout châtiment corporel. La loi des Francs ripuaires édictait aussi la perte de la liberté contre celui qui avait dérogé, mais avec cette particularité qu'une option était laissée à la femme libre; ou d'immoler l'esclave auquel elle s'était unie, et de recouvrer ainsi sa liberté, ou de continuer à vivre avec lui en partageant sa misérable condition.

En dehors de cette hypothèse d'unions entre personnes de conditions différentes, il est certain que l'enfant naturel est, dans une mesure plus ou moins grande, incapable de recevoir de ses parents ou de leur succéder. En ce qui concerne les enfants incestueux, nous avons un texte formel de la loi salique, révisée par Charlemagne [1]. Ce texte prononce, relativement à ces enfants une incapacité absolue. Les autres enfants naturels ne pouvaient recevoir que dans certains cas. On voit dans le recueil du moine Marculfe, que l'on croit avoir vécu en Gaule, dans le courant du XIIe siècle, et dont nous possédons un formulaire des contrats et actes publics usités de son temps, on voit une formule [2] de laquelle il résulte qu'un père naturel ne peut rien donner à ses enfants naturels, à moins qu'il n'ait aucun enfant légitime. Les Capitulaires sont très-affirmatifs lorsqu'ils nous disent que l'enfant légitime seul, a le titre et les droits d'héritier. Voici comment ils s'expriment : « Non omnis mulier viro juncta uxor est mariti, neque filius heres est patris....[3] »

(1) Loi salique, *titre* XIV, § 16.
(2) Formule 52e de l'appendice.
(3) Capitul. lib. 7, cap, 59.

A cette époque existait-il quelque mode de reconnaissance qui relevât le bâtard des déchéances dont il était frappé ? C'est un point fort obscur. Cependant il paraîtrait, d'après Marculfe[1], que le père pouvait, au moyen d'un acte spécial, faire cesser l'incapacité. Nous ne savons pas quel était cet acte ; mais il est probable qu'il était entouré de certaines cérémonies symboliques, par lesquelles le père manifestait sa volonté de reconnaître le bâtard pour son enfant et de le traitercomme tel[2].

Il est digne de remarque que tous les bâtards indistinctement, à cette époque reculée, ne furent pas privés du droit de succession. Ceux des rois et des princes échappaient à cette règle et nous voyons que, pourvu qu'ils fussent avoués, ils étaient traités comme des enfants légitimes. Il semblerait que la bâtardise n'eût rien de honteux dans les familles royales ; plusieurs rois francs étaient des enfants illégitimes : ainsi Thierry I, l'aîné des fils de Clovis, qui obtint l'Austrasie dans le partage du royaume paternel et régna de 511 à 534 ; Sigebert II, égalemen roi d'Austrasie de 638 à 656, fils de Dagobert I ; les deux frères Louis III et Carloman, qui régnèrent de 879 à 882 et 884, fils de Louis-le-Bègue, étaient également issus d'un commerce illicite. Cependant, malgré ces exemples et plusieurs autres, durant le moyen-âge, de bâtards couronnés, leur assimilation avec les enfants légitimes des rois ne passa pas toujours sans protestations, et il est probable qu'elle était plutôt consacrée par la force ou la volonté des pères, qu'instituée par la loi ou par des traditions bien certaines.

(1) Formule 47ᵉ de l'appendice.
(2) Kœnigswarter, *Histoire de l'organisation de la famille*.

Telle était la législation des peuples germains à la fin du xe siècle, lorsque les Capétiens, ducs de France, prirent, en 987, le titre de rois. Ceux-ci virent des inconvénients à permettre le partage égal entre les bâtards des rois et les princes légitimes, et Huges-Capet, lui-même, décida qu'il n'y aurait plus de différence, à ce point de vue, entre les bâtards royaux et les autres bâtards. Néanmoins, il y eut encore entre eux des différences de condition : les enfants illégitimes des rois demeurèrent nobles; ceux dont les pères avaient rang princier restèrent dans une situation meilleure que les enfants naturels des gens du peuple. Ce principe, très-peu modifié, s'est perpétué autant que notre ancien droit. Nous lisons, en effet, dans Pothier : « Les bâtards de « rois sont princes..... les bâtards des princes gentils-hommes [1]. »

Les enfants des gens du peuple, nés hors mariage, continuèrent, comme sous les Carlovingiens, à être serfs. Par suite de cet état misérable, ils ne pouvaient pas, sans payer à leur seigneur un droit nommé *formariage* (*foris maritagium*), obtenir la permission d'épouser une personne de condition franche. La sanction de cette obligation pour le bâtard, nous enseigne d'Aguesseau [2], était la confiscation d'une partie des biens pouvant s'élever jusqu'à la moitié. Ils devaient encore acquitter chaque année une sorte d'impôt nommée *chevage*. A leur décès, tous leurs biens passaient au seigneur qui exerçait sur eux le droit de succession. Cette prérogative successorale était si absolue, que les bâtards ne pouvaient la rendre vaine au moyen de libéralités testamentaires : il

---

(1) Pothier — *Traité des personnes et des choses*, tit. 1, Sect. 2, art. 2.
(2) D'Aguesseau. — *Dissertation sur les bâtards*.

leur fut interdit de tester « fors que de cinq sols » dit la coutume de Laon.

Ce droit de succession s'appelait Droit de Bâtardise. On a discuté sur le point de savoir s'il avait appartenu primitivement au roi ou s'il avait été, dès l'origine, un attribut de la puissance seigneuriale. Mais il semble résulter d'un arrêt du Parlement de Paris, de l'année 1267, d'après lequel tous les bâtards du Comté de Blois, suivant le droit commun, appartiennent au comte et le roi ne peut réclamer aucun droit sur eux, que la seconde opinion est plus exacte. C'est aussi l'avis de d'Aguesseau [1].

Nous assistons vers le XIIIe siècle, à une modification dans l'attribution du Droit de Bâtardise, modification, qui, pour s'opérer d'une manière assez lente, n'en est pas moins radicale. Peu à peu, en effet, les rois prirent les enfants illégitimes sous leur patronage direct et obtinrent ainsi les droits de succession qui appartenaient autrefois aux seigneurs. Cela tient à l'affranchissement progressif des bâtards, par suite de l'introduction dans le droit de la maxime romaine : *partus ventrem sequitur*, qui se substitua au principe des lois germaines que *en formariage le pire emporte le bon*. De sorte que tout enfant naquit libre pourvu que sa mère fût elle-même de condition franche. Mais il se trouvait seul, sans famille, sans appui ni protection contre les vexations des seigneurs ; dès lors il était naturel de recourir au roi et, une fois la voie tracée, l'usage en devint si fréquent que bientôt il ne fut plus permis de s'adresser à d'autres seigneurs. Dès le XIIIe siècle les Etablissements de Saint Louis portent ces mots : « Bastard ou aubain ne peut

____

(1) D'Aguesseau. — *Loco cit.*

« faire autre seignenr que le roy en son obéyssance, ne en
« autre seigneurie [1]. »

Tel est le principe qui devint de droit commun en France.
Pourtant, devant les réclamations des seigneurs, il fut décidé
que l'on tiendrait, dans une certaine mesure, compte de
leurs droits féodaux sur les bâtards, et c'est alors que fut
introduite la dérogation bien connue sous le nom de *Règle
des Trois Cas*, inscrite au Grand Coutumier de Charles VI [2]. Il
resta établi que la succession des enfants illégitimes appar-
tiendrait au roi ; mais par exception, on l'accorda aux seigneurs hauts justiciers toutes les fois que se rencontre-
rait le concours des trois conditions suivantes : 1° que les
bâtards seraient nés sur les terres des seigneurs ; 2° qu'ils
y auraient passé leur vie ; 3° qu'ils y seraient morts. Hors
ces trois cas limitatifs, les seigneurs devaient être écartés :
« Alias non audiuntur. » Disons, toutefois, que si cette règle
se généralisa, elle ne le fit que petit à petit ; pendant longtemps elle n'eut qu'une autorité assez restreinte. Ce n'est
guère que sous le règne de François Ier que l'unité fut complète dans la jurisprudence. Dans tous les cas, depuis
Charles VI[3], le droit de bâtardise ne s'exerça plus que lorsque
le défunt ne laissait ni enfants légitimes, ni époux survivant.

On comprend que tant que les bâtards furent serfs, tous
leurs biens qu'ils avaient possédés pendant leur vie, dus-
sent faire retour au seigneur, puisque le trait caractéristique et essentiel du servage était l'incapacité d'être propriétaire : ce qu'un serf ou *mainmortable* acquérait ne lui appar-

(1) Etablissements de Saint Louis, *livre* 2, *chap.* 30.
(2) Grand Coutumier de France, *liv.* 1, chap. 3.
(3) Ordonnance de 1383.

tenait pas et ne pouvait être transmis à ses enfants. Mais lorsque les bâtards furent devenus libres, la cause cessant, l'effet dut cesser aussi : ils purent posséder en propre et transmettre. Dès lors, ce que le seigneur prenait jadis *jure domini*, il ne peut plus le recueillir qu'à titre de biens vacants et sans maître, lorsque le propriétaire mourait sans laisser d'héritiers. C'est aussi par suite de la même modification dans l'état des bâtards que le droit de disposer de leurs biens par testament leur fut rendu, mais cette réforme fut beaucoup plus lente à se généraliser que la précédente, et, c'est seulement Loysel qui pose comme un principe incontestable que « bâtards peuvent acquérir et disposer de leurs biens, tant entre vifs que par testament[1]. »

Examinons, à présent quelle est la situation faite aux enfants nés d'un commerce illicite sous l'empire de la législation coutumière, soit vis-à-vis de l'Etat soit relativement au droit de famille.

Relativement à la situation du bâtard dans l'Etat ou dans la cité, nous n'avons à peu près rien à dire : on peut avancer comme sûre cette proposition, qu'il n'y a aucune différence à établir entre les enfants légitimes et les enfants naturels. Ceux-ci, tout aussi bien que ceux-là, peuvent posséder des dignités et exercer des charges publiques. A la vérité, dans l'ancien droit, on avait discuté ce point, et l'on se rappelle qu'en droit romain la même controverse existait. Mais l'opinion contraire à celle que nous indiquons n'avait jamais pu prévaloir ; car enfin, aucun document législatif, coutume, ni ordonnance royale, ne prononçait une semblable déchéance, et, dès lors, comme l'incapacité ne se présumait point, l'aptitude des bâtards à

---

(1) Loysel, *Institutes coutumières*, liv. 1, tit. 1, règle 42.

toutes les fonctions devait donc être admises. C'est ce que dit Baquet en ces termes : « ..... les bâtards, encore qu'ils ne soient pas légitimés par le roi, tiennent tous états et offices royaux, tant de judicature, des armes, de finances, qu'autres[1]. » Le chancelier d'Aguesseau nous dit, de son côté, que l'on ne peut s'empêcher de convenir que les coutumes ont regardé l'enfant naturel comme citoyen[2].

Quant au droit de famille, la position de l'enfant né hors mariage est absolument différente de celle dont jouit l'enfant légitime. Il est exclu de la famille. Nous lisons, en effet, dans Pothier : « les bâtards..... n'ont pas les droits de famille. Par le droit romain ils appartenaient à la famille de leur mère, mais par le droit français, ils n'appartiennent à aucune famille ; toute parenté naturelle provenant d'une conjonction illégitime n'étant pas considérée dans notre droit[3]. » De la sorte, ils se trouvèrent sans aucun parent au moment de leur naissance. Cependant, nous savons qu'ils suivaient, comme en droit romain, la condition de leur mère ; la maternité n'étant jamais incertaine, l'enfant pouvait toujours retrouver celle qui lui avait donné le jour. Il est également certain que la recherche de la paternité était autorisée, et cela, dans la mesure la plus large ; tous les modes de preuve étaient admis : l'enfant pouvait produire des écrits, faire entendre des témoins, établir des présomptions. Des arrêts le constatent. Bien plus, dans certains pays, notamment en Flandre, la mère naturelle était crue sur son affirmation que tel

(1) Bacquet : *Du Droit de bâtardise, liv.* 2, *chap.* 2, *n°* 5.
(2) D'Aguesseau, *loco cit.*
(3) Pothier, *Traité des personnes et des choses,* tit. IV.

homme était le père de son enfant et ce père plus ou moins authentique était obligé de nourrir le bâtard. Un arrêt rapporté par Merlin[1] intervint heureusement pour mettre fin à cet abus. D'après un autre arrêt du 25 février 1661, une femme avait-elle eu des relations avec plusieurs hommes, dans le doute où l'on était de savoir quel était le véritable père, tous ces hommes devaient nourrir l'enfant et en prendre soin.

Lorsque la filiation n'était certaine que du côté maternel, l'enfant prenait le nom de sa mère ; il prenait au contraire celui de son père lorsque la paternité seule était constatée. Il en était de même lorsque ses deux auteurs étaient connus, comme on peut le voir par un arrêt rendu le 8 juin 1707 par le Parlement de Paris[2].

Quant à la nationalité de l'enfant illégitime, peu importait qu'il fût né de parents français ou *aubains*, c'est-à-dire étrangers. Il suffisait pour qu'il eût la qualité de français et de sujet du roi, qu'il fût né sur le territoire du royaume.

Le bâtard d'un gentilhomme était-il noble ou roturier ? La question se résoud par une distinction. Nous avons vu plus haut que les bâtards des rois étaient princes et ceux des princes, gentilshommes. La règle, quant à eux, n'a jamais changé depuis les origines du droit jusqu'à la grande révolution. Mais en était-il de même des bâtards des nobles qui n'étaient ni rois ni princes ? Nous reviendrons plus tard sur ce sujet en traitant le même point dans le droit français actuel. Voici ce qu'il en était autrefois. Avant Henri IV, les bâtards naissaient nobles. Loysel le dit en ces termes : « Bastard avoué retenait le nom et la noblesse de la maison de son père avec les armes d'icelle barrées à gauche. Mais

---

(1) Merlin, *Répertoire*, v° bâtard, *sect.* 1, § 6.
(2) Merlin, *Répertoire*, v° nom, *sect.* 1, n° 2.

par l'ordonnance du roi Henri-le-Grand, il leur faut lettres [1]. » L'ordonnance dont parle Loysel est datée du mois de mars 1600, et son article 26 ordonne expressément que les bâtards ne puissent désormais se réclamer de la qualité de gentilshommes qu'après avoir obtenu des lettres d'anoblissement. Cette ordonnance fut, en 1605 et le 20 février, suivie d'un arrêt du Conseil d'Etat, qui vint la confirmer et régler son application pratique. Enfin, en 1629, Louis XIII, par une nouvelle ordonnance du mois de janvier, revint encore sur ce sujet pour porter de nouveau et formellement prohibition dans son article 177 « que les bâtards des gentilshommes ne soient point tenus pour nobles. »

L'enfant naturel, dans l'ancien droit, n'avait point de parents, point de famille, avons-nous dit. Il s'ensuivait qu'il n'était pas à la différence du légitime, soumis à la puissance paternelle. C'est ce qu'on exprimait en disant : *un bâtard est entendu hors de pain dès lors qu'il est né.* Pour le même motif, le Parlement de Paris, dans un arrêt de 1662, avait jugé qu'un enfant illégitime pouvait contracter mariage sans justifier de consentement d'aucune sorte. Cependant il est infiniment probable que des raisons de haute moralité ont toujours fait prohiber le mariage entre le bâtard et les parents légitimes des ses auteurs, l'inceste ne devant pas être l'objet d'une moindre horreur pour être commis entre personnes dont la parenté ne produisait point d'effets civils.

L'enfant, par l'illégitimité de sa naissance, se trouvait exclu de la succession de son père et de sa mère. Pour celle de son père, aucune espèce de doute ne saurait

(1) Loysel, *Institutes coutumières, livre* 1, tit. 1, n° 44.

s'élever ; des témoignages nombreux nous le démontrent surabondamment ; les Assises de Jérusalem, les Etablissements de Saint-Louis sont formels sur ce point : l'enfant né hors mariage ne peut réclamer aucune part de la succession ab intestat de ses père et mère, elle est réservée aux enfants légitimes et, à leur défaut, dévolue au seigneur [1]. Nous pourrions citer également le Grand Coutumier de Normandie, Beaumanoir, dans les Coutumes de Beauvoisis, Bouteiller, dans la Somme rurale. D'Aguesseau, en confirmant le même principe, enseigne que l'exclusion dont nous parlons était de droit commun dans les pays où les coutumes gardaient le silence sur ce point.

Quant à la succession de la mère, le droit commun était aussi que les bâtards ne pouvaient la recueillir. La plupart des Coutumes, et particulièrement les grandes Coutumes, celle de Paris, celle d'Orléans, celles auxquelles on se reportait comme étant les régulatrices du droit, lorsque les autres étaient muettes sur quelque principe, ces Coutumes déclaraient les enfants incapables de succéder à leur mère naturelle. Pothier nous l'enseigne en ces termes : Après avoir rappelé que le droit romain repoussait le bâtard de l'hérédité paternelle et l'admettait à la maternelle, il ajoute : « Cette distinction n'a pas lieu dans notre « droit français : il ne reconnaît aucune autre parenté (que « la légitime) qui puisse donner droit de succéder ; c'est « pourquoi notre coutume dit indistinctement *enfants* « *bâtards ne succèdent*. Ils ne succèdent pas plus à leur « mère et à leurs parents naturels qu'à leur père. Pareil- « lement, leur père et leur mère ne leur succèdent « point... [2] »

(1) Etablissements de Saint Louis, *lib.* 1 *cap.*, 98.
(2) Pothier, *Traité des Successions, chap.* 1, *sect.* 1, *art.* 3, § 3.

Pourtant, à ce principe, il y avait des exceptions et quelques Coutumes locales appelaient les bâtards à la succession de leur mère au même rang que les enfants légitimes. Ces coutumes disaient que *nul n'est bâtard de par sa mère.* Cette maxime devait être entendue dans ce sens que l'enfant héritait non-seulement de sa mère, mais encore des parents de celle-ci[1]. C'était, comme on le voit, un vieux souvenir du droit romain, mais il est remarquable que ce fût en pays de coutume et non en pays de droit écrit que cette tradition se perpétua. De tous les Parlements qui suivaient le droit écrit, celui de Grenoble seul conservait cette tradition.

Mais ce que nous venons de dire ne concerne que les successions ab intestat. La capacité de recevoir des libéralités entre vifs et testamentaires, de la part des père et mère, demeura longtemps à peu près entière aux enfants naturels. Cet état de choses dura jusqu'à la rédaction officielle des coutumes. C'est alors que des restrictions furent introduites au détriment desdits enfants, de peur que la famille ne fût dépouillée à leur profit, et aussi pour punir les pères et les mères dans la personne de leurs enfants. Ces restrictions à la capacité de recevoir par dons et legs sont portées, dans des mesures diverses, principalement par les coutumes d'Anjou, de Poitou, du Maine, de Tours, de Sédan.

Loysel va, croyons nous, trop loin, quand il dit que les bâtards ne pouvaient recevoir au-delà de leur nourriture[2]. A la vérité, ils ne pouvaient pas bénéficier de dispositions universelles, mais ils pouvaient recevoir des legs par-

(1) Dumoulin, *Notes sur les Coutumes de France*; d'Aguesseau, *loco cit.*
(2) Loysel, *Institutes coutumières, liv.* 1, *tit.* 1, *règle* 43.

ticuliers modiques. S'ils étaient excessifs, ils devaient être réduits [1].

Comme on en voit la preuve dans ce qui précède, l'enfant naturel était considéré comme un étranger au regard de ceux qui l'avaient procréé. Cependant les coutumes n'avaient pas voulu l'abandonner complètement à son malheureux sort, et préférant l'humanité à la logique, étant donné leur point de départ, elles avaient consacré des décisions qui supposaient entre parents et enfants illégitimes des liens civils assez étroits. Ainsi les bâtards étaient protégés en ce sens que leurs auteurs étaient obligés de les nourrir et de les entretenir.

De les nourrir : *qui a fait l'enfant doit le nourrir* [2]. Le père et la mère devaient fournir la nourriture corporelle et leur obligation ne cessait que lorsque l'enfant était à même de subvenir à ses propres besoins. Mais ils devaient encore la nourriture spirituelle, c'est-à-dire, l'éducation. Ils étaient aussi tenus de faire donner à l'enfant l'instruction et de lui faire enseigner un état ou un art qui le mît à même de pourvoir plus tard à sa subsistance. Il ne suffisait pas d'une éducation ni d'une instruction quelconques ; elles devaient être en rapport avec la fortune et la position des parents naturels. C'est ce que consacre un arrêt du Parlement de Paris du 18 juin 1607, par lequel un père qui voulait faire apprendre à ses enfants naturels le métier de boucher ou de boulanger, fut condamné à leur donner une profession moins vile.

La charge dont nous parlons pesait sur la mère comme sur le père. Cependant il était généralement admis par les

(1) Merlin, *rép.* v° bâtard.
(2) Loysel, *loco. cit. règle* 41.

8

coutumes que le père était tenu principalement ; l'obligation de la mère n'était que subsidiaire. Cependant, à l'époque de d'Aguesseau, plusieurs arrêts décidèrent que lorsque la mère était majeure comme le père, elle était tenue de contribuer à l'entretien de l'enfant sans aucune différence avec le père et que l'un et l'autre devaient être condamnés conjointement.

Quant à la garde de l'enfant et à sa direction, elle était dévolue par la justice à celui des parents qui lui inspirait le plus de confiance, souvent à la mère. Les tribunaux pouvaient aussi, le cas échéant, faire placer l'enfant dans une maison tierce ou dans un établissement d'éducation.

Les bâtards ne pouvaient être relevés des déchéances prononcées contre eux que par la légitimation qui avait lieu de deux manières : par le mariage subséquent de leur père et de leur mère, puis par lettres patentes du prince.

Le premier mode était le plus parfait et assimilait complètement les enfants qui en étaient l'objet à ceux nés dans le mariage lui-même. Mais, pour que la légitimation s'ensuivît, il fallait encore plusieurs conditions. Il fallait que l'enfant fût né *ex soluto et soluta* et cette liberté devait exister au moment de la conception, parce que la tache d'illégitimité est imprimée à l'enfant, non pas au moment où il vient au monde, mais à celui où il est conçu. Le vice d'une origine adultérine ne pouvait pas être purgé, lors même que le père et la mère se fussent, depuis, mariés ensemble. Le vice d'inceste pouvait parfois être effacé par des dispenses accordées aux mariages entre parents.

Le mariage en lui-même, devait présenter certaines qualités requises. Lorsqu'un mariage, valable en lui-même, ne produisait pas les effets civils, il ne faisait pas obtenir la légitimation : tel était celui qui, bien que contracté dans la forme prescrite par la loi, était, néanmoins, tenu caché jusqu'à la mort d'un des conjoints. Tel était, encore, celui fait *in extremis* ou bien après une condamnation capitale. Tous ces mariages, dit Pothier, n'ayant pas eux-mêmes les effets civils, ne pouvaient les communiquer à la conjonction qui avait précédé. Quant au mariage putatif, la question était controversée, mais, d'après l'opinion dominante, il ne produisait pas la légitimation qui ne pouvait être opérée que par la force et l'efficacité d'un véritable mariage.

L'effet de cette légitimation était de mettre l'enfant légitimé aux lieu et place d'un légitime. Il entrait dans la famille paternelle et dans la maternelle, passait en la puissance de son père, devenait noble comme lui, lui succédait, ainsi qu'à tous ses parents ; il succédait aussi à sa mère et aux parents d'icelle, leur transmettait sa succession. Il acquérait même le droit d'aînesse sur les enfants nés du mariage.

Tous ces effets se produisaient *ipso jure*, au moment même de la célébration, sans que l'enfant eût à consentir à la légitimation et même contre son gré.

La légitimation par lettres du prince ne pouvait émaner que du roi et produisait des effets assez restreints. Elle ne donnait aux bâtards que le droit de porter le nom de leur père et de porter les armes de sa maison avec une brisure de gauche à droite ; mais elle ne donnait pas le droit de parenté légitime[1]. Pour que ce dernier droit fût accordé, il fallait que les héritiers présomptifs eussent consenti à la légitimation ; que les lettres du roi continssent une clause spéciale de succéder et qu'elles fussent entérinées au Par-

---

(1) Pothier, *Traité des Successions*, loco citato, § 6.

lement. L'enfant n'entrait pas dans la famille, n'était pas soumis à la puissance paternelle et ne jouissait pas du droit d'aînesse.

L'on a vu dans l'histoire un exemple fameux d'une semblable légitimation. C'est celle que fit Louis XIV de ses bâtards le duc du Maine et le comte de Toulouse, par l'acte du 2 août 1714. Mais, sans parler de la faute commise par le roi au point de vue politique, on est bien obligé de reconnaître qu'il fit absolument la loi, au lieu de l'observer, en les assimilant aux princes du sang et en les déclarant Fils de France, par le second acte du 23 mai 1715. Il fit la loi, car il attachait à cette légitimation des effets qui, nous venons de le voir, lui demeuraient complètement étrangers ; surtout en déclarant le duc du Maine habile à succéder au trône de France, à défaut de princes du sang.

DROIT INTERMÉDIAIRE

Nous allons voir, pendant la période révolutionnaire qui s'ouvre en 1789, la législation entrer dans une phase toute nouvelle et des règles jusqu'alors inconnues remplacer les principes qui régissaient auparavant la condition des enfants naturels dans la famille.

La première réforme peut être approuvée sans restrictions. La chute du système féodal appelait l'abolition des droits seigneuriaux. Parmi ceux-ci, l'un des plus odieux et vexatoires était, sans contredit, le droit de bâtardise dont nous avons parlé plus haut. L'Assemblée Constituante, dans l'article 7 de la loi des 13-20 avril 1791, décida que ce droit serait supprimé rétroactivement à partir du 4 août 1789, jour qui avait marqué la fin du régime féodal.

Mais la Révolution ne s'est pas bornée là. Elle avait voulu réagir contre les lois anciennement en vigueur ; mais comme à toutes les époques agitées de l'histoire et comme dans tous les pays, la réaction était allée trop loin, et l'on avait dépassé la mesure d'une sage modération. L'ancien

droit disait, non sans justesse : « Il a fallu, dans les pays
où la loi d'une seule femme est établie, flétrir le concubinage ; il a donc fallu flétrir les enfants qui en sont nés [1]. »
La Convention, elle, partit d'une idée absolument différente, mais qui n'est cependant pas, il semble du moins,
dénuée de raison. Il est monstrueux, disait-on, avec
l'apparent esprit de philantropie et le désir de faire régner
partout et malgré tout l'égalité qui caractérisent les institutions de cette époque, que les enfants illégitimes soient
punis à la place de leurs père et mère, et qu'ils paient ainsi
pour une faute dont ils ne sont point coupables.

Cela était spécieux, mais on se jeta dans l'excès
contraire. Les idées avaient fait du chemin depuis que
Montesquieu avait écrit que « dans les républiques, où il
« est nécessaire que les mœurs soient pures, les bâtards
« doivent être encore plus odieux que dans les monar-
« chies [2]. » La Convention décréta (4 juin 1793) que les
enfants nés hors mariage feraient partie de la famille de leur
père et de leur mère et qu'ils succéderaient à ceux-ci. De
là à les assimiler aux enfants légitimes et à proclamer
l'égalité entre eux tous, il n'y avait qu'un pas. Ce pas fut
franchi dans le décret du 12 brumaire an II (2 novembre
1793), au rapport de Cambacérès.

Les principes qui se dégagent de ce dernier décret présentent une importance capitale. La recherche de la paternité est permise. Mais l'on doit rendre justice au décret.
Il met des bornes à cette recherche, dans l'intention de
faire cesser les scandales qui s'étaient produits autrefois
Les enfants prouvent leur paternité par la possession d'état

(1) Montesquieu : *Esprit des Lois*, Livre 23, chapitre 6.
2) Montesquieu, *loco citato*.

et cette preuve, dit l'article 8, « ne peut résulter que de
la représentation d'écrits publics ou privés du père ; ou de
la suite des soins donnés à titre de paternité et sans interruption, tant à leur entretien qu'à leur éducation..... »
Pour la maternité, il en est de même.

Quant aux droits de succession : ils étaient réglés de la
manière suivante : Droit de successibilité des enfants naturels identiques à ceux des autres enfants (art. 2) ; jouissance
pour eux et pour leurs descendants, comme s'ils étaient nés
dans le mariage, du droit de représentation ; succession
des bâtards aux parents collatéraux de leurs père et mère,
par suite de leur introduction dans la famille de ceux-ci ;
droit de revendication contre les successeurs et donataires
de leurs parents.

Le décret a un effet rétroactif au 14 juillet 1789 et tous
les enfants dont les droits se sont ouverts depuis cette date,
peuvent en réclamer l'application en leur faveur. Cette mesure était inique ; elle souleva d'unanimes protestations qui
aboutirent à son abrogation par l'art. 13 de la loi du
3 vendémiaire an IV. Une autre disposition du décret de
l'an II fut également abrogée par une loi du 25 nivôse
an III. C'était l'institution d'une juridiction arbitrale spéciale, dont la compétence s'étendait sur toute les questions
d'état relatives aux enfants naturels, ainsi que toutes celles
résultant du même décret. La compétence fut rendue aux
tribunaux de districts.

L'art. 13 du décret du 12 brumaire contenait une disposition qui paraît étrange lorsqu'on se rappelle la pensée d'où
était censé découler l'acte législatif tout entier, pensée
d'humanité envers des enfants innocents frappés pour la
faute d'autrui : « Dans un gouvernement fondé sur la liberté,

« disait Cambacérès en son rapport, les individus ne peu-
« vent être la victime des fautes de leur père. » La phrase
est belle : comment l'avait-on mise en pratique ? « Sont
exceptés, dit l'art. 13, ceux de ces enfants dont le père ou
la mère était, lors de leur naissance, engagé dans les liens
du mariage. — Il leur sera seulement accordé, à titre
d'aliments, un tiers en propriété de la portion à laquelle ils
auraient droit s'ils étaient nés dans le mariage. «Est-ce que,
par hasard, les enfants adultérins seraient moins innocents
que les autres de la faute de leurs parents ? «L'exhérédation,
« dit encore Cambacérès, est la peine des grands crimes ;
« l'enfant qui naît en a-t-il commis ? » Et si le fruit de
l'adultère est innocent, pourquoi le déshériter ? Nous ne
savons si cet argument avait échappé aux législateurs ; mais
dans tous les cas, s'il était juste aux yeux de la loi de punir
les relations adultères dans la personne des enfants qui en
étaient issus, il ne pouvait pas paraître moins juste ou plus
immoral de frapper les unions illicites dans ceux qui en
étaient les fruits, sauf à la loi de sévir plus sévèrement dans
un cas que dans l'autre. Il est certain que si le principe mis en
avant par Cambacérès avait une certaine apparence de générosité, il était, au fond, absolument inexact, puisque la
loi qui l'établissait était contrainte elle-même et par la force
des choses, de le violer.

Ce décret de brumaire blessait profondément la morale
en ce qu'il semblait, ainsi qu'on l'a dit, un défi porté à
l'institution du mariage et une prime d'encouragement donnée à l'inconduite. La conscience publique s'éleva contre
lui avec une telle force que le Tribunal de Cassation ne put
jamais se résoudre à l'appliquer et se réduisit à invoquer
de très-mauvaises raisons pour se justifier. Il dit, en se

fondant sur l'art. 10, que le décret était absolument transitoire et qu'il fallait attendre pour déterminer les droits des enfants naturels, la promulgation annoncée d'un Code civil. L'art. 10 disait : « A l'égard des enfants nés hors mariage dont le père ou la mère seront encore existants lors de la promulgation du Code civil, leur état et leurs droits seront en tous points réglés par la disposition de ce Code. » Cet article, comme on le voit, ne statuait que sur les enfants dont les droits s'ouvriraient sous l'empire du Code civil et cette disposition était même inutile ; tandis que le Tribunal l'étendait même à ceux dont les droits étaient actuellement ouverts. De la sorte, le décret de brumaire devint lettre morte et on laissa les enfants dans une incertitude absolue, touchant le règlement des successions auxquelles ils pouvaient prétendre. Il était impossible qu'un tel état de choses se prolongeât indéfiniment. C'est dans ces circonstances que parut une loi du 14 floréal, an XI qui, donnant raison au Tribunal de Cassation, appliqua le Code civil à l'état et aux droits des enfants illégitimes dont les père et mère étaient morts depuis le décret de brumaire an II.

Cette loi avait encore son bon et son mauvais côté : un bon côté, parce qu'elle faisait cesser l'incertitude dont nous parlions il y a un instant ; un mauvais côté, en ce qu'elle donnait au Code un effet rétroactif, lésant ainsi des intérêts nés et des droits acquis en vertu de la précédente législation. Enfin, le Code civil parut et ce sont ses dispositions que nous devons, maintenant, étudier.

ESSAI

SUR LES

EFFETS DE LA RECONNAISSANCE

DES ENFANTS NATURELS

INTRODUCTION

L'enfant légitime, dès le premier instant de son existence, jouit, sous le rapport des droits de famille, des
avantages les plus considérables et de la protection la plus
étendue. La loi lui a prodigué toutes ses faveurs. Il se
trouve immédiatement placé, et cela dans son intérêt, sous
la puissance de son père et de sa mère, dont l'affection
naturelle et présumée lui est un sûr garant de leur active
sollicitude. Il reçoit de son père un nom et une patrie ; ce
père lui doit la surveillance, la garde, une direction, des
conseils. En échange, le père a droit à l'honneur et au
respect de la part de l'enfant. S'il jouit, comme un usufruitier, du revenu des biens personnels de son fils, c'est là

comme une compensation à la charge qui lui incombe d’administrer ces mêmes biens avec gestion responsable. L’enfant légitime possède une famille, dont tous les membres, unis à lui par un lien de parenté civil, sont, au besoin, autant de protecteurs que la foi lui a donnés, et dont quelques-uns même ont, envers cet enfant, des obligations plus étroites encore. Il est l’héritier direct et normal de ses père, mère et ascendants, qui sont obligés de lui réserver une part de leur succession, dont il leur est interdit de disposer à son détriment. Il est encore habile à succéder à tous ses autres parents.

Bien différente est la situation de l’enfant naturel : la loi l’a frappé de toutes les déchéances. Seul au monde, sans soutien, sans famille, sans parents, il est civilement étranger à celle-là même qui lui a donné le jour. Il est sans nom, son père est inconnu, il est abandonné à lui-même, sans guide, sans conseils et sans protection ; il n’hérite de personne. Telle est, vis-à-vis de la société, la position de l’enfant naturel.

La loi a voulu que le père et la mère du bâtard pussent, dans la mesure du possible, réparer leur faute, et relever l’enfant de quelques-unes des déchéances que le vice de sa naissance lui avait fait encourir. Les moyens mis à leur disposition sont d’abord la légitimation par le mariage subséquent, qui, dans le cas où elle est possible, a pour effet d’assimiler les enfants au profit desquels elle intervient, aux enfants légitimes ; notre dessein n'est pas de nous en occuper dans cette étude ; puis il y a la reconnaissance, qui a lieu lorsque le mariage subséquent n'est pas possible entre les père et mère naturels, où qu'ils ne se soucient pas de donner à leur enfant un autre état et une autre condition que l'état et la condition résultant de cette institution.

La légitimation et la reconnaissance sont deux créations de la loi très-différentes l'une de l'autre dans leur nature et dans leurs effets. Il faut bien se garder de comparer entre eux l'enfant naturel reconnu et l'enfant légitimé : ce dernier cesse d'être bâtard et acquiert toutes les prérogatives de la légitimité ; le bâtard, quoique reconnu, reste bâtard, et c'est dans une mesure bien restreinte que la loi lui confère quelques droits pour rendre sa position moins misérable.

Nous n'avons pas l'intention d'étudier ici la reconnaissance en elle-même, ni les actions qui s'y rattachent, ni les preuves de la filiation naturelle. Nous voulons seulement, en supposant la reconnaissance préalablement intervenue, ou la filiation naturelle constatée, arriver à connaître les effets que le Code y attache. Nous supposerons un enfant naturel reconnu, et nous examinerons la situation particulière que la loi lui a créée au point de vue des droits de la famille, en le comparant à l'enfant légitime qui jouit des droits les plus étendus, et à l'enfant naturel non reconnu qui n'en possède aucun.

La plus grande difficulté dans cette matière, provient du silence que le législateur a gardé sur la plupart des questions qui s'y rattachent. Nous aurons donc à examiner les cas où un texte précis nous impose une solution ; à nous demander dans les hypothèses non prévues par les rédacteurs du Code, sur quels principes nous devons appuyer les motifs de nos décisions ; à rechercher dans quelle mesure les droits et les faveurs qui appartiennent aux enfants légitimes peuvent être étendus et concédés aux enfants naturels ; à déterminer le degré d'infériorité où ils devront néanmoins rester vis-à-vis de ceux qui sont issus du légitime mariage de leurs parents.

On peut le dire avec vérité, la reconnaissance produit un seul effet qui est la puissance paternelle. Tout découle de là. C'est à cause de cette puissance que l'enfant naturel empruntera le nom et la nationalité de son père ou de sa mère, suivant les cas ; qu'il devra les consulter avant de contracter mariage ; qu'il sera tenu de leur fournir des aliments, comme aussi, il pourra leur en demander à son tour ; qu'il sera soumis à leur autorité jusqu'à ce qu'il soit majeur, etc. Cependant, il convient de préciser davantage le sens à donner aux mots, et, c'est de là que nous allons tirer la division de notre matière. La puissance paternelle, dans l'acception large que nous venons de lui donner, est donc l'ensemble des droits qui appartiennent aux père et mère, soit légitimes soit naturels, sur la personne et sur les biens de leurs enfants. Mais la puissance paternelle, entendue dans un sens plus étroit, ne comprend que certains droits qui s'éteignent au jour de la majorité des enfants ou de leur émancipation. Ces droits forment ce que l'on appelle l'autorité paternelle, autorité temporaire, tandis que la puissance paternelle ne s'éteint jamais. Cette distinction que nous établissons ici n'est point arbitraire : elle est faite par la loi elle-même[1]. Tous ces droits perpétuels ou temporaires, sont autant d'effets différents produits par la reconnaissance des enfants naturels.

Nous plaçons à part, pour les étudier séparément, les droits ou les effets temporaires, et nous restons en face de certains autres effets, très-importants, qui étendent leur influence sur la vie tout entière de l'enfant naturel reconnu, et qui constituent principalement la puissance paternelle dans son sens le plus large. C'est par eux que nous commençons ce travail. Viendront ensuite les effets temporaires de la reconnaissance. Enfin, en troisième lieu, nous parlerons, sous le titre d'effets éventuels, des droits successoraux réciproques que la reconnaissance fait naître entre l'enfant naturel reconnu et ses auteurs.

(1) Comparer les articles 371 et 372 C. civ.

EXPOSITION DE QUELQUES PRINCIPES
GÉNÉRAUX.

Avant d'entrer dans les détails, nous croyons convenable de placer en tête de notre travail quelques principes qui nous paraissent le dominer tout entier et desquels dépend la solution de presque toutes les questions que nous aurons, par la suite, à examiner.

Nous devons d'abord nous demander, lorsqu'un enfant naturel a été reconnu par sa mère et par son père, si le père a la prépondérance sur la mère, comme dans le mariage, si, en ce qui concerne l'enfant commun, l'on doit donner la préférence au père sur la mère, comme sur une épouse légitime, relativement à la condition, à la volonté, au consentement ; ou bien si, au contraire, l'inégalité que nous constatons dans l'union matrimoniale et qui est dérogatoire au droit commun, car il n'y a pas, dans notre droit, de privilége de masculinité, et les personnes de l'un et de l'autre sexe jouissent, en général, des mêmes droits civils et se trouvent soumises aux mêmes obligations, si cette inégalité ne tient pas exclusivement à l'existence du mariage

dont elle est une conséquence, et, si cessant celui-ci, l'égalité dans l'exercice des droits ne doit pas exister entre
l'homme et la femme.

Il est presque universellement admis que l'enfant naturel,
quand il est reconnu par ses deux auteurs, doit être assimilé quant aux droits de famille, à l'enfant né dans le mariage. C'est ce qu'enseignent les auteurs les plus autorisés,
c'est ce qu'a, maintes fois, décidé la jurisprudence, sans
distinguer si l'enfant a été reconnu par ses deux auteurs en
même temps ou bien à des moments différents : « la loi
« attache à la reconnaissance d'un enfant naturel un rap-
« port juridique analogue à celui que produit la paternité
« et la filiation légitime. Il n'y a donc pas de motifs pour
« ne pas admettre que l'enfant naturel reconnu par son
« père suit la condition de ce dernier tout aussi bien que
« l'enfant légitime [1]. » C'est aussi à la même idée que
fait allusion M. Marcadé quand il dit : « lorsque l'enfant
« naturel se rattache au père et à la mère parce qu'il a été
« reconnu par tous deux, c'est, quant à ce point, comme
« s'il y avait mariage entre eux deux et c'est, par consé-
« quent, comme en mariage, la condition du père et non
« celle de la mère que cet enfant suivra [2]. »

Donc, dit-on, il y a similitude entre cet enfant et le
légitime et l'on ajoute que l'art. 158 du Code civil et
l'art. 383 du même Code sont des preuves convaincantes
de cette opinion. Si l'assimilation est faite par la loi même
dans des cas particuliers, ne doit-elle pas être faite de
même partout ailleurs?

(1) Aubry et Rau, t. 1, § 69, n. 4.
(2) Revue critique, III, 1853. — *Sic* : Delvincourt, Toullier, Proudhon
et Valette, Demolombe, Zachariae ; — Rej. 15 juillet 1840 ; Caen, 18 novembre 1852; Metz, 8 août 1855.

Pour nous, nous ne pensons pas que ce système puisse être admis. On établit une assimilation entre l'enfant naturel reconnu et l'enfant légitime. Mais nous prétendons qu'elle n'existe pas et qu'elle n'a même jamais existé dans la pensée du législateur. Sans doute, il est dans notre Code un art. 383; sans doute le père naturel a une sorte de puissance paternelle sur l'enfant; mais de là à conclure qu'il a tous les droits du père légitime il y a loin, nous montrerons, même, qu'il n'en est rien. S'il est des textes en vertu desquels la reconnaissance émanée des deux auteurs produit entre eux une sorte de lien analogue à celui que crée le mariage, il n'y a là qu'une lointaine analogie, mais non une identité. Du reste, il nous paraît certain que ces textes que l'on nous oppose sont des textes exceptionnels. Si la loi a cru qu'il était nécessaire, dans certains cas déterminés, d'assimiler l'enfant naturel au légitime par des articles spéciaux, c'est bien parce que, dans son esprit, cette assimilation ne doit pas être faite d'une manière générale, car si la position du bâtard n'était pas différente de celle d'un enfant légitime, les art. 158 et 383 seraient inutiles, ce que l'on ne doit pas aisément supposer.

De ces quelques points de ressemblance qui font du lien résultant d'une commune reconnaissance comme un faible reflet 'du lien matrimonial et de paternité légitime, il serait donc exorbitant de conclure à l'assimilation. Et cependant on n'hésite pas à dire que l'enfant se rattachant au père et à la mère, l'effet en est le même sous ce rapport que s'il y avait mariage. Mais c'est justement ce qu'il faudrait démontrer. Elle n'existe donc pas, cette prétendue identité, entre les parents naturels d'une part, et les époux de l'autre. On ne voit pas l'infériorité et le devoir d'obéissance de la femme mariée; pas de jouissance légale du père sur les biens de ses enfants mineurs ; pas de perpétuation de la famille par un enfant naturel, comme nous le verrons par la suite. La loi ne lui donne pas même le titre d'héritier du sang : ce n'est qu'un successeur irrégulier, comme le conjoint survivant ou l'Etat. L'assimilation est donc purement arbitraire.

Nous croyons donc que lorsqu'un homme et une femme non mariés ensemble ont eu un enfant et qu'ils l'ont reconnu, ces deux personnes ont sur leur enfant des droits égaux, sans qu'il y ait une prépondérance à accorder au père sur la mère, hors les cas limitativement indiqués par la loi et qu'il n'est permis d'étendre à aucun autre.

En second lieu, l'on peut dire d'une manière certaine que la reconnaissance, introduite dans l'intérêt de l'enfant naturel, profite à celui-ci, mais que, en général, elle ne saurait lui nuire.

Voici comment on peut démontrer cette proposition.

D'abord l'art. 339 dispose que toute reconnaissance peut être contestée par tous ceux qui y ont intérêt. Or, il est universellement reconnu par la doctrine et par la jurisprudence, qu'au nombre et au premier rang de ces intéressés, se trouve l'enfant naturel reconnu lui-même. Le bâtard est reçu à faire tomber une reconnaissance contraire à la vérité, car cet acte peut lui attribuer un état qui n'est pas le sien et porter ainsi atteinte à ses intérêts, soit moraux, soit même matériels ou pécuniaires. Ce droit nous montre que la reconnaissance est introduite en faveur de l'enfant : il ne faut donc pas que l'on puisse en retourner contre lui les effets. Nous allons voir bientôt que la reconnaissance donne au bâtard quelques parents, une patrie, un nom ; qu'elle le place en puissance paternelle, ce qui est une protection établie par la loi dans l'intérêt de celui qui y est soumis, à la différence de ce qui se passait en droit romain. La reconnaissance fait encore naître au profit de l'enfant une créance alimentaire contre son père et sa mère et surtout un droit à une partie de leur succession. Tous ces effets et bien d'autres encore, se produisent uniquement dans l'intérêt de l'enfant. Ce sont autant de faveurs qui lui sont faites et dont il ne jouirait pas s'il n'était pas reconnu. La reconnaissance qui les lui procure, ne saurait donc, en principe, lui préjudicier ; la loi ne peut lui retirer d'une main ce qu'elle lui donne de l'autre.

Mais ici s'élève contre cette règle une objection dont nous reconnaissons l'importance. La reconnaissance peut, dira-t-on, causer un grave préjudice à un enfant, voici comment. Il n'est pas permis de faire à son enfant naturel reconnu les mêmes libéralités qu'à un étranger. Un bâtard non reconnu peut être donataire ou légataire universel ; reconnu, il ne peut recevoir au-delà de la mesure de l'article 757. Cette incapacité est prononcée en termes formels par l'article 908. La reconnaissance nuit donc à l'enfant naturel, ce qui renverse le prétendu principe qui vient d'être exposé.

Malgré cela, on peut encore soutenir que la reconnaissance ne nuit pas à celui qui en est l'objet, car il faut se rendre un compte exact de la situation et des droits du bâtard. Reconnu, il a certains droits ; non reconnu, il n'en a aucun ; la reconnaissance lui donne une vocation légale à la succession paternelle dans une certaine mesure ; l'absence de reconnaissance le laisse privé de ce droit successoral, mais a-t-il davantage une vocation à recevoir les libéralités épuisant la fortune de son père? Non. Ne voit-on pas que, d'un côté, il y a une faveur octroyée par la loi elle-même, dont rien ne peut dépouiller l'enfant, et de

l'autre, un évènement incertain subordonné à la volonté
d'un homme ? Supposons l'enfant non reconnu, l'homme
qui est son père meurt sans faire de dispositions en sa
faveur ; retire-t-il quelque chose de sa succession ? Evidemment non, tandis que s'il est reconnu, il est sûr de
succéder, bien que le père soit mort ab intestat. C'est là et
non pas ailleurs qu'est toute la question, et dans ces conditions, si l'on se demande ce qui nuit à l'enfant, la reconnaissance ou la non-reconnaissance, nous pensons que l'on
peut hardiment répondre que la reconnaissance est profi-
table et que l'absence en est nuisible. Il faut, pour apprécier
exactement une question, se placer dans l'hypothèse
normale : l'hypothèse normale est ici la succession ab intestat ; la bonne volonté du père, son caprice parfois, qui
motiveront de sa part des libéralités en faveur de son
enfant, ne sont que des éventualités et des cas exceptionnels,
ce ne sont pas des droits. On ne doit donc pas s'en faire
des armes contre le principe que nous avons exposé.

Mais alors, comment expliquer l'article 908 ? Cet article
ne doit pas être pris et examiné isolément ; il ne contient
pas un principe, mais bien la conséquence et la sanction
d'une règle générale qu'il faut aller chercher ailleurs et que
nous trouvons dans les articles 757 et 758. La loi donne
aux enfants naturels une certaine part dans la succession de
leurs père et mère ; elle aurait pu ne rien leur donner ; elle
ne l'a pas fait ; mais, du moins, ne veut-elle pas que le taux
fixé par elle puisse être dépassé, car s'il était juste d'accorder des droits héréditaires aux enfants naturels, des raisons
de haute morale exigeaient que leur condition ne fût pas
égale à celle des enfants légitimes. C'est pour cela qu'a été
fait l'article 908 ; sans cela, ce que le Code refusait au
bâtard dans la succession ab intestat, le père aurait pu le

lui donner ou le lui léguer. La loi aurait été, de la sorte, éludée, et l'article 757 serait devenu illusoire. L'article 908 n'est donc que la sanction, ou pour mieux dire, le complément de l'article 757 dont il ne peut pas être séparé, et si l'on dit que l'article 908 nuit à l'enfant naturel, on est obligé de dire que l'article 757 lui nuit aussi, et nous ne pensons pas que l'on soit encore allé jusque là.

Nous persistons donc à croire que la reconnaissance ne nuit pas à l'enfant qui en est l'objet. D'ailleurs, fût-on d'un avis différent sur l'article 908, on ne devrait voir là qu'une exception à la règle et non le renversement de celle-ci.

Voici une troisième règle générale dont nous rencontrerons bientôt des applications, en recherchant qu'elle est, dans certains cas, la nationalité de l'enfant naturel. Etant donné l'état actuel de notre législation et son esprit, on peut dire avec certitude qu'une personne sur la nationalité de laquelle il y a doute, une personne de laquelle on ne sait pas si elle est française ou étrangère, doit avoir intérêt à posséder la nationalité française. Telle a toujours été la pensée des législateurs, soit qu'ils aient été inspirés par un sentiment d'orgueil national que l'on n'aura pas le courage de trouver exagéré, soient qu'ils aient obéi à toute autre considération. Au surplus cette pensée est-elle exacte, est-elle vaine et frivole, nous n'avons pas à le rechercher : nous constatons un fait, voilà tout.

On va nous objecter immédiatement que ce prétendu principe est absolument dépourvu de fondement juridique, qu'il n'est écrit nulle part et que ce serait faire la loi que de l'admettre dans notre droit. Nous convenons parfaitement que la règle que nous énonçons n'est pas formulée au Code civil dans les termes mêmes que nous avons employés, mais ce n'est pas une raison pour en nier l'existence,

et nous allons, au contraire, montrer que c'est dans la loi
elle-même que nous la trouvons implicitement, il est vrai,
mais très-catégoriquement indiquée. En effet, il n'y a pas
d'effets sans cause, et voici toute une série de dispositions
qui se dégagent, conséquences évidentes, de l'idée que
nous indiquons.

Voici d'abord le premier Chapitre du premier Titre au
livre premier du Code civil : il renferme plusieurs articles
significatifs. L'article 9, en premier lieu, est absolument
rédigé dans cet esprit ; un individu est né en France, son
père est étranger, l'enfant n'est donc pas français de plein
droit. Eh bien, c'est un si grand avantage pour lui d'être
français, que le seul fait de sa naissance, le hasard, peut-
être, va lui être compté pour l'obtention de cette qualité,
en l'exemptant de toutes les longues formalités et conditions
de la naturalisation : « le bonheur de sa naissance n'est pas
perdu pour lui ; la loi lui offre de lui assurer le bienfait de
la nature.....[1] » Pour cela il n'a qu'une simple déclaration
à faire dans l'année qui suit sa majorité. La loi qui facilite
à ce point à un individu la possibilité de devenir français,
parce qu'il est né sur le territoire de la France, ne consi-
dère-t-elle pas qu'il lui est avantageux d'acquérir la nationalité française ? Et dans un cas spécial que voici, c'est
bien mieux encore. Si un individu né en France d'un
étranger, a servi dans les armées françaises ou s'il s'est
soumis à la loi du recrutement, le bienfait de l'article 9 lui
est accordé sans limitation de temps, pour qu'il fasse sa
déclaration, tant le législateur pense que la récompense

---

(1) Discours du tribun Gary, au Corps Législatif ; Locré, *lég.*, t. II,
p. 339, n° 4 *infine*.

qu'il offre est précieuse et que l'on a intérêt à l'obtenir[1].

On peut faire un raisonnement analogue sur l'article 10, § 2 du Code civil, ainsi que sur l'article 18 et sur l'article 19, § 2, au même code.

La loi des 22-29 janvier, 7-12 février 1851, développe encore la même règle et nous en présente plusieurs applications. Son article 2 étend la faveur de l'art. 9 du Code civil aux « enfants de l'étranger naturalisé, quoique nés en pays étranger, s'ils étaient mineurs lors de la naturalisation. » Le second alinéa du même article accorde le même bénéfice aux enfants nés en France ou à l'étranger, qui étaient majeurs à cette même époque....., dans l'année qui suit celle de la naturalisation. »

Enfin, l'art. 1 de cette même loi, fait un dernier pas qui est bien décisif. Il est si bien dans l'esprit de la loi que l'on a intérêt à être français, que l'enfant né en France d'un étranger, qui lui-même y est né, est français de plein droit. La loi lui dit : votre père est né en France, il avait déjà intérêt à être français, mais de plus, il y fonde une nouvelle famille, les liens qui vous rattachent à la France sont donc bien plus étroits encore que ceux qui y rattachaient votre père. Vous avez donc tout avantage à être français.

En sens inverse, la perte de la qualité de français ne se présume point. C'est l'idée mère qui se dégage des art. 17 et 21 du Code civil, car, d'après ces textes, la nationalité ne se perd que par certains actes, que ces articles énumèrent[2]. Qu'est-ce encore à dire cela, sinon que la loi pense

---

(1) Loi du 22 mars 1849, article unique.
(2) Crim. rej., 25 janvier 1838, Dalloz, rép., v° *Droits civils*, n° 68.

que l'on est intéressé à posséder la nationalité française ?

On le voit, tous ces textes se lient entre eux par une évidente communauté d'origine ; leur point de départ doit être le même pour tous. Eh bien, quel est-il donc ce point de départ ? Le Code ne le nomme pas en propres termes, mais à ses résultats nous le reconnaissons, comme dans les sciences physiques, l'observation de plusieurs phénomènes analogues permet de déterminer leur cause commune qu'on ne voit pas. Pour nous, nous croyons qu'on ne peut donner aucune explication satisfaisante des motifs qui ont inspiré les divers textes que nous venons de passer en revue, si l'on ne les rattache pas à la théorie que nous indiquons. Nous n'apprécions pas le mérite intrinsèque de cette règle, mais nous tenons pour certain que fausse ou vraie elle a inspiré le législateur [1].

Les divers principes qui précèdent vont trouver à chaque instant leur application dans le cours de notre étude. Les effets perpétuels comme les effets temporaires de la reconnaissance des enfants naturels, vont, à peu près tous s'y rapporter par voie de conséquence et plus particulièrement encore à celui que nous avons exposé en premier lieu et d'après lequel l'égalité la plus parfaite règne entre le père et la mère naturels en ce qui concerne leurs droits

(1) MM. Aubry et Rau, t. I, § 69, note 2, en font une véritable présomption légale. C'est, croyons-nous, aller trop loin, car il faut un texte pour établir une présomption légale. Tous les autres auteurs qui ont écrit sur cette partie du Code civil admettent la même règle que nous : ils ne la démontrent ni ne la discutent même pas. Ils semblent la poser en principe indiscutable et indiscuté, comme un axiome. Voir entre autres : Marcadé, Toullier, Demolombe, Duranton, Laurent, Zachariæ, sur les art. 7 à 21 du Code civil.

sur l'enfant qu'ils ont reconnu, sauf les cas exceptionnels où la loi en a disposé autrement.

Ces différents effets formeront autant de chapitres distincts et non pas seulement des sections d'un même chapitre, parce que leur étude exige des développements trop considérables pour qu'on puisse ainsi les grouper sous une séule rubrique.

PREMIÈRE PARTIE

EFFETS PERPÉTUELS DE LA RECONNAISSANCE

CES EFFETS ONT POUR CARACTÈRE COMMUN DE DURER AU DELA DE LA MAJORITÉ OU DE L'ÉMANCIPATION DE L'ENFANT.

CHAPITRE PREMIER

De la parenté et de l'alliance.

Nous plaçons en premier lieu la parenté. Nous voulons parler ici de la parenté civile et non pas seulement du rapport qui existe entre personnes unies par les liens du sang. Nous nous occupons de cette parenté à laquelle la loi attache certains effets, dont les plus importants sont : les prohibitions de mariage, les droits de succession ou l'obligation de fournir des aliments. La famille légitime se compose de parents en lignes ascendante, descendante et collatérale. La parenté s'étend à l'infini dans les deux premières lignes

et jusqu'au douzième degré dans la collatérale. Nous avons
déjà dit que le bâtard non reconnu ne possédait civilement
aucun parent ascendant ni collatéral ; son père, sa mère,
ses frères, ne sont pour lui, aux yeux de la loi, que des
étrangers. A plus forte raison, ne doit il avoir ni ascendants,
ni oncles, ni neveux, ni cousins. A la vérité, s'il se marie
et qu'il ait des enfants, il se trouve le chef et l'origine
d'une famille nouvelle et légitime, celle-là ; il peut avoir
des descendants. Mais voilà tout.

Quelles modifications à cet état de choses va produire la
reconnaissance ?

La reconnaissance fait naître entre son auteur et l'enfant
qui en est l'objet un rapport légal de parenté. Cela est certain, et tout le monde l'admet. Nous verrons d'ailleurs,
dans tout le cours de cette étude, la confirmation et les
applications de cette proposition, ainsi que des autres règles
que nous allons formuler dans ce chapitre. C'est pour cela
que nous n'y insistons pas davantage en ce moment. Nous
voulons seulement à cette place, poser les principes : la
démonstration s'en retrouvera dans toute la suite de notre
travail.

Il n'y a pas de parenté civile entre un père et une mère
naturels et les descendants légitimes de l'enfant qu'ils ont
reconnu. La reconnaissance rattache le bâtard uniquement
à son père ou à sa mère. Tel est le principe que nous
admettons. Il entraîne comme conséquences principales que
ces descendants légitimes ne doivent pas d'aliments aux
père et mère naturels de leur père ou de leur mère et qu'ils
ne peuvent pas venir de leur chef à leur succession. Nous
développerons en leur lieu chacune de ces conséquences, et

c'est alors que nous donnerons avec détails les motifs de cette décision [1].

Nous estimons que le lien s'établit entre les divers enfants naturels qui ont été reconnus par le même père ou par la même mère, ainsi qu'entre l'enfant naturel et les descendants d'un autre enfant naturel. Il y a entre ces personnes un droit naturel de successibilité [2]. Il faut donc qu'il y ait entre eux une parenté, car, sans parenté, il n'y a pas de succession possible. Qu'on ne le nie pas en disant que, d'après le même art. 766, en cas de prédécès d'un bâtard, les enfants légitimes du père naturel succèdent aux biens que celui-ci avait transmis au bâtard, et que, cependant, ces enfants légitimes ne sont pas les parents du naturel. Ce cas, comme celui de l'art. 351, est exceptionnel et absolument dérogatoire au droit commun. Aussi, a-t-il fallu des textes précis et formels pour instituer ces successions *anomales*. L'étymologie de ce mot indique bien le caractère du droit qu'il qualifie. L'objection n'a pas de portée contre la solution que nous avons adoptée.

Ainsi la reconnaissance produit une parenté au profit de l'enfant naturel, mais une parenté restreinte, il n'aura pas d'autres ascendants que son père et sa mère ; d'autres collatéraux que les enfants naturels issus des mêmes personnes que lui-même. Les enfants légitimes ne lui sont pas parents, quoiqu'il lui soit interdit de les épouser (art. 162). Cette prohibition est basée sur des considérations de haute morale. Il y aurait scandale dans le mariage de deux personnes qui

(1) *Sic* Aubry et Rau, VI, § 567, n° 4 ; M. Demolombe, V, 550-551 admet au contraire l'existence d'une parenté civile donnant ouverture à la dette réciproque d'aliments.

(2) Art. 766 C. civ.

ont, en définitive, le même père ou la même mère ; mais il ne s'ensuit pas pour cela qu'elles soient unies par les liens légaux de la parenté.

La reconnaissance produit-elle l'alliance ou affinité ? Disons dès à présent que non [1]. Mais nous renvoyons l'examen de la question au chapitre où nous traiterons des empêchements à mariage fondés sur la parenté ou l'alliance. C'est là que nous développerons les arguments qui nous semblent commander cette décision.

(1) Pothier, — Laurent — Cassation, 6 avril 1809.

CHAPITRE II

De la nationalité de l'enfant naturel.

Maintenant que nous savons que la reconnaissance rattache l'enfant naturel à son père et à sa mère, examinons quelle est l'influence de ce lieu sur la patrie de l'enfant et sur le nom qu'il doit porter. Quel est l'effet de la reconnaissance relativement à la nationalité de l'enfant naturel?

Nous devrons donner des solutions différentes, selon :

1° Que l'enfant a été reconnu par son père seul ;

2° Qu'il a été reconnu par sa mère seule ;

3° Qu'il a été reconnu par son père et par sa mère.

SECTION PREMIÈRE

Le père naturel seul a reconnu l'enfant.

Le principe est alors que l'enfant, suivant la condition de son père, en prend aussi la nationalité. Cela est conforme

à la raison, puisque l'enfant, par cette unique reconnaissance, se rattache seulement à son père. Les choses se
passent donc, dans ce cas, comme en matière de filiation
légitime : si le père est français, l'enfant sera français ; si
le père est étranger, l'enfant sera étranger. Ainsi, sera
français tout individu né en France et reconnu par un français. Sera français encore, l'enfant reconnu par un français,
bien que lui-même soit né en pays étranger. Ces deux propositions sont incontestables.

Mais que devrons-nous décider quand un enfant aura été
reconnu par un français qui a perdu cette qualité au moment de la reconnaissance ?

Voici d'abord un point qui ne saurait être douteux : si
l'enfant est né et a été conçu seulement après la perte par
celui qui le reconnaît de la qualité de français, il ne sera pas
français.

Mais que dire si l'enfant était né au moment où le père a
perdu la qualité de français : donnerons-nous à l'enfant la
nationalité originaire de son père, ou la nouvelle qu'il a
acquise ? Ce changement de nationalité étend-il son influence jusque sur l'enfant ou, au contraire, celui-ci avait-il,
dès sa naissance, et avant d'être reconnu, un droit acquis à
la nationalité française ? Nous devons admettre alors, que
l'enfant sera français. En effet, la reconnaissance n'est que
déclarative et non attributive de droits, et les effets en remontent, en général, au jour même de la naissance de
l'enfant reconnu [1]. Par conséquent, dans cette espèce, la
reconnaissance sera censée faite au moment même où l'enfant est venu au monde ; or, par hypothèse, le père était

(1) Aubry et Rau, t. VI, p. 188.

encore français à ce moment, donc l'enfant reconnu sera lui-même français.

Nous irons plus loin. D'une part, l'enfant devant être, quand son intérêt le demande, considéré comme déjà né ; d'autre part, une raison toute physiologique nous y engageant, nous devons dire que si l'auteur de la reconnaissance avait perdu la qualité de français avant la naissance de l'enfant, mais depuis l'époque présumée de sa conception, celui-ci sera français, car dans la pensée du législateur, à moins d'une preuve ou d'une manifestation du contraire, il est de l'intérêt d'une personne d'être française. Et puis, l'on sait qu'après la conception la personne et l'existence du père sont complètement indépendantes de celles de l'enfant. C'est donc à ce moment qu'il a dû lui transmettre, avec le principe de la vie, le germe de la nationalité. A l'inverse, il faudrait, à notre avis, considérer comme étrangère la personne qui serait reconnue par un individu français au moment de la reconnaissance, mais qui n'avait pas encore acquis cette qualité au moment où est né celui dont il se déclare le père. C'est la conséquence du principe que nous avons admis, que les effets de la reconnaissance remontent au jour de la naissance de celui qui en est l'objet. Il faut dire aussi qu'on devrait considérer comme français l'enfant dont le père, étranger au moment de la conception, serait devenu français avant la naissance, à supposer, bien entendu, que la reconnaissance n'ait pas eu lieu avant le fait qui a conféré au père la nationalité française. On ne pourrait pas, malgré la raison physiologique, retorquer contre cet enfant la maxime *infans conceptus pro nato habetur*, puisque cela n'est vrai que lorsqu'il a intérêt à être considéré comme né, et que, dans ce cas, son intérêt, nous le savons, est d'être français.

Ainsi, nous pouvons dire, en généralisant la proposition, que si l'enfant doit suivre la condition de son père, il faut, en principe, se placer au moment de la conception pour fixer sa nationalité ; mais que par un tempérament qui découle de l'esprit même de notre loi, quand l'enfant n'a pas intérêt à reporter le moment de sa naissance à la conception, il peut ne pas se prévaloir de la maxime *infans conceptus*, qui est introduite uniquement en sa faveur, sans pouvoir être retournée contre lui. Dans ces cas, alors, il se reportera simplement au jour de sa naissance pour déterminer s'il est français ou étranger.

SECTION DEUXIÈME

La mère naturelle seule a reconnu l'enfant.

Ici, nous ne pouvons plus établir aucune assimilation entre l'enfant naturel reconnu par sa mère seule, et celui qui est issu d'un légitime mariage. Nous allons voir, au contraire, le principe romain s'appliquer à la lettre : *partus ventrem sequitur*. L'enfant ne se rattache qu'à sa mère ; c'est le nom seul de celle-ci qu'il a le droit de porter, et non pas un autre ; sa seule nationalité qu'il lui est permis de s'attribuer.

A quel moment devra-t-on se placer pour déterminer la condition et la nationalité de l'enfant, quand sa mère seule l'aura reconnu ? En principe, le temps seul de la naissance est à considérer, et ce sera la nationalité qu'avait la mère au jour de l'accouchement que l'enfant pourra exclusivement réclamer. Ainsi, l'enfant sera français, il est à peine besoin de le dire, quand la mère, française elle-même, n'aura jamais cessé de l'être, ni au jour de la conception, ni à celui de l'accouchement. A l'inverse, il sera étranger, quand la femme aura elle-même été étrangère à ces deux époques. L'enfant sera encore français si la mère l'a conçu étrangère et l'a mis au monde après être devenue française.

Ces trois hypothèses sont des applications pures et simples du principe : *in his qui matris conditioni accedunt, spectatur tempus editionis* [1].

Si nous l'admettions dans toute sa rigueur et sans tempéraments, nous devrions déclarer, sans hésiter que l'enfant naîtra étranger, quand sa mère, française au temps de la conception, n'aura accouché qu'après avoir perdu cette qualité. Voilà une fille française, par exemple, qui cesse de l'être et acquiert d'une manière quelconque une nationalité étrangère étant enceinte. Elle met au monde et reconnaît son enfant naturel. Celui-ci ne devrait-il pas être étranger, puisqu'il naît d'une femme étrangère ? Cependant, nous n'irons pas jusque-là. Nous admettrons ici, comme nous l'avons fait lorsque c'était la condition paternelle que l'enfant devait suivre, l'application de la maxime *infans conceptus*, et nous raisonnerons de la manière suivante : régulièrement l'enfant devrait prendre la nationalité étrangère qui était celle de sa mère quand il est né. Mais, à côté de ce principe s'en place un autre qui n'est pas moins puissant, l'intérêt de l'enfant. Or, lorsque cet intérêt est engagé, on peut considérer comme déjà né un être qui n'est encore que conçu, et nous savons que, au point de

---

[1] Ulp. Reg. 5, §§ 8-10.

vue de la loi, l'enfant a intérêt à être français. Il naîtra donc tel.

Comme on le voit, ce système offre une assez grande ressemblance avec celui que nous rencontrons en droit romain et d'après lequel l'enfant naissait libre, non-seulement quand sa mère, en état d'esclavage au moment de la conception, se trouvait libre au jour de la naissance, mais encore quand la mère, ayant conçu libre, accouchait esclave, mais aussi lorsque la mère, esclave aux deux moments extrêmes de la grossesse, avait joui de la liberté un seul instant pendant la gestation : « media enim tempora, dit le jurisconsulte Paul, prodesse, non nocere etiam possunt. » C'est cette maxime que nous transportons pour l'appliquer à notre matière.

Telle est la solution que nous préférons parce qu'elle nous paraît être la plus conforme, tant aux principes et à l'esprit de la loi qu'à l'intérêt de l'enfant naturel reconnu. Toutefois la question est vivement controversée, et les deux autres systèmes, que nous allons indiquer, comptent chacun d'éminents défenseurs.

M. Demante admet le même principe que nous. L'enfant doit-il suivre la condition de son père, il prend la nationalité qu'avait celui-ci au moment de la conception, Suit-il, au contraire, la condition de sa mère, il n'est français que si elle-même était française au jour de son accouchement. Mais voici où le système de M. Demante se sépare de celui que nous avons choisi : Jamais aucune dérogation, si favorable soit-elle, ne pourra venir tempérer la rigueur de cette règle ; jamais l'intérêt de l'enfant, quelque puissant qu'on le suppose, ne devra être pris en considération.

Par conséquent, pour M. Demante, *media tempora nocent*. Nous avons dit que ce sont ces raisons mêmes qui nous font repousser ce système, et, avec le droit romain, nous disons : *media tempora prosunt.*

Enfin, d'autres auteurs professent que, pas plus dans le cas où l'enfant acquiert la nationalité de son père que lorsqu'il suit celle de sa mère, on ne doit prendre en considération le temps de la conception. Dans ces deux cas, la nationalité de l'enfant doit se régler sur celle qu'avait, au jour de sa naissance, son père ou sa mère qui l'a reconnu. L'enfant conçu mais non né n'existe point ; il n'est pas membre de la société ; il ne saurait exercer aucun droit. A la vérité, on dit bien que, par une fiction légale, son intérêt l'exigeant, il faut le considérer comme s'il était né. Mais où est-elle cette fiction ? le Code la consacre-t-il quelque part ? N'est-il pas, au contraire, complètement muet à cet égard ? Ne semble-t-il pas, même, qu'il la repousse formellement, quand il vient nous dire, dans deux cas spéciaux, que l'enfant conçu pourra succéder (725), et, d'autre part, que, pour être capable de recevoir entre vifs ou par testament, il suffit d'être conçu au moment de la donation ou à l'époque du décès du testateur ? Si la loi prend soin de dire, dans ces deux articles, qu'un être non encore né peut être le sujet d'un droit, n'est-ce pas nous enseigner, par un argument a contrario d'autant plus décisif qu'il nous ramène au droit commun, que dans nulle autre hypothèse, notamment en ce qui concerne la nationalité, cette prétendue fiction ne saurait être admise ?

Pourquoi raisonner a contrario et non pas a simili ? Quelles raisons nous y autorisent ? Aucun texte, dit-on, ne consacre l'existence de cette fiction. Cependant on la voit écrite en toutes lettres dans les deux articles 725 et 906, que personne ne songe à critiquer à ce point de vue. Ce fait matériel est embarrassant pour les partisans du système

que nous combattons. Aussi se hâtent-ils de nous dire :
C'est vrai, voilà bien deux articles qui nous contredisent,
mais ce sont deux articles exceptionnels qu'il faut bien se
garder d'étendre à d'autres hypothèses. — Nous ne voyons
pas, pour notre compte, comment on y verrait une dérogation au droit commun plutôt qu'une application du même
droit. Dans l'autre système, on se contente d'affirmer, on
ne prouve pas. Aussi faut-il se défier de l'argument a contrario, que l'on appuie sur une base aussi peu solide ;
puisqu'il ne ramène pas aux principes, il faut le rejeter.

On insiste, pourtant, et l'on objecte à notre opinion :
vous soutenez que l'intérêt de l'enfant commande qu'il soit
français, et c'est pour cela que vous voulez faire fictivement
remonter le jour de sa naissance à celui de sa conception.
Mais, reste à savoir si, en effet, il vaut mieux pour lui être
français qu'étranger. Or, le plus souvent, n'est-ce pas
précisément le contraire qui est vrai ? Un homme se fait
naturaliser à l'étranger parce que ses affaires, ses intérêts,
sa position lui font une loi d'habiter le pays qui devient le
sien. Si, dans ces conditions, il reconnaît un enfant naturel,
celui-ci ira demeurer avec son père dans l'endroit où il se
trouve ; rien ne le rattachera plus à la France ; bien loin
de là, les devoirs qu'il aurait à remplir envers l'Etat et la
société française seraient pour lui autant de causes d'em-
barras, de dérangements ; tandis que tout l'engagera à se
fixer définitivement et sans esprit de retour dans la patrie
que son auteur se sera donnée. Il aura donc intérêt à n'être
pas français.

Cet argument n'est rien moins que concluant. Ses partisans oublient complètement que ce n'est pas dans des
considérations de faits ou de personnes que l'on doit chercher la détermination de la nationalité originaire d'un

individu, mais dans la loi. Or, nous avons dit qu'en règle
générale, un individu a intérêt à être français. L'enfant
naîtra donc français. Que si, plus tard, un intérêt contraire
se manifeste, il sera possible à l'enfant de répudier
la qualité de français ; mais il n'en sera pas moins né tel,
car c'est la nationalité d'origine seule qui est en question
dans la matière dont nous nous occcupons.

SECTION TROISIÈME.

L'enfant naturel a été reconnu par son père et par sa mère.

Nous avons ici à nous demander duquel de ses deux
auteurs l'enfant prendra la nationalité. Nous devons supposer, pour que la question présente un intérêt quelconque,
que le père et la mère qui ont reconnu l'enfant naturel, sont
de nationalité différente, l'un francais, l'autre étranger.
En effet, supposons qu'ils soient l'un et l'autre français, peu
nous importe que l'enfant prenne la nationalité de sa mère,
plutôt que celle de son père, puisque dans les deux cas il
naîtra français. A l'inverse, s'ils sont tous deux étrangers,
il n'y a pas non plus, au point de vue qui nous occupe,
intérêt à se demander s'il suivra la condition de celui-ci ou
de celle-là, puisqu'alors il se trouvera indifféremment
étranger.

La difficulté ne peut naître que si les deux auteurs de
la reconnaissance sont de nationalité différente et si l'un
d'eux est français.

Cela posé, examinons ce qui va se passer relativement
à la nationalité de l'enfant :

1° Au cas de deux reconnaissances successives ;

2° Au cas de deux reconnaissances faites simultanément.

§ I. — *Cas de deux reconnaissances successives.*

D'après l'opinion presque unanime des jurisconsultes,
comme il a été dit plus haut, le bâtard reconnu par ses
père et mère suit la condition de son père, comme un
enfant légitime avec lequel, alors, il se trouve, sur ce
point, absolument assimilé. Il s'ensuit que l'enfant naturel
doit prendre la nationalité de son père, à l'exclusion de
celle dont sa mère lui a transmis le germe en le mettant
au monde ; et l'on n'a pas à distinguer si l'enfant a été
reconnu par ses deux auteurs en même temps ou bien
dans des temps différents.

On sait que nous avons repoussé cette théorie. Nous ne
pouvons donc pas admettre que, dans ce cas, l'enfant pos-
sèdera indistinctement la nationalité paternelle.

Mais, de plus, ce système nous paraît être en contradiction formelle avec la règle que nous avons posée, que
la reconnaissance doit profiter et non pas nuire à celui
qui en est l'objet. Or, que va-t-il arriver si l'on adopte
l'opinion que nous combattons ? L'enfant a été reconnu par
une mère française : il est français. Plus tard, un individu étranger, allemand ou anglais, n'importe, vient à son
tour s'en déclarer le père. Il va donc devenir ainsi anglais
ou allemand, il va donc perdre cette nationalité française
qui était la sienne, à laquelle il avait droit. Et cependant

il a intérêt à être français. Passe-t-on outre, la reconnaissance porte préjudice à l'enfant et le dépouille d'un droit, ce que nous n'admettons pas. Donc, l'enfant ne peut pas prendre la nationalité de son père,

A l'inverse, lorsque l'enfant a été reconnu d'abord par une mère étrangère, il est étranger. Mais deviendra-t-il français par suite d'une reconnaissance qu'aura faite de lui un français, sous prétexte que cet enfant a intérêt d'être français ? Nous ne le pensons pas. Cette idée ne trouve sa place que quand il peut y avoir doute sur une nationalité d'origine, ou quand il s'agit d'enlever à quelqu'un la qualité de français. Mais ce n'est pas ici le cas. L'enfant reconnu en second lieu par un français ne deviendra pas français ; la reconnaissance n'est pas un mode de naturalisation admis par notre loi.

Voici, maintenant, l'opinion que nous proposerions. Ce n'est pas forcément et toujours la nationalité du père qui deviendrait celle de l'enfant ; d'un autre côté, nous ne dirions pas, avec M. Duranton, que l'enfant, même reconnu par son père suivra indistinctement la condition de sa mère. Nous résoudrions la question par une distinction. A notre avis, l'enfant naturel gardera la nationalité de celui de ses deux auteurs qui l'a reconnu le premier. Est-ce du père qu'émane la plus ancienne reconnaissance ? C'est lui qui donnera sa nationalité à l'enfant ; une reconnaissance postérieure faite par la mère sera sans influence sur une nationalité désormais fixée, et cela, quand même la mère est française et le père étranger ; l'enfant restera étranger.

Mais, à l'inverse, si c'est la mère naturelle qui a la première reconnu son enfant, c'est sa nationalité qui devient d'une manière définitive et irrévocable celle de l'enfant, lors même que le père ndra plus tard le reconnaître à son tour. Il demeurera français si la mère est française et le père étranger ; il ne le deviendra pas si la mère est étrangère, bien que le père soit lui-même français.

Il nous reste à montrer que ce système est en harmonie avec la loi, d'abord, puis avec la raison.

Avec la loi. Il n'établit, en effet, aucune espèce d'assimilation entre la situation de l'enfant naturel reconnu et l'enfant légitime, assimilation formellement établie, comme on le sait, dans l'opinion généralement reçue, et, à notre avis, absolument extralégale, comme nous croyons l'avoir démontré au commencement de ce travail. Il est donc complètement inutile de s'étendre davantage sur ce point, et nous pouvons dès à présent conclure que le système que l'on fonde sur cette assimilation pour soutenir que l'enfant naturel doit prendre, comme le légitime, la qualité nationale de son père doit être rejeté.

L'opinion que nous proposons et qui repousse cette assimilation est donc conforme à l'état actuel de notre législation.

Sous un autre rapport, nous restons encore d'accord avec la loi. N'est-il pas inadmissible qu'une règle de l'état des personnes, chose qui est, par essence, au-dessus des conventions privées, puisse être modifiée du tout au tout par la seule volonté d'un particulier ? N'est-il pas impossible de dire qu'il va dépendre d'un homme de faire changer la capacité et la nation d'un autre homme ? C'est cependant ce qui arriverait si l'on n'adoptait pas notre système. Au reste, cette conséquence a paru tellement exorbitante, même à nos adversaires, qu'un arrêt célèbre, sur ce point de la Cour de Cassation [1], suppose qu'il y a eu acceptation de la reconnaissance de la part de l'enfant.

Notre système est aussi fondé en raison. La loi n'impose pas à qui n'en veut point la qualité de français ; nos adversaires sont obligés de le reconnaître, et pourtant ils violent cette règle en attachant à une reconnaissance postérieure d'un enfant naturel faite par un père français, la qualité de français. Et qu'on ne vienne pas nous dire que cette qualité est bien imposée à l'enfant légitime issu des justes noces de son père et de sa mère, car, dans cette hypothèse, l'enfant n'a jamais eu d'autre état que celui de français ; on ne le dépouille malgré lui d'aucun droit acquis. Mais quand il s'agit d'un enfant naturel, son état est fixé par la première reconnaissance, et rien, désormais, sinon son expresse volonté, ne peut lui en faire changer ; la qualité de français une fois imprimée par la naissance ne se perd que par l'un des moyens énoncés aux articles 17 et 18 du Code civil. Si la reconnaissance par un français d'un enfant déjà reconnu par une femme étrangère devait le rendre français, il faudrait donc ranger la reconnaissance parmi les modes de naturalisation privilégiés, ce qui n'est point et ne sera jamais tant que la loi demeurera telle qu'elle est.

Un autre système a été présenté et défendu par M. Duranton. Selon cet éminent jurisconsulte, qui suit en cela la doctrine du Droit romain et celle de Pothier, la maxime *partus ventrem sequitur* doit encore s'appliquer aujourd'hui. L'enfant, même reconnu par son père, suivra la condition de sa mère et appartiendra à la même nation qu'elle, français, si elle est française, étranger, si elle est elle-même étrangère. Cette règle, qui était celle de l'ancien

____

[1] Cassation, 15 juillet 1840.

droit, doit encore recevoir aujourd'hui son application, car
notre loi civile n'en contient nulle part l'abrogation, et elle
n'est pas incompatible avec les principes nouveaux.

Cette opinion, d'ailleurs isolée, doit être repoussée.
L'argument tiré du Droit romain et de Pothier, ne peut
plus, en cette matière, retrouver aujourd'hui sa place. Il
est bien vrai que le Code civil ne contient pas explicitement
l'abrogation de cette théorie. Mais on ne peut argumenter
de ce silence des textes pour en conclure que la loi romaine
est encore en vigueur. Les rédacteurs du Code, en effet,
ont adopté en matière de filiation naturelle un ensemble de
règles qui sont diamétralement opposées à celles que l'on
avait suivies jusqu'à la Révolution : ils ont complètement
innové. C'est ainsi qu'en Droit français, l'enfant naturel,
par l'effet de la reconnaissance, se rattachera à son père,
passera sous sa puissance, et lui succédera dans une certaine mesure, tandis qu'en Droit romain, jamais le père,
fût-il connu, même légalement, n'avait de semblables
rapports juridiques avec l'enfant naturel, à moins qu'il ne
l'eût légitimé dans les cas assez restreints où la légitimation
était possible, et il faut bien se garder de comparer la
légitimation romaine avec la reconnaissance française.
Donc, nos législateurs ayant émis des principes différents
de ceux des romains, ont, au moins implicitement, abrogé
cette législation ancienne, ce qui nous conduit à rejeter
l'opinion de M. Duranton [1].

Enfin, il existe encore sur cette grave question un dernier système qui a pour lui le nom et l'autorité de M. le
professeur Laurent. Le savant jurisconsulte belge pense
que si les père et mère de l'enfant illégitime sont de patrie

____

(1) Duranton, t. I, nᵒˢ 124-125.

différente, celui-ci possède deux nationalités : « En effet,
« par son père, s'il est français, il est d'origine fran-
« çaise : par sa mère, si elle est allemande, il sera d'ori-
« gine allemande. Issu de deux races différentes, il aura
« deux patries [1] ». Cependant, comme on ne peut pas être
à la fois français et étranger, comme il faut être ou tout
l'un ou tout l'autre, l'enfant naturel aura le choix. C'est lui,
principal intéressé, qui devra trancher la question et opter,
soit en faveur de l'une, soit en faveur de l'autre nationalité.

En effet, il ne faut plus aujourd'hui, dans le silence de la
loi, suivre l'opinion de Pothier, que nous avons examinée
plus haut, car on ne peut pas plus imposer à l'enfant une
patrie que le dépouiller d'un droit qui lui est acquis par sa
filiation paternelle. Mais, d'un autre côté, il n'y a pas de
raison pour faire prédominer la nationalité du père, car l'a-
nalogie du mariage n'existe pas. L'enfant a donc deux
droits, et, conclut M. Laurent, « c'est à celui qui a deux
« droits à choisir ; l'interprète n'a aucune qualité pour
« faire ce choix, et le législateur qui le pourrait ne l'a pas
« fait [2]. »

Dans le cas de deux reconnaissances successives, il n'y
a qu'un motif de plus de décider de la même manière.

Nous n'avons pas cru devoir nous ranger à la doctrine
de M. Laurent, car, selon nous, elle se heurte à de véritables impossibilités pratiques.

Le choix d'une patrie? Mais qui l'exercera, ce choix?
puis, à quelle époque l'exercera-t-on?

Qui l'exercera, d'abord? La difficulté est-elle résolue?

(1) Laurent, t. I, p. 436, n° 331.
(2) Laurent, loc. cit.

M. Laurent est muet sur ce point. A la vérité, un autre auteur [1], qui professe la même opinion, se prononce d'une manière absolue : les tribunaux-feront l'option au nom et à la place de l'enfant; car il est de leur devoir de prendre l'intérêt d'un enfant reconnu par son père et par sa mère, dans toutes les questions qui les divisent. Voilà qui est bien vite dit; mais c'est inadmissible. Jamais la loi n'a donné mandat à un tribunal de choisir pour une personne sa nationalité, et, encore moins, s'il est possible, sa nationalité d'origine. Que des tribunaux aient, dans de certains cas, le pouvoir de prendre en main et d'exercer certains droits pour le compte d'autrui, nous l'admettons sans peine; mais encore faut-il que ce ne soient pas des droits dont l'exercice touche aux sentiments intimes, à l'honneur ou à la conscience des particuliers. A ce compte, il faudrait aller jusqu'à admettre que le tribunal aura le droit de choisir une religion à l'enfant, de lui en imposer une, sous prétexte que son intérêt exige qu'il l'embrasse. Et cependant, nous ne pensons pas qu'on ait jamais osé aller jusque là. Dans les questions où un intérêt supérieur aux questions matérielles est en jeu, et l'on conviendra que la question de patrie est de ce nombre, nous seuls pouvons être juges, et nous seuls, s'il doit y avoir un choix, pouvons être reçus à l'exercer. Dans la matière qui nous occupe, il faudrait donc que ce fût l'enfant lui-même qui fît son choix. Eh bien! nous contestons encore cette proposition, si l'enfant choisit sa patrie, quand la choisira-t-il? Bien évidemment, ce ne sera pas avant sa majorité, puisqu'alors il est, de par la loi, incapable de faire aucun acte de la vie civile. Mais quelle sera la majorité à considérer dans le cas où il voudra être étran-

(1) Richelot, I. 66.

ger ? Celle française ou celle étrangère ? Voilà déjà une première source de difficultés. Puis, *pendente conditione*, c'est-
à-dire pendant tout le temps de la minorité, l'enfant sera-
t-il considéré comme français ou comme étranger ? Quelles
charges supportera-t-il et de quels avantages nationaux
jouira-t-il ? L'option rétroagira-t-elle au jour de la naissance ? Que de motifs de d'scussions et de procès qui
vont infailliblement surgir si l'on accorde à l'enfant le
choix de sa qualité nationale !

§ 2. — *Cas de deux reconnaissances simultanées.*

Dans les différents systèmes que nous venons de passer
en revue, on ne s'occupait pas de distinguer entre le cas où
les deux reconnaissances avaient été faites dans des temps
différents de celui où elles avaient eu lieu simultanément.
Peu importait, en effet, que ce fut le père ou bien la mère,
le français ou bien l'étranger qui eût le premier fait l'aveu
de sa paternité, puisque pour les uns, l'enfant suit indistinctement la nationalité paternelle ; suivant d'autres, il ne
prend jamais que celle de sa mère ; selon d'autres enfin, il
choisit celle qu'il lui convient d'adopter.

Pour nous, il devait en être autrement. Puisque l'enfant
prend et conserve la qualité nationale de celui, quel qu'il
soit, de ses auteurs qui l'a reconnu en premier lieu, que va-
t-il arriver lorsqu'il sera impossible de déterminer à qui
revient la priorité dans la reconnaissance, parce qu'ils l'auront faite l'un et l'autre en même temps ?

Nous avons déjà dit que l'enfant ne pouvait pas avoir
deux patries et qu'on ne saurait le laisser choisir celle à

laquelle il prétend se rattacher. Il est impossible de soutenir qu'il n'en a aucune : il en aurait plutôt deux que point, puisqu'il porte en lui le germe de la nationalité française et celui de l'étrangère. Mais laquelle lui donner ?

C'est alors le cas de se rappeler ici les principes généraux que nous avons énoncés plus haut : d'une part, toute personne a intérêt à être française ; d'autre part, une reconnaissance ne peut que profiter à l'enfant naturel ; elle ne peut pas lui nuire.

Faisons donc application de ces deux règles à notre matière, et dans le doute qui naît évidemment sur la nationalité de l'enfant par suite de la reconnaissance qui en est faite en même temps par un français et un étranger, disons que cet enfant est français, quel que soit d'ailleurs celui de ses auteurs qui possède lui-même cette qualité. Nous avons déjà vu que la règle sur l'avantage d'être français devait trouver sa place quand il y avait doute sur la nationalité d'origine, et tel est ici le cas ; car, bien que constatées par le même acte, les deux reconnaissances n'en établissent pas moins deux filiations distinctes ; il n'y a nulle raison de donner la préférence à la nationalité du père sur celle de la mère ou réciproquement. L'enfant a donc intérêt à suivre la condition de celui qui est français. Si l'on voulait décider autrement, malgré l'existence de cet intérêt, il se trouverait que la reconnaissance par son auteur étranger lui nuirait, et nous savons qu'elle ne peut que lui profiter.

Notre conclusion est donc que l'enfant sera français.

Disons en terminant que, dans toutes les hypothèses que nous avons successivement examinées jusqu'ici, il ne s'agit absolument que de la nationalité d'origine. Dans certains cas l'enfant sera français. Mais s'il préfère la nationalité de son auteur étranger, il sera parfaitement libre de l'adopter. Seulement il ne pourra y arriver que par les moyens indiqués aux articles 17 et 18 du Code civil. C'est un français qui veut devenir étranger. Les formalités exigées en pareil cas lui sont alors imposées.

CHAPITRE III.

Du nom de l'enfant naturel reconnu. — A-t-il le droit de porter les titres nobiliaires en même temps que le nom de celui qui l'a reconnu ?

Nous avons dit que l'enfant naturel suit la condition de celui de ses auteurs qui l'a reconnu. Or, sous la dénomination de condition, on doit entendre le nom comme la nationalité d'un individu. En recherchant la patrie de l'enfant naturel, nous avons donc presque épuisé ce qui concerne son nom. Les règles sont les mêmes dans ces deux matières. Nous n'aurons à signaler ici que quelques différences de détail avec ce que nous avons dit plus haut.

L'enfant naturel prend le nom de celui de ses auteurs qui l'a reconnu : que ce soit son père, que ce soit sa mère, peu importe. Cela ne fait pas question et nous n'avons pas à nous étendre plus longuement sur ce principe, ni à nous demander, comme en matière de nationalité, si, le père naturel ayant changé de nom entre l'époque de la conception de l'enfant et le moment de la reconnaissance, c'est l'ancien ou le nouveau nom que celui-ci peut réclamer. Le

nom n'étant pas sujet à changer comme la qualité nationale,
il sera extrêmement rare que la question puisse se poser.
Mais enfin, à supposer que le cas se présente et qu'un individu vienne à reconnaître un enfant naturel après avoir
obtenu le changement de son nom, nous pensons que c'est
ce nouveau nom qui devient celui de l'enfant. Car, à quoi
sert la reconnaissance ? à donner à celui qui en bénéficie une
filiation certaine, à faire savoir qu'il est fils d'un tel, à le
présenter à la société comme issu de telle personne. Or,
quelle est la marque de filiation à laquelle le public peut
reconnaître qu'on est fils d'un individu déterminé ? C'est par
le nom : l'enfant porte le nom de son père, son nom actuel,
l'autre n'existe plus. Eh bien, ce but de la reconnaissance
serait donc précisément manqué si l'enfant devait ne pas
être désigné par le nom que porte son père au moment de
la reconnaissance.

Reste à examiner l'hypothèse plus délicate où l'enfant a
été reconnu par son père et par sa mère. Dans ce cas, comment le nommera-t-on ? Comme père, ou bien comme la
mère ? Voilà un conflit identique à celui que nous avons
rencontré pour la nationalité.

Les deux reconnaissances ont eu lieu à des dates différentes.
— Dans ce cas l'enfant s'appellera d'abord comme celui
qui l'aura reconnu le premier. Cela est certain. Ce nom
devient son bien, sa propriété, et rien, absolument, ne peut
l'en dépouiller malgré lui. Mais est ce à dire que si son
autre auteur, son père, par hypothèse, vient lui-même à le
reconnaître dans la suite, l'enfant cessera désormais de
s'appeler comme sa mère au profit du père ? Les deux noms
ne sont-ils pas aussi bien l'un que l'autre sa propriété ?

Evidemment. Eh bien il y a deux reconnaissances ; il y a deux filiations et, par conséquent, deux noms. Pourquoi pas ? On ne saurait appartenir à deux patries, mais ne peut-on pas porter deux noms ? Que l'on considère ce qui se passe en matière d'adoption. D'ailleurs les principes mêmes commandent cette solution. L'effet primordial de la reconnaissance est de donner un nom à celui qui en est l'objet. Ce nom, quoi qu'il arrive, doit rester à l'enfant, car, autrement, on arriverait à ce résultat, que la deuxième reconnaissance anéantirait l'effet de la première, ce que personne n'admettra. L'enfant ne pourrra pas même choisir celui qu'il voudrait porter, « car ce serait choisir entre deux filiations ; « or, l'enfant ne peut répudier le bénéfice d'une reconnais- « sance, sauf en la contestant en justice. Il a donc deux « filiations, et partant, deux noms qu'il a le droit de por- « ter l'un et l'autre [1]. »

Les deux reconnaissances ont eu lieu simultanément. — Nous devons décider encore que l'enfant portera les deux noms et point celui du père seulement. Il n'y a pas davantage d'analogie avec la filiation légitime que dans la précédente hypothèse. D'un autre côté, lors même qu'il n'y aurait qu'un seul et même acte contenant les deux reconnaissances, il y a toujours la constatation de deux filiations. Or, deux filiations, deux noms. L'enfant les prendra donc tous les deux.

Tel est le système que nous adoptons d'après M. Laurent. Mais il était à prévoir que cette opinion ne serait pas la seule. M. Duranton admet que l'enfant reconnu, même

(1) Laurent, t. IV, p. 187, n° 124.

par ses deux auteurs, doit s'appeler comme sa mère. C'est la continuation et la conséquence de ce que cet auteur a dit sur la nationalité de l'enfant naturel. M. Demolombe [1], suivant en cela l'opinion la plus répandue, lui donne le nom paternel, parce que, dit-on, la loi attache à cette double reconnaissance les mêmes effets qu'au mariage.

Nous avons rencontré et discuté longuement ces deux théories en examinant quelle était la nation de l'enfant naturel ; nous avons dit les raisons qui nous les font rejeter. Ces raisons sont absolument les mêmes dans le cas présent, puisque, en définitive, les deux questions sont analogues. Il n'y a donc pas à y revenir [2].

A ce même ordre d'idées se rattache étroitement une question fort curieuse à examiner : c'est celle de savoir si un enfant naturel participe à la noblesse, s'il a le droit de porter les titres et les armoiries de celui de ses auteurs qui l'a reconnu.

On comprend quel intérêt une semblable question devait présenter dans l'ancien droit, car alors la noblesse donnait à ceux qui en étaient revêtus un certain nombre de priviléges et d'exemptions, ce qui avait pour effet de surcharger d'autant les roturiers, qui supportaient le poids des tailles et des impositions.

Aujourd'hui, l'intérêt de cette question est moindre, ou tout au moins il s'est déplacé, il a changé d'objet. Depuis la Révolution de 1789 et le nivellement qu'elle a opéré, il ne peut plus s'agir de priviléges quelconques attribués à certaines classes de Français et refusés à d'autres. L'in-

----

(1) Demolombe, t. V, p. 551, n° 543.

(2) Voir, à l'appui de notre système, Mourlon, répétitions, t. 1, p. 92, note 2.

térêt se concentre tout entier sur la transmission des armes, considérées comme un symbole d'honneur seulement, et des titres nobiliaires, souvenirs historiques et légitime orgueil d'une race ancienne et glorieuse. Au lieu d'un intérêt au moins en partie matériel, comme dans l'ancien droit, nous avons l'intérêt de l'honneur d'une famille, et c'est assez pour que l'on puisse se demander si, de nos jours, le bâtard d'un homme noble est noble lui-même ou bien s'il est dépourvu de cette qualité.

Quoi qu'il en soit et quelle que soit l'époque où nous nous trouvons, ce point de droit vient d'être rajeuni, il y a quelques mois à peine, dans une affaire qui a produit un grand retentissement. Le procès s'est terminé en première instance par un jugement du Tribunal civil de la Seine dont nous allons reparler. Cette décision judiciaire a été frappée d'appel, mais nous croyons que cet appel n'a pas encore été plaidé devant la Cour de Paris.

Demandons-nous donc si l'enfant naturel reconnu par un noble a droit, en même temps qu'au nom de son père, aux titres nobiliaires de celui-ci.

Les partisans de l'affirmative, abstraction faite de toute considération d'espèces, raisonnent de la manière suivante : Qu'est-ce aujourd'hui qu'un titre de noblesse ? Confère-t-il à celui qui en est revêtu quelque avantage, quelque supériorité sur le reste des citoyens ? Pas le moins du monde. Depuis la fin de l'ancien régime, le titre n'est plus que l'accessoire du nom dont il ne peut pas être arbitrairement détaché. Le titre nobiliaire, distinction purement honorifique, fait partie intégrante des noms auxquels il s'applique ; mais tous les citoyens étant égaux devant la loi, il n'évoque plus une idée de privilége au profit d'aucun individu. De nos jours, les titres passent à tous les

enfants, même aux filles ; par conséquent le bâtard d'un
noble, portant le nom de son auteur, a droit à son titre et
participe à sa noblesse.

On invoque encore les traditions et l'on prétend que,
même dans l'ancien droit, quand la noblesse formait une
caste, le titre se transmettait pourtant à tous les enfants
légitimes ou naturels, et cela est si vrai, que la Cour des
Aides protesta contre cette disposition qu'elle considérait
comme abusive. Il doit en être ainsi, à plus forte raison,
même dans le droit moderne, depuis que le titre n'est plus
attaché à un fief et qu'il n'a d'autre valeur ni d'autre portée
que le glorieux héritage d'illustres aïeux.

Il nous semble que l'opinion contraire doit être de préférence adoptée, comme se rapportant plus exactement,
aussi bien à notre ancienne jurisprudence, qu'à la législation
qui nous régit aujourd'hui. Après avoir passé en revue les
divers documents législatifs anciens sur cette matière, on
acquiert la preuve que le titre et la qualité de noble étaient
refusés aux bâtards des gentilshommes, et il n'est pas moins
certain que les lois actuelles ont pour but de rétablir les
dispositions de l'ancien droit à cet égard.

Jusqu'à la fin du XVIe siècle « ..... les bâtards des gentilshommes avoués légitimes et vivant noblement ont été
mis au rang des nobles[1]. » Mais Henri IV, par une ordonnance de mars 1600 abolit formellement cette coutume par
l'art. 26 de cet acte, ainsi conçu : « Encore que les bâtards
soient issus de pères nobles, ne se pourront attribuer le titre
et la qualité de gentilshommes, s'ils n'en obtiennent nos
lettres d'anoblissement. »

Cette ordonnance fut expliquée et commentée par un

(1) Guyot, v. *Noblesse*, § 9, p. 377.

arrêt du Conseil d'Etat du 20 février 1605, d'après lequel un enfant naturel sollicitant des lettres de noblesse, devait prouver qu'il était issu de père noble et avoué. Dès lors, il était donc constant que tout bâtard, même avoué, naissait roturier et que la noblesse ne pouvait lui être conférée que par le souverain.

Mais ce n'est pas tout. En 1629, une ordonnance de Louis XIII, rendue au mois de janvier, insiste encore sur ce point d'une manière toute particulière. L'art. 197 dispose « que les bâtards des gentilshommes ne soient point tenus pour nobles ; qu'ils ne puissent prendre le nom de leur famille que du consentement des intéressés. » D'après la même ordonnance, lorsque ces enfants naturels sont anoblis, ils doivent, eux et leurs descendants, porter dans leurs armoiries une barre pour les distinguer des enfants légitimes.

Tel était donc autrefois le droit commun de la France. Nous devons dire toutefois, que trois coutumes peu importantes faisaient exception à ce principe [2]. Ce sont : la Coutume d'Artois, art. 201 et la Coutume de la Gouvernance de Douai, chap. 24, art. 3, qui disaient : « Bâtards issus de noble génération de par père et leurs enfants, sont tenus et réputés nobles, jouissant des priviléges de noblesse en toutes choses. » La troisième Coutume, celle de la Châtellenie de Lille, ne contenait rien de formel sur cette question, mais, dans son ressort, l'usage était répandu d'appliquer la disposition des deux coutumes dont nous venons de parler.

Voilà pour l'ancien droit. La noblesse, après avoir été successivement abolie, rétablie, abolie de nouveau, fut remise en son premier état par le second Empire (décret des 24-27 janvier 1852). Elle existe donc encore légale-

(2) Gayot, *loco cit.* p. 483.

ment aujourd'hui. Remarquons, en passant, que les Chartes de 1814, art. 71, et de 1830, art. 62, consacraient les droits de l'ancienne noblesse et ceux de la nouvelle. Elles conservaient donc ainsi l'ancienne législation relative à la transmission des titres nobiliaires.

Le seul texte sur les titres nobiliaires qui figure dans nos codes, nous est fourni par la loi du 28 mai 1858, modifiant de nouveau l'art. 259 du Code pénal, déjà retouché en 1832, et rétablissant une partie des pénalités supprimées lors de la première révision. Cette loi inflige une amende à « quiconque sans droit et en vue de s'attribuer une distinction honorifique, aura publiquement pris un titre, changé, altéré, modifié le nom que lui assignent les actes de l'état civil. » Enfin un décret du 12 janvier 1859 rétablit le Conseil du Sceau des titres. C'est la sanction de la prohibition qui est faite de prendre sans droit un titre de noblesse.

Nous croyons que l'ancienne législation reproduite en 1814 et en 1830 nous régit encore aujourd'hui. Il nous paraît donc certain, en ce qui concerne les enfants naturels des personnes nobles, que la déchéance de la qualité de noble existe encore absolument comme dans l'ancien droit. Dans les deux documents législatifs en vigueur, loi de 1858, décret de 1859, on voit clairement apparaître la pensée du législateur de rétablir la législation ancienne sur les titres nobiliaires. La lecture des travaux préparatoires et notamment du rapport de la loi de 1858, ne peut laisser aucun doute à cet égard. Il est donc permis d'en conclure que, non seulement l'ordonnance de Henry IV en 1600 n'a pas été abrogée, mais encore que notre droit actuel lui a donné une nouvelle sanction et une confirmation défi-nitive. Par conséquent, l'enfant naturel d'une personne noble n'a aucun droit ni au titre, ni aux armoiries de celui qui l'a reconnu.

C'est ce système qui est suivi par la jurisprudence. La plus récente décision judiciaire sur ce point, est le jugement du Tribunal civil de la Seine, auquel nous avons, plus haut, fait allusion. Il est du 30 mai 1879 [1].

(1) *Gazette des Tribunaux*, 1er juin 1879.

CHAPITRE IV

Du droit qu'ont les père et mère naturels de consentir au mariage de leurs enfants reconnus.

Nous rangerons au nombre des effets perpétuels de la reconnaissance le droit pour les père et mère naturels de consentir au mariage de leurs enfants, ou, tout au moins, de donner à ceux-ci leurs conseils. On peut le contester en s'appuyant sur les termes mêmes de l'art. 148 du Code civil : « le fils qui n'a pas atteint l'âge de vingt-cinq ans accomplis, la fille qui n'a pas atteint l'âge de vingt-et-un ans accomplis, ne peuvent contracter mariage sans le consentement de leurs père et mère. Donc, dit-on, après cet âge, comme on peut se passer de ce consentement, il faut en conclure que le droit de consentir n'est pas perpétuel ; qu'il cesse à la majorité spécialement fixée par la loi, et que ce n'est, par conséquent, qu'un effet temporaire de la reconnaissance.

Cela n'a pas d'importance quant au fond du sujet. Ce n'est qu'une question de méthode et de classification.

Cependant, nous pouvons justifier la place que nous assignons à cette partie de notre étude par cette considération que, si, à la rigueur, après vingt et un ou vingt-cinq ans, les enfants peuvent se marier malgré leurs parents, ce n'est jamais qu'après avoir épuisé les obligations que la loi leur impose à tout âge : celle de demander le consentement, et à défaut, le conseil du père et de la mère. Mais le droit de ceux-ci reste intact. Quelque soit l'âge des enfants, les parents auront à se prononcer. Et si, en cas de refus du consentement, ils peuvent passer outre, les parents n'ont-ils plus aucun droit ? Ils ont celui de conseiller leurs enfants, comme le dit l'art. 151. Le droit dont nous nous occupons en ce moment est donc bien un droit perpétuel.

En matière de filiation naturelle, ce droit est un effet de la reconnaissance. C'est l'art. 158 qui nous l'enseigne : « Les dispositions contenues aux art. 148 et 149 et les dispositions des art. 151, 152, 153, 154, 155, relatives à l'acte respectueux qui doit être fait aux père et mère dans les cas prévus par ces articles, sont applicables aux enfants naturels légalement reconnus. »

L'art. 158, en nous parlant des « enfants naturels légalement reconnus », exclut de la disposition qu'il édicte les enfants adultérins ou incestueux, lors même que leur filiation serait reconnue par un jugement passé en force de chose jugée [1]. Il y a pour ceux-ci des règles spéciales dont nous n'avons nullement à nous occuper ici.

« Enfants *légalement* reconnus », dit l'art. 158. Donc, pour que les père et mère naturels aient le droit de con-

---

(1) Sirey, Code civil annoté. Pezzani, Empêchement du mariage, n° 407 et suivants. MM. Aubry et Rau, t. VI, § 572. texte n° 3, lettre c, page 227, nous semblent admettre implicitement la même solution.

sentir au mariage de leurs enfants, il faut qu'ils en aient
fait la reconnaissance suivant les règles prescrites par la
loi dans l'art. 334 C. civ., c'est-à-dire, dans un acte authentique. Une reconnaissance sous seing-privé ne confé-
rerait donc au père naturel aucun droit sur le mariage de
son enfant. Néanmoins, cela a été révoqué en doute, et
notamment par Toullier, qui prétend que, par une semblable reconnaissance, le père est lié d'après les principes
généraux des obligations (1320-1322, s. s.), que, s'il est
tenu envers son enfant de certaines obligations, il doit
avoir, pour compensation, le droit de consentir à son
mariage, car la paternité est indivisible. Le père est lié,
parce que l'art. 334 est conçu en termes impératifs et
que les dispositions prohibitives seules entraînent la nullité
des actes faits nonobstant ces prohibitions. Pour nous, ce
raisonnement est inadmissible. L'art. 334, qui intéresse
la bonne harmonie des familles, est, à ce titre, une disposition d'ordre public, et tout acte qui l'enfreint doit être
nul. Il faut donc une reconnaissance authentique.

Du reste, il n'est pas nécessaire que la reconnaissance
ait eu lieu par-devant notaire pour que le père soit admis à
donner son consentement au mariage de l'enfant. L'aveu
de paternité fait en justice et dûment constaté, est une
reconnaissance parfaitement authentique. Il en est de
même de la déclaration de paternité faite devant un juge
de paix assisté de son greffier, ou bien encore de la reconnaissance forcée provenant d'un jugement passé en
force de chose jugée. Dans tous ces cas, le père ou la
mère naturels auront le droit de consentir au mariage de
leur enfant.

L'art. 158, en nous renvoyant purement et simplement
aux art. 148 et suivants, nous montre qu'il y a, dans

cette matière, assimilation complète et une identité absolue
entre la filiation naturelle et la légitime, en ce qui
concerne les règles du consentement au mariage à donner par les ascendants. Ainsi se trouve législativement
tranchée une difficulté que nous avons rencontrée déjà en
nous occupant de la condition de l'enfant naturel reconnu
et que nous retrouverons encore ailleurs. Quand celui-ci
jouit du bénéfice d'une double reconnaissance, quel est son
nom; quelle est sa nationalité? Nous avions dû, dans le
silence de la loi, nous reporter aux principes et donner à
la mère une importance égale à celle du père. Il n'en est
pas de même ici. Bien qu'il n'y ait pas mariage entre les
parents naturels, nous sommes placés sous l'empire de
l'art. 148, d'après lequel, lorsque l'enfant a été reconnu
par l'un et l'autre de ses auteurs, et que ceux-ci ne sont
pas d'accord pour consentir au marige, le consentement du
père suffit.

On comprend pourquoi la loi a voulu que l'enfant naturel,
comme l'enfant légitime, fût muni, pour pouvoir contracter
mariage, du consentement de ses parents. C'est une sanction qu'elle a entendu donner à ce grand principe de
morale que l'enfant, à tout âge, doit honneur et respect à
ses père et mère (371) et qu'il est tenu, dans tous les cas,
au même respect et à la même soumission envers ceux qui
lui ont donné le jour. D'ailleurs, la loi a pensé que ce
droit de consentement était un attribut de la puissance paternelle, non pas seulement de celle qui, réglementée dans
nos lois, prend spécialement le nom d'autorité paternelle,
mais de cette puissance résultant du fait même de la paternité, et que, par conséquent, les enfants naturels étaient
assujétis à demander, pour se marier, le consentement de
leurs parents ou à requérir leur conseil.

Ainsi, comme l'enfant légitime, le bâtard reconnu doit, s'il veut contracter mariage, produire le consentement de ses parents. Ce consentement émanera soit du père seul, soit uniquement de la mère, selon que l'enfant aura été reconnu par l'un ou par l'autre seulement. Dans le cas où l'enfant a été reconnu par l'un et par l'autre, il doit rapporter le consentement de son père et de sa mère. Nous pouvons dire, à ce propos, que la jurisprudence a décidé, dans le cas où la mère naturelle se trouve actuellement mariée, qu'elle peut, sans l'autorisation de son mari. donner son consentement au mariage de l'enfant reconnu par elle et né d'un autre que de son époux[1].

Si le père naturel donne son consentement au mariage et que la mère refuse le sien, celui du père suffit, et le mariage peut avoir lieu (148). Mais on doit, dans ce cas, comme pour celui de légitimité, constater par un acte respectueux que la mère a été consultée et qu'elle a refusé son consentement.

L'art. 149, qui est spécialement visé par l'art. 158, s'applique également à notre matière. En conséquence, lorsque l'un des père et mère est mort ou dans l'impossibilité de manifester sa volonté, le consentement de l'autre suffit pour habiliter l'enfant reconnu à contracter mariage. Cette impossibilité peut être légale, comme en cas d'absence ou d'interdiction du père ou de la mère, physique ou morale, peu importe. La doctrine et la jurisprudence sont d'accord pour donner cette solution. Si c'est le père qui ne peut donner de consentement, celui de la mère suffit.

Ici se présente une difficulté. Lorsque la mère légitime, remariée, n'est pas maintenue dans la tutelle, l'enfant

---

(1) Merlin, *rép.*, vᵒ Empêchement, § 5; t. XVI, p. 302.

peut-il se marier sans son consentement? Nous ne le pensons pas, malgré l'opinion de quelques auteurs[1], à cause des termes précis et formels de l'art. 149[2]. Mais peut-on transporter la question, dans la matière qui nous occupe, de la filiation naturelle? Peut-on assimiler le mariage de la mère naturelle aux secondes noces de la mère légitime? Si la mère naturelle était tutrice de son enfant, doit-elle, par analogie de l'art. 395, réunir le conseil de famille, et, si celui-ci ne lui conserve pas la tutelle, l'enfant peut-il se marier sans son consentement, en se contentant de celui du conseil de famille? La solution de cette dernière difficulté, dépendant de la question de savoir si les articles 390 et 395 sont applicables à la mère naturelle, nous renvoyons l'examen de cette controverse au moment où nous traiterons de la tutelle des enfants naturels. C'est là sa véritable place. Disons seulement que, selon nous, l'enfant naturel ne pourra, sous aucun prétexte, se dispenser de demander le consentement de sa mère, ou tout au moins de requérir son conseil, pour pouvoir contracter mariage.

La conséquence du droit qu'ont les parents de consentir au mariage de leurs enfants est celui qui leur compète d'y faire opposition et de provoquer même la nullité de l'union contractée au mépris de leur défense d'y procéder. Sans cette double prérogative, le droit des parents de consentir au mariage serait souvent une lettre morte, une arme inutile entre leurs mains. L'opposition est aussi, d'ailleurs, une suite, un attribut de la puissance paternelle. Il faut donc l'accorder, comme aux ascendants légitimes, au père

(1) Delvincourt, t. I, p. 291.
(2) Pezzani, *op. cit.* n° 274 s s.

et à la mère naturels qui ont reconnu l'enfant dont il s'agit d'empêcher le mariage.

On sait que dans le cas d'un enfant légitime, le droit de former opposition au mariage est accordé à un certain nombre de personnes et spécialement à tous les ascendants, à quelque degré que ce soit, des futurs époux. Mais l'enfant naturel n'a d'autres ascendants que le père et la mère qui l'ont reconnu. C'est donc à eux qu'il faut limiter, dans la ligne directe, le droit de s'opposer au mariage de l'enfant. Ils pourront, d'ailleurs, le faire dans une mesure aussi large que les parents légitimes, sans énoncer de motifs à leur détermination, sans qu'aucun empêchement soit dirimant, soit prohibitif, ne vienne former obstacle au mariage. L'opposition, une fois formée, rend impossible la célébration du mariage jusqu'à ce qu'il en soit donné mainlevée, conformément aux art. 177 et 178 du Code civil.

Nous pensons que l'art. 174 qui permet, sous certaines conditions, de s'opposer au mariage de son frère, doit s'appliquer également aux enfants naturels. Par conséquent, à défaut de père et de mère naturels, les frères naturels de celui qui veut contracter mariage ont le droit d'y former opposition. Il n'y a rien à cela de contraire aux principes puisque nous avons admis plus haut que le frère naturel du bâtard est parent de celui-ci.

Mais il faut, dans tous les cas, se conformer aux prescriptions de l'art. 174 : l'opposant doit être majeur ; il ne peut agir qu'autant que le père et la mère n'existent plus et, en outre, dans deux cas rigoureusement limitatifs :

1° Lorsque le bâtard, encore mineur, ne rapporte pas le consentement de son conseil de famille ;

2° Lorsque l'opposition est fondée sur l'état de démence

du futur époux et à charge de provoquer son interdiction et d'y faire statuer dans le délai fixé par le tribunal.

Les père et mère naturels pourront encore demander l'annulation du mariage de leurs enfants reconnus, s'il est entaché d'une nullité, dans les cas prévus par les art. 182, 184 et 191. Dans le cas de l'article 182, ils ne seront déchus de leur action que par une approbation tacite ou expresse, postérieure au mariage, ou si, aux termes de l'art. 183, il s'est écoulé une année sans réclamation de leur part, depuis qu'ils auront eu connaissance du mariage. Nous pensons également qu'ils ne seront pas recevables en conformité de l'article 186, à attaquer pour cause d'impuberté le mariage auquel ils avaient donné, à l'avance, leur consentement.

L'action en nullité doit appartenir conjointement au père et à la mère, et tant que le père est vivant, la mère ne peut l'exercer seule, à moins qu'il ne soit dans l'impossibilité de manifester sa volonté. En un mot, et pour nous résumer, nous pouvons dire que le père et la mère naturels sont placés par la loi même, relativement au mariage de leurs enfants, absolument sur la même ligne que les parents légitimes, et nous venons de voir que les mêmes règles sont applicables dans les deux cas.

APPENDICE. — Il est d'autres cas que le mariage où les père et mère doivent être consultés par leurs enfants. Certains textes, les uns contenus au Code civil, les autres, empruntés à des documents législatifs postérieurs, nous l'apprennent. Ces textes, à la vérité, ne parlent pas spécialement des père et mère naturels, mais nous n'hésitons pas, cependant, à leur en faire l'application, car les législateurs se bornent à renvoyer aux règles établies par le Code en matière de mariage, et nous savons, qu'en cela, la loi même, assimile le père et la mère naturels aux parents légitimes.

C'est ainsi qu'un fils mineur de 25 ans ne pourrait pas faire profession religieuse [1], ni se donner en adoption, sans demander le consentement de ses parents. Au delà de 25 ans il peut se faire adopter en requérant leur conseil. On admet universellement qu'un seul acte respectueux suffit.

Jusqu'à 21 ans accomplis, une fille naturelle ne peut s'engager dans une congrégation religieuse autorisée, sans produire le consentement de celui ou de ceux qui l'ont reconnue [2]. Il en est de même du fils ou de la fille naturels mineurs qui se veulent placer en tutelle officieuse, conformément à l'art. 661 du Code civil, ou qui veulent conclure un contrat d'apprentissage [3].

Enfin, la loi sur le recrutement de l'armée dispose que tout français qui veut contracter un engagement volontaire dans les armées, doit, s'il a moins de 20 ans, justifier du consentement de ses père et mère [4]. La loi ne distinguant pas, nous devons évidemment penser qu'elle s'applique, comme aux enfants légitimes, aux enfants naturels reconnus.

(1) Décret du 28 février 1810, art. 4.
(2) Décret du 18 février 1809, art. 7.
(3) Loi du 22 germinal, an XI, art. 9.
(4) Loi des 27 juillet, 17 août 1872, art. 46, § 9.

CHAPITRE V.

Des empêchements à mariage pour parenté naturelle constatée par la reconnaissance.

———

Cette matière, pour n'être pas un droit de famille résultant de la reconnaissance, n'en est pas moins un de ses effets principaux. Il va sans dire que c'est un effet perpétuel de la reconnaissance, et que le temps, ni aucun évènement postérieur ne peuvent en rien modifier cette prohibition. Cette raison, ajoutée à la connexité qui existe entre ce sujet et le précédent, justifie la place que nous lui attribuons ici.

Mais, dès l'abord, se pose une question capitale. L'empêchement qui résulte de la parenté naturelle existe-t-il indépendamment de toute reconnaissance qui constate officiellement et légalement cette parenté, ou bien faut-il, pour que l'obstacle au mariage se produise, un acte authentique constatant la filiation naturelle, selon le vœu de l'art. 334 ?

On voit l'intérêt de la question. Si le mariage est impossible entre personnes unies par des liens naturels, sans que la parenté ait besoin d'être constatée par une reconnaissance, la matière dont nous nous occupons reste en dehors de notre sujet, puisque les empêchements de mariage résultant de la parenté naturelle ne seront plus un effet de la reconnaissance.

Deux opinions sont en présence. D'après l'un, point n'est besoin d'une reconnaissance authentique pour créer une parenté naturelle, capable de faire obstacle au mariage. On invoque deux arguments principaux, l'un de texte, l'autre de morale. Argument de texte : l'art. 161 parle seulement « d'ascendants et descendants légitimes ou naturels » sans ajouter pour les derniers, ces mots : ... dont la parenté aura été légalement constatée. Or, toutes les fois que cette preuve légale doit être faite, la loi prend soin de s'en expliquer. C'est ainsi qu'elle procède à l'art. 158 que nous avons rencontré plus haut. Il en est de même à l'art 331, relatif à la légitimation des enfants naturels ; à l'art. 383, concernant l'exercice du droit de correction qui est accordé aux père et mère sur les enfants ; à l'article 756, qui ne concède aux bâtards, de droits sur les biens de leurs auteurs décédés, que lorsqu'ils ont été légalement reconnus. Mais les art. 161 et 162 ne formulent plus cette condition ; le silence de la loi doit être intentionnel. Les expressions « parents naturels » doivent donc être prises dans leur acception la plus large, et comprendre, à la fois, la parenté prouvée légalement et celle qui se trouvera démontrée par des preuves que la justice reconnaîtra suffisantes ; car, et c'est là, le second argument, la morale et les convenances seraient également blessées par le mariage de deux personnes, que la commune renommée

proclamerait être père et fille, mère et fils, frère et sœur...
La loi ne peut permettre une telle immoralité [1].

La seconde opinion, que nous croyons plus juridique, soutient qu'il faut, pour que la parenté naturelle fasse obstacle au mariage, une reconnaissance légale ou un acte équipollent, un jugement passé en force de chose jugée, par exemple. Au point de vue de la loi, il n'y a de parenté que lorsqu'il y a une filiation certaine. Cela est incontestable. D'autre part, la filiation naturelle ne peut être constatée que d'une seule manière qui est la reconnaissance volontaire ou forcée. Quand un genre de preuve est imposé par la loi, la justice n'a pas le droit de l'admettre ou de le rejeter à son gré dans sa sagesse. Hors du cas de reconnaissance, la parenté naturelle est réputée inexistante ; d'où suit qu'elle ne peut être considérée comme un obstacle au mariage. Donner aux juges un pouvoir d'appréciation discrétionnaire porterait une grave atteinte à l'ordre public en autorisant au sein des familles des recherches scandaleuses, et violerait la loi en permettant pour un cas, au moins, la recherche de la paternité formellement interdite par l'article 340. Les partisans de l'opinion adverse, eux-mêmes, sont obligés de reconnaître la force de ces raisons : M. Demolombe qui professe le système que nous repoussons, convient, cependant, que l'autre est en droit pur, le plus rationnel et le plus juridique [2].

Donc, la reconnaissance a pour effet de rendre impossible le mariage entre certaines personnes. Ce sont les personnes rattachées entre elles par un lien de parenté naturelle.

(1) Merlin ; Proudhon ; Vazeille ; Demolombe.— Cassation, 6 avril 1809, Caen, 3 avril 1833.

(2) Delvincourt, Duranton, Valette *sur Proudhon*, Zachariæ, Laurent, Dalloz, v° mariage. — Nîmes, 3 décembre 1811.

On comprend que le législateur ait repoussé avec autant
de soin l'idée du mariage entre parents naturels qu'entre
parents légitimes : les mêmes raisons se présentent pour
prohiber les mêmes actes. Ces unions où, selon l'expression
d'un auteur, le sang remonte en quelque sorte à sa source,
ne sont pas moins révoltantes parce qu'il s'agit d'un bâtard ;
l'horreur instinctive que cette idée provoque est la même
dans un cas comme dans l'autre. A ces raisons de morale,
ajoutons les motifs physiques, le bouleversement des lois de
la nature qui n'est pas moins grand dans la parenté naturelle, l'abaissement de niveau dans l'hygiène publique, qui
serait la conséquence des mariages entre personnes unies
de trop près par les liens du sang. Il est enfin une raison
juridique présentée par Portalis, et qui est aussi puissante
pour empêcher le mariage des frères et sœurs naturels que
celui des frères et sœurs légitimes : « L'espérance du ma-
« riage entre deux êtres qui vivent sous le même toit et
« qui sont déjà invités par tant de motifs à se rapprocher
« et à s'unir, aurait pu allumer des désirs criminels et en-
« traîner des désordres qui aurait souillé la maison pater-
« nelle. »

Entre quelles personnes la parenté naturelle met-elle un
obstacle au mariage ? Dans la famille légitime le mariage
est interdit en ligne directe à l'infini et en ligne collatérale
jusqu'au 3e degré inclusivement, c'est-à-dire jusqu'au degré d'oncle et de nièce, de tante et de neveu. La prohibition est, ici, moins étendue. En ligne directe, elle reste la
même : le bâtard ne peut pas plus se marier avec son père
ou sa mère que l'enfant légitime. Il ne peut pas davantage
épouser les ascendants de son père ou de sa mère, quoiqu'ils
ne lui soient rien civilement ; la loi est formelle à cet

égard : « En ligne directe, dit l'art. 161, le mariage est prohibé entre tous les ascendants et descendants, légitimes ou *naturels* et les alliés dans la même ligne. »

Quant à la ligne collatérale, la combinaison des articles 162 et 163 nous indique une règle différente en ce qui concerne la parenté naturelle. Ici, la défense de se marier est limitée aux frères et aux sœurs, l'article 162 le dit en propres termes. Ainsi, l'enfant naturel reconnu ne peut pas épouser les enfants légitimes de son père ou de sa mère ; il ne peut pas, non plus, épouser les autres enfants naturels reconnus, comme lui, par ses parents.

Mais là s'arrête l'interdiction. L'article 163 qui prohibe l'union de l'oncle et de la nièce, de la tante et du neveu, ne parle que de la famille légitime et n'est faite que pour elle. En effet, si l'on rapproche ce texte des deux précédents, on voit, d'une part, que les articles 161 et 162 ont bien soin de stipuler la prohibition du mariage dans la ligne directe entre ascendants et descendants légitimes *ou naturels ;* dans celle collatérale, entre frères et sœurs également légitimes *ou naturels.* Mais voici que l'article qui suit immédiatement porte seulement ces mots : « le mariage est encore prohibé entre l'oncle et la nièce, la tante et le neveu, » sans faire, cette fois, nulle allusion à la parenté naturelle. Il est impossible, eu égard à la position respective de ces trois textes, de ne pas croire que ce silence du législateur est intentionnel et que l'empêchement de mariage ne s'étend pas aux parents naturels au degré d'oncle et de nièce, de tante et de neveu. C'est une singularité, mais non pas la seule que l'on rencontre dans la matière des enfants naturels. Ainsi, un bâtard reconnu pourrait se marier avec la sœur de sa mère, sans avoir besoin de justifier de l'autorisation du Chef de l'Etat exigé pour les neveux légitimes par l'article 164 [1].

Ce que nous venons de dire de la parenté naturelle s'applique aussi à l'alliance naturelle. Mais il faut ici bien s'entendre. Il est incontestable qu'un homme ne peut épouser la mère naturelle de celle qui a été sa femme, ni sa sœur naturelle. Dans l'un et l'autre cas, l'alliance résultait d'un précédent mariage ; mais on peut se demander si l'alliance découle non-seulement du mariage, mais encore du concubinage, de manière à rendre impossible le mariage de l'un des concubins avec les parents de l'autre. A notre avis, il n'en est pas ainsi, malgré le droit canonique et notre ancienne jurisprudence.

La véritable affinité ne résulte que de l'union légitime : *Affinitatis causa fit ex nuptiis*. Pothier, lui-même [2] définit l'alliance, le rapport qu'il y a entre l'un des conjoints par mariage et les parents de l'autre conjoint : *necessitudo inter unum e conjugibus et alterius conjugis cognatos*. De la sorte, on peut dire, avec la Cour suprême [3], quelque choquant que cela paraisse, que l'enfant adultérin de la femme ou le fruit de l'inceste qu'elle aurait commis avec son frère ou son oncle est allié du mari de cette femme. Mais voilà tout, et Pothier lui-même qui pense que l'affinité résulte du commerce illicite de deux personnes et empêche le mariage de l'une d'elles avec un parent de l'autre, a été obligé d'en faire une alliance à part, différente de l'alliance proprement dite, tant il voyait bien que sa solution, fondée sur des raisons de convenances, était contraire aux principes.

(1) Aubry et Rau, t. V, § 461, n° 8 ; — Duranton, t. II, 172 ; — Zachariæ, § 466, n° 6 ; — Demolombe, t. III, 106 ; Marcadé, *ad hoc art.*
(2) Pothier. *Traité du contrat de mariage* n° 150.
(3) Cass. 6 avril 1809 ; D. t. 7, p. 177 ; S. t. 9, p. 136.

Nous pensons qu'il n'y a qu'une seule espèce d'affinité, celle qui est engendrée par le légitime mariage ; les textes du Code qui en parlent ne supposent pas qu'il y en ait d'autre ; nous ne pouvons donc pas étendre ces textes sans les dénaturer.

Le mariage n'est donc pas interdit entre un concubin et les parents de son complice. Tel est l'avis de M. Laurent : « Ce n'est pas à raison d'une véritable affinité que l'on « prohibait le mariage, c'était plutôt par un motif d'honnê- « teté publique. En effet, il ne suffisait pas du concubi- « nage, on exigeait qu'il fût notoire ; c'est la notoriété qui « produisait le scandale et par suite un empêchement au « mariage. Cela était en harmonie avec les principes de « l'ancien droit d'après lequel il y avait des empêchements « fondés sur l'honnêteté publique. Le code ne reproduit « pas cette théorie [1]... »

---

(1) Laurent, t. II, p. 464, n° 351. *Sic*, Merlin ; Duranton, Valette *sur Proudhon* Demolombe. — *Contrà* : Zachariæ ; Aubry et Rau ; Pezzani.

CHAPITRE VI

De l'obligation alimentaire

L'article 203 dit que « les époux contractent ensemble, par le fait seul du mariage, l'obligation de nourrir, entretenir et élever leurs enfants. » Voilà une disposition qui semble faire abstraction des enfants naturels, même reconnus par les père et mère et leur refuser le droit de demander à ceux-ci des aliments. Il n'en est rien, cependant : pas un auteur, pas un monument de jurisprudence qui n'assimilent à ce point de vue l'enfant naturel reconnu à l'enfant légitime. Et c'est de tout temps qu'il en a été ainsi. Le droit romain consacre formellement cette obligation qui incombe aux parents [1]; notre ancien droit était tout aussi formel [2]. Serait-il vraisemblable que le Code civil eût rompu avec des traditions aussi solidement établies ? Cela est d'autant moins probable que la même loi

---

(1) L. 5, § 4, D., *de agnos, vel al, lib.*, XXV-3.
(2) Pothier, *loc. cit.* n° 394.

envisage avec beaucoup plus de faveur les enfants naturels que les législations antérieures, et qu'elle va même jusqu'à leur attribuer à titre successoral une partie des biens de leurs auteurs prédécédés. Eh bien, si la loi leur accorde le plus, elle doit évidemment leur accorder le moins. Il est donc hors de doute que les bâtards ont contre leurs parents une créance d'aliments. Mais cet argument n'est pas le seul.

N'avons-nous pas l'article 762, d'après lequel la loi accorde des aliments aux enfants adultérins et incestueux ? Et comment ne pas raisonner *a fortiori* de ceux-ci aux enfants naturels simples pour leur donner le même droit ? Enfin, il est à remarquer qu'il règne une corrélation intime entre le droit à la réserve et celui aux aliments. Ces deux droits ne sont accordés par la loi qu'à un nombre très-restreint de personnes et ces personnes sont les mêmes dans les deux hypothèses. Cela résulte de la comparaison des articles 203 et 205, d'une part, et 913 à 916 de l'autre. Par conséquent, celui qui a droit à une réserve a droit aussi à des aliments ; or, il est généralement admis que l'enfant naturel est réservataire (757-761); il peut donc demander des aliments.

L'obligation qui pèse sur les père et mère légitimes ou naturels de nourrir, d'élever et entretenir leurs enfants, dérive du fait même de la paternité et de la filiation. Mais il est indispensable, pour que l'obligation dont il s'agit prenne naissance, que le rapport existant entre la personne qui se prétend créancière et celle qui sera débitrice, soit constaté d'une manière certaine et légalement établi. Cette preuve résulte du mariage pour l'enfant légitime. Mais pour l'enfant naturel, le rapport de paternité et de filiation n'est établi que par le moyen d'une reconnaissance. Peu importe d'ailleurs, qu'elle soit volontaire ou forcée, le résultat est le même. C'est en ce sens qu'on peut véritablement et proprement dire que l'obligation alimentaire est un effet direct de la reconnaissance des enfants naturels, et c'est à ce titre que nous en abordons l'étude.

La première question qui se présente est celle-ci : Une reconnaissance donne seule ouverture à la créance alimentaire. Mais de quelle reconnaissance s'agit-il ? Suffit-il qu'elle soit sous seing-privé, ou bien faut-il une reconnaissance légale, telle qu'elle est exigée par l'article 334 du Code civil ? Cette controverse est, paraît-il, très-sérieuse. Dans tous les cas, nous voyons des noms éminents se rallier à l'un et à l'autre système. Pour nous, cependant, nous ne comprenons pas même que la question puisse s'élever. Voici le Code, dans l'article 334, qui prend soin de nous dire : « La reconnaissance d'un enfant naturel sera faite par acte authentique..... » ; cette disposition impérative exclut formellement tout autre mode de reconnaissance ; le législateur a voulu prévenir des surprises en attirant, par la solennité de cet acte, sur sa gravité, l'attention de celui qui le souscrit, en même temps qu'il importait d'assurer l'irrévocabilité des reconnaissances. La forme authentique est substantielle [1] et ce principe s'applique avec tant de rigueur qu'on n'admet pas comme valable un acte privé dont l'écriture et la signature ont été avouées et vérifiées en justice [2], non plus que l'aveu de paternité contenu dans

____

(1) Merlin, Aubry et Rau, Demolombe, Zachariæ. — Rouen, 30 juin 1817 Limoges, 6 juillet 1832.

(2) Chabot, Proudhon, Merlin, Duranton. Marcadé. — *Contrà* Toullier.

un testament olographe[1] ou mystique [2], et l'on vient, après cela, nous dire : La reconnaissance sous signature privée est valable, et l'enfant en faveur de qui elle est intervenue peut s'en prévaloir pour se faire allouer des aliments par ceux de qui l'acte émane ! Mais alors que fait-on du texte même de la loi ? ou bien, les motifs qui ont fait édicter l'article 334 ne se retrouvent-ils plus dans cette hypothèse ? On n'est pas allé cependant jusqu'à le soutenir, mais on raisonne, dans le système que nous repoussons, de la manière suivante : l'article 335 dit ces mots : « Cette reconnaissance (celle par acte authentique dont parle l'article 334) ne pourra avoir lieu au profit des enfants nés d'un commerce incestueux ou adultérin. » On en conclut immédiatement que si une semblable filiation ne peut être établie par acte authentique, elle se prouve, au contraire, par acte sous seing-privé. Cela étant, et un acte privé suffisant pour donner aux enfants adultérins droit aux aliments, ne doit-on pas, à plus forte raison, appliquer la même solution aux enfants naturels simples, sous peine de les traiter plus défavorablement que les autres ? Et c'est la Cour de Nancy qui a admis cette étrange doctrine [3]. Il faut bien dire aussi qu'elle n'a pas été suivie dans cette voie et que sa décision est demeurée isolée. Une telle argumentation ne peut pas tenir un instant debout devant les principes du droit en notre matière : la loi ne reconnaît qu'une manière de constater la filiation des enfants naturels, c'est l'acte en forme authentique. Hors de là, aucun aveu, aucun écrit, si formel qu'il soit, ne peut

(1) Chabot, Delvincourt, Duranton. — Limoges (*suprà*) Rej., 7 mai 1833, Nîmes, 2 mai 1837. — *Contrà* Merlin.

(2) Zachariæ. — *Contrà* Delvincourt, Duranton.

(3) Nancy, 20 mai 1816.

produire un effet quelconque ; il n'y a point de reconnaissance , et, par conséquent, rien qui serve de base au droit
pour un enfant de demander des aliments. Rien ne saurait
prévaloir contre cet argument, pas même les considérations
tirées des lois naturelles, supérieures au droit civil, et en
vertu desquelles un père doit fournir à ses enfants ce qu'il
leur faut pour vivre. Ces lois sont certaines, mais elles supposent prouvé le fait de la paternité et la paternité ne se
prouve que par la reconnaissance authentique. Notre conclusion est donc que la reconnaissance sous seing-privé est
impuissante à donner une créance alimentaire aux enfants
naturels qui veulent s'en prévaloir [1].

A la vérité la question serait plus délicate et le doute
permis, si l'auteur d'un acte privé de reconnaissance s'obli-
geait en même temps à fournir des aliments à celui dont il
se reconnaît ainsi le père. On pourrait dire que cette obligation est valable, à supposer même que la reconnaissance
ne le soit pas, car elle ne contient rien de contraire aux lois et
aux bonnes mœurs, et que, d'ailleurs, elle n'est que l'acquittement d'une dette de conscience [2], Quelque favorable
que paraisse cette solution , nous ne l'adopterons pourtant
pas. La promesse de subvenir aux besoins de l'enfant est
basée sur la reconnaissance qui l'accompagne. La reconnaissance est la cause de l'autre obligation. Eh bien, nous
savons que la reconnaissance sous seing-privé est réputée
inexistante. Dans l'espèce, il n'y a point de reconnaissance.

(2) Chabot. Merlin, Duranton, Valette sur Proudhon, Zachariæ, Demolombe, Aubry et Rau. — Bordeaux, 23 novembre 1852 ; — Douai, 5 décembre 1853 ; — Aix, 14 juillet 1853, et autres. — *Contrà* Delvincourt, Proudhon ; — Grenoble, 5 mars 1810.

(3) Aubry et Rau, Duranton, — Montpellier, 7 décembre 1843.

L'obligation souscrite par le prétendu père, de fournir des aliments, est donc nulle pour défaut de cause (1131) et l'enfant qui la représente, n'en peut réclamer en justice l'exécution. Ainsi, même dans le cas où celui qui a souscrit une reconnaissance sous seing-privé se serait engagé à fournir des aliments à l'enfant, ou même à se charger de lui, cette reconnaissance ne confère pas plus à l'enfant le droit de demander des aliments qu'elle ne lui confère celui de succéder à son prétendu père [1].

Quelles personnes doivent des aliments et à qui sont-ils dûs? Ceux qui doivent les aliments sont l'auteur ou les auteurs de la reconnaissance, et comme nous avons reconnu en cette matière et exceptionnellement qu'il y avait assimilation entre la filiation naturelle et la légitime, nous dirons que le père et la mère sont tenus de cette obligation comme les parents légitimes et dans les mêmes conditions. Ainsi, ils sont soumis à l'action de leurs enfants lorsque ceux-ci se trouvent dans l'impuissance de pourvoir eux-mêmes à leur subsistance et à celle de leur famille, et lors même qu'ils auraient un état. Il en serait différemment si les enfants possédaient des biens propres.

Dans le même ordre d'idées, nous croyons que l'art. 211 du Code civil s'appliquera par analogie de motifs dans le cas qui nous occupe. Si le père ou la mère offrent à l'enfant qui leur demande une pension alimentaire, de le recevoir chez eux, l'enfant ne pourra pas refuser cette offre pour exiger une pension en argent. Il y a analogie de situation et identité de motifs, pour admettre cette solution, entre l'enfant légitime et le bâtard. Ce dernier, reçu dans la

____

(1) Merlin; Demolombe, V, n° 425. — Paris, 22 juillet 1811 ; Bourges, 11 mai 1841.

maison de son père, s'y trouve à sa place, aussi bien que l'enfant légitime. D'ailleurs, l'enfant naturel ne doit-il pas, lui aussi, honneur et respect à ses parents, et ne se trouve-t-il pas, au moins dans une certaine mesure, placé sous leur dépendance ? D'autre part, voici une raison particulière à la présente hypothèse : en recueillant chez lui l'enfant, le père naturel commence à réparer la faute qu'il avait commise en lui donnant le jour. Tout concourt donc à nous faire appliquer ici l'art. 211 et prononcer que l'enfant naturel n'a, au moins en principe, aucun motif légitime pour s'y soustraire. Toutefois, il est bien entendu que si la présence de l'enfant chez son père ou chez sa mère naturelle était une cause de scandale ou offrait des inconvénients, les tribunaux pourraient, *cognitâ causâ*, l'autoriser à se retirer et à demander que ses aliments lui fussent fournis en argent.

Le père et la mère naturels doivent des aliments encore qu'ils soient mariés séparément et que la reconnaissance ait eu lieu depuis leurs mariages respectifs [1].

Nous admettrons aussi avec la jurisprudence que les aliments pourraient être demandés par l'enfant naturel sur succession du père recueillie par les enfants légitimes issus du mariage [2].

Les aliments sont dus aux enfants naturels reconnus ; mais il ne faut pas aller plus loin ni dire, avec la Cour de Liége [3], que l'enfant légitime de l'enfant naturel peut réclamer des aliments à ceux qu'on nomme vulgairement son grand-père et sa grand'mère naturels [4]. Nous avons vu qu'il

(1) Rennes, 22 mars 1810. — Rej., 27 août 1811.
(2) Paris, 13 juin 1809, S., 12, 2, 356.
(3) Liége, 23 juillet 1826, Codes annotés de Sirey, sous l'art. 203, n° 17 bis
(4) Demolombe, t. V, 550-551.

13

n'y a entre ces personnes aucun lien légal de parenté : l'enfant légitime d'un bâtard ne rattache pas aux père et mère de son propre père. Nous verrons qu'il n'y a pas, entre eux, de droit de succession. Par exception, l'art. 759 permet à l'enfant légitime du bâtard de le représenter à la succession de son père naturel, mais c'est une dérogation au principe : cet enfant ne succéderait pas de son chef. D'ailleurs, sur quels textes se fonderait-on pour forcer le prétendu grand-père naturel à fournir des aliments ? Sur les art. 205 et 207 Code civil combinés ? Mais que l'on examine la rubrique sous laquelle ils sont placés : « Des obligations qui naissent du mariage » et l'on verra qu'ils ne peuvent exclusivement se rapporter qu'aux ascendants et aux descendants légitimes. Par conséquent le père naturel ne doit pas d'aliments aux enfants légitimes de son fils [1]. Ajoutons qu'il est généralement admis, dans une hypothèse peu différente de celle que nous venons d'examiner, qu'un individu ne doit pas d'aliments au bâtard reconnu par son fils légitime.

Comment les parents sont-ils tenus d'acquitter la dette alimentaire ? La question ne se pose même pas si l'enfant n'a été reconnu que par l'un seulement de ses auteurs ; celui-là paie la totalité de la dette ; mais il n'en est plus de même lorsque tous les deux sont légalement connus. Ils doivent alors, en principe, contribuer par égales portions. Nous disons *en principe*, car il faut appliquer comme au cas du mariage, l'art. 208, selon lequel les aliments sont accordés dans la proportion de la fortune de celui qui les doit. Le tribunal appréciera et décidera souverainement, après avoir déterminé le montant de ce qui est

_____

(1) *Sic.* Aubry et Rau, t. VI, § 567, n° 8.

nécessaire à l'enfant pour vivre, si l'un des parents doit payer une somme égale ou plus forte que son coobligé. Nous verrons plus loin que le juge, examinant séparément la fortune de chacun des obligés pour fixer le quantum de sa part à la dette, celle-ci n'est pas indivisible. Elle n'est pas davantage solidaire.

Mais du principe que nous posons, de l'égalité dans la dette, se dégagent des conséquences telles que celle-ci : l'un des parents qui aurait payé seul à l'enfant la totalité de la dette alimentaire ou qui l'aurait reçu chez lui, en supposant séparés le père et la mère, jouirait d'un recours contre l'autre pour se faire indemniser dans la mesure des facultés de ce dernier de ce qu'il a payé en plus de ce qu'il devait. Il a payé en réalité la dette d'autrui, il a donc le droit de se faire rembourser.

Voici une autre conséquence du même principe. Une seule personne a reconnu l'enfant. Elle est donc tenue de lui payer seule la totalité des aliments. Après un temps plus ou moins long, l'autre auteur le reconnaît à son tour. A partir de ce moment, il va sans dire que, si les besoins de l'enfant continuent, ce dernier devra contribuer pour sa part à la dette alimentaire. Mais la question se pose de savoir s'il pourra être poursuivi à concurrence de ce qu'il aurait dû payer, s'il avait à cette époque reconnu l'enfant. L'affirmative nous semble certaine. C'est le cas d'appliquer ici un principe que nous avons rencontré déjà en nous occupant de la nationalité de l'enfant naturel ; la reconnaissance est déclarative et non attributive de droits nouveaux, et les effets en remontent, en général, au jour même de la naissance de l'enfant naturel reconnu [1]. Il

(1) Aubry et Rau, t. VI, n° 568.

s'ensuit que, par la reconnaissance, la paternité est établie à partir de la naissance même de l'enfant, et que l'obligation de lui fournir des aliments, qui en est l'effet immédiat, incombe dès le même instant. Celui des père et mère qui avait tout fourni à l'enfant pourra donc recourir contre l'autre pour une quote part de ce qu'il avait déboursé avant la seconde reconnaissance.

Supposons que la mère d'un enfant naturel se soit mariée sous le régime dotal, avec un autre homme que le père de cet enfant, et après l'avoir reconnu. Pourra-t-elle, pour lui fournir des aliments, se prévaloir de la disposition de l'art. 1558, § 2 du Code civil, en supposant qu'elle ne puisse pas autrement acquitter cette dette ? Voici ce que porte l'article en question : « L'immeuble dotal peut encore être aliéné... pour fournir des aliments à la famille, dans les cas prévus par les art. 203, 205 et 206, au titre du mariage. » Cet article s'applique-t-il aussi bien aux enfants naturels qu'à la famille légitime, ou, au contraire, est-il réfractaire à toute espèce d'extension ?

Une première opinion dit : l'enfant peut réclamer sa pension alimentaire sur les biens dotaux de sa mère. Le mot « famille », employé par l'art. 1558, ne veut pas parler uniquement des parents ou alliés légitimes ; la généralité de cette expression embrasse également les enfants naturels. Puis, ne savons-nous pas que les art. 203, 205, 206 sont communs aux enfants légitimes et aux enfants naturels ? On est donc porté à conclure de là à l'extension au profit des enfants naturels, de la disposition de ce paragraphe. C'est, d'ailleurs, l'esprit de la loi, car, du moment que le droit existe pour les enfants naturels de réclamer des aliments, il faut bien en cas d'absence ou d'insuffisance de biens paraphernaux, que les biens dotaux servent à payer cette dette. La loi ne peut pas accorder une créance et refuser à celui qui en est titulaire les moyens d'en réclamer le paiement.

La deuxième opinion nous semble préférable. La mère ne pourra jamais faire argent de sa dot pour payer des aliments à son enfant naturel. L'article 1558 § 2 n'est pas fait pour la présente hypothèse et l'on ne pourrait l'y étendre sans violer les principes. Qu'est ce la dot? La dot est, par définition du Droit romain et de l'art. 1540 du Code civil, le bien que la femme apporte au mari pour supporter les charges du mariage, *ad sustinenda matrimonii onera*. La femme ne peut donc, sous aucun prétexte, détourner la dot de sa destination. Qu'elle l'aliène pour nourrir ses enfants légitimes, rien de mieux ; on peut même dire que la dot n'est pas faite pour autre chose. Mais fournir des aliments à un bâtard, est-ce là une charge du mariage ? Rien n'y est plus contraire. Qu'on ne nous oppose pas l'assimilation que nous avons nous-même reconnue entre l'enfant naturel et l'enfant légitime. Cette assimilation existe en ce sens que l'un a comme l'autre le droit de réclamer à sa mère une somme d'argent pour vivre, mais elle peut très-bien cesser quant aux moyens de mettre à exécution ce droit et quant aux biens sur lesquels il s'exercera : le principe n'en sera pas moins sauvegardé. Et puis, quelque complète que soit l'assimilation, on ne peut pas aller contre ce fait que dans un cas, l'enfant est issu d'une légitime union, tandis que dans l'autre il est né hors mariage. Que dans les deux hypothèses il ait droit à des aliments, rien de mieux ; mais que quant aux moyens pratiques d'exercer son recours l'enfant naturel soit écarté de certains biens spécialement réservés par la loi à la famille légitime, nous ne voyons rien là qui contredise le principe. Concluons donc que l'art. 1558, § 2 est sans application en matière de filiation naturelle [1].

Il est de l'essence de l'obligation alimentaire d'être réciproque. Quiconque doit des aliments, pourra, le cas échéant, en réclamer à son tour. Les art. 205 et 207 nous le disent, en effet, d'une manière formelle. Lors, donc, que le père et la mère naturels sont dans le besoin, ils ont qualité pour exiger que leurs enfants leur viennent en aide si leur situation de fortune le leur permet.

Nous n'avons à signaler ici que quelques différences avec ce que nous avons dit ci-dessus : à même principe doivent correspondre mêmes conséquences. Ainsi, dans l'un et dans l'autre cas, l'obligation alimentaire, en général, sera acquittée au moyen d'une pension en argent. Mais les articles 210 et 211 nous montrent immédiatement l'une des différences que nous signalons. D'après l'article 211, le père ou la mère peut déclarer qu'au lieu de donner de l'argent à l'enfant, il préfère le prendre chez lui pour le nourrir et l'entretenir dans sa demeure. Dans aucun cas ce père ou cette mère ne sera forcé, pour que son offre doive être admise, de justifier qu'il se trouve dans l'impossibilité d'acquitter autrement sa dette. Il en est tout autrement quand c'est le père ou la mère naturels qui sont créanciers des aliments. Ils ne sont pas obligés de se contenter de l'offre que leur fait l'enfant de leur payer ainsi les aliments en nature et chez lui. Ils ne peuvent y être forcés qu'après que la preuve aura été fournie par l'enfant débiteur qu'il ne peut autrement s'acquitter envers eux.

(1) Aubry et Rau, t. V, § 537 ; Seriziat, *Traité du régime dotal.* § 166. — Pau, 18 mai 1863, S., 64, 2, 139.

Les aliments seront fournis au père naturel par l'enfant qu'il a reconnu. Mais ils ne devront pas l'être subsidiairement par les enfants et descendants légitimes de ce bâtard, car, ainsi que nous l'avons dit plus haut, il n'y a pas entre eux et l'aïeul naturel de lien légal de parenté. L'enfant naturel, de son côté, ne doit pas non plus d'aliments au père légitime de son père, car il n'a point d'aïeuls. A plus forte raison n'en doit-il point au père naturel de son père naturel à lui-même.

Nous avons dit que les dispositions du chapitre V du titre du mariage s'étendaient à la paternité et à la filiation naturelles. L'article 206 doit donc s'appliquer en notre matière. L'alliance naturelle en ligne directe sera une cause permettant de réclamer des aliments, sous les restrictions, toutefois, qui sont apportées par ce même article 206. Par conséquent, une belle-fille pourra demander des aliments au père et à la mère naturels de son mari décédé, s'il y a des enfants issus du mariage et actuellement vivants. Sous la même condition elle leur en devrait à son tour [1]. Mais que décider dans le cas du § 1 de l'article 206 ? Ce paragraphe est-il sans application ici ? Nous ne le pensons pas : le mariage de la mère naturelle doit-être, à ce point de vue, assimilé aux secondes noces de la mère légitime, et cela par identité de motif. Toutes deux passent alors dans une nouvelle famille qui devra leur fournir ce qui leur est nécessaire. Nous déciderons donc que la belle-fille n'est plus tenue de la dette alimentaire envers la mère naturelle de son mari, lorsque celle-ci vient à se marier. Réciproquement, cette bru se remariant après la mort de son mari cesserait d'être elle même créancière d'aliments. De même,

(1) Paris, 28 mars 1840.

lorsque la belle-mère s'est mariée, la bru perd son droit, par suite de la même réciprocité [1]. Nous retrouverons une question analogue quand nous commenterons l'art. 295, relatif à la mère tutrice qui se remarie. Nous réservons cette opinion sur ce point.

Il va sans dire que l'art. 206, § 1 ne s'applique qu'aux gendres et aux belles-filles. Le fils et la fille naturels doivent des aliments à leur mère, quand même celle-ci est mariée à un homme qui n'était pas leur père.

Jusqu'à présent, nous avions supposé qu'il n'y avait qu'un seul enfant naturel en présence de ses auteurs lui demandant une pension alimentaire. Des difficultés se présentent lorsqu'il y a plusieurs enfants naturels, ou bien encore quand des enfants naturels se trouvent en concours avec des enfants légitimes pour le paiement de cette dette.

Quand il y a plusieurs enfants naturels, ils doivent également supporter le fardeau de cette dette, ou, tout au moins, proportionnellement à leurs facultés. Ici s'élève une controverse qui trouve aussi bien sa place quand il s'agit de la famille légitime que dans le cas qui nous occupe. L'obligation qui nous occupe de fournir des aliments est-elle, soit solidaire, soit indivisible ? Sur ce point, la jurisprudence offre une telle divergence qu'il serait malaisé d'en tirer une règle bien certaine. La doctrine elle-même est assez divisée. Les auteurs anciens admettaient la solidarité. Sans parler des commentateurs du Digeste, nous pouvons citer Pothier. Il tire argument de ce que « chaque enfant considéré « seul, lorsqu'il en a le moyen, est obligé de fournir à son « père tout ce qui lui est nécessaire pour vivre, et non pas

____

(1) Delvincourt, sur 206 ; Demolombe IV, 29 ; *Contrà*, Aubry et Rau, VI, § 553.

« seulement une partie de ce qui lui est nécessaire [1]. » La même doctrine a été reproduite depuis le Code civil par MM. Delvincourt, Toullier, Rodière, et consacrée par divers arrêts [2].

Il nous est impossible d'admettre que l'obligation alimentaire est solidaire. L'article 1202 résiste absolument à cette interprétation. « La solidarité, dit-il, ne se présume point, il faut qu'elle soit expressément stipulée. Cette règle ne cesse que dans le cas où la solidarité a lieu de plein droit, en vertu d'une disposition de la loi. » Eh bien, aucun texte ne venant dans cette matière nous dire qu'il y a obligation solidaire de la part des enfants et que le père n'est pas tenu de diviser son action contre chacun d'eux, nous ne pouvons pas, sans aller à l'encontre de la loi, dire qu'il y a solidarité. Ce raisonnement est sans réplique ; aucun argument, de quelque ordre qu'il soit, ne peut prévaloir là-contre. La Cour de Pau, dans un des arrêts rapportés ci-dessus, pense « que « rien ne s'oppose à ce que l'un des débiteurs soit condamné « à acquitter les aliments en totalité à défaut des autres, « sauf son recours... » Quelque chose s'y oppose : l'article 1202 qui est assez formel. L'obligation alimentaire ne pèse donc pas solidairement sur les divers enfants naturels du même individu.

D'autres disent : l'obligation est indivisible. C'est une opinion soutenue par Proudhon et Duranton, et confirmée par un arrêt de la Cour d'Agen et un autre de la Cour de Grenoble [3]. *Non pro parte vivitur* : on ne peut pas vivre pour

---

(1) Pothier, *Traité du contrat de mariage*, n° 391.
(2) Bordeaux, 24 juin 1846 ; Pau, 23 décembre 1856 et 24 novembre 1833.
(3) Agen, 7 mars 1870 ; Grenoble, 8 avril 1870.

partie. Il en résulte donc, comme disent les articles 1218 et 1221, § 5, que cette obligation n'est pas susceptible d'exécution partielle. Le père pourra poursuivre pour le tout chacun des enfants naturels, mais celui qui est poursuivi pourra appeler les autres en cause, pour que la condamnation soit divisée. Mais ce raisonnement est complètement inexact ; on ne peut vivre pour partie ; ce raisonnement est une subtilité, on pourrait presque dire un jeu de mots, car on peut très-bien se procurer pour partie ce dont on a besoin pour vivre. Dumoulin ne s'y est pas trompé : « Quamvis quis pro parte vivere non possit, tamen alimenta dividua sunt[1]. » Les choses nécessaires à la vie peuvent être fournies par plusieurs aussi bien que par une seule personne, « ut natura et experientia docent », ajoute Dumoulin. D'ailleurs, nous savons que l'obligation alimentaire s'acquitte au moyen d'une somme d'argent, et une somme d'argent est essentiellement divisible. Enfin, l'indivision est de droit étroit ; nous ne pouvons pas sans texte l'appliquer ici et ce texte n'existe pas. Au surplus, la manière même dont le juge doit s'y prendre pour déterminer le chiffre de la pension alimentaire nous montre qu'il n'était pas dans l'intention du législateur de rendre cette dette indivisible. L'article 208 enseigne que le tribunal doit prendre en considération les besoins du créancier mais aussi la fortune du débiteur. Lorsqu'il y a plusieurs débiteurs, il faut donc examiner séparément la fortune de chacun pour apprécier ce qu'il peut et doit donner, ce qui est tout à fait contraire à l'idée que la dette d'aliments est indivisible. Elle n'est donc pas plus indivisible qu'elle n'est solidaire.

---

(1) Dumoulin, *Extricatio labyrinthi dividui et individui*, part. 2, n° 238.

Par conséquent le père de plusieurs enfants naturels qui veut obtenir une pension alimentaire doit actionner chacun d'eux distinctement : l'un quelconque d'entre eux n'est tenu de payer que la portion d'aliments mise à sa charge personnelle, d'après l'état de sa fortune. Cette opinion est celle des auteurs les plus récents et les plus autorisés ; un grand nombre de décisions judiciaires a jugé dans le même sens [1].

Quand un enfant naturel se trouve en présence d'enfants légitimes, tous doivent concourir pour donner des aliments à leur père commun. Ce n'était pas l'avis de Pothier, mais il n'est plus suivi aujourd'hui. Toutefois, tous concourent-ils également, de sorte que les enfants, soit légitimes, soit naturels, paient tous par portions égales ? On admet généralement que ces derniers sont tenus dans la proportion suivant laquelle ils sont appelés à succéder à leur père naturel. On peut se baser, pour justifier cette solution, sur le principe *ubi emolumentum, ibi et onus esse debet* : les charges qui pèsent sur un individu à raison du lien qui l'unit à son père, doivent être corrélatives aux avantages pécuniaires qu'il retirera de cette parenté. Dans notre espèce, l'enfant naturel qui est en présence d'enfants légitimes retirera de la succession de son père le tiers de la part qu'il aurait eue s'il avait été légitime ; il ne doit donc des aliments que jusqu'à concurrence du tiers de ce qu'il en devrait s'il était légitime. On peut dire aussi que, de même que la loi se base sur l'affection présumée pour la dévolution des successions, de même elle doit faire entrer

(1) Valette sur Proudhon, I, p. 448, note *a*; Marcadé, *sur* 204-207; Demolombe, IV, 63; Aubry et Rau, VI, § 553; Larombière, II, art. 1221;— Req. rej. 15 juillet 1861; Caen, 1er mai 1862; Bordeaux, 2 avril 1867, S, 68, 2, 15

en ligne de compte ce même sentiment quand il s'agit d'obliger à fournir des aliments [1].

Si nous suivions rigoureusement ce principe, nous déciderions que, dans le cas où un individu qui se trouve dans le besoin a son père légitime et un enfant naturel, chacun d'eux devrait, par conséquence de l'art. 757, lui fournir la moitié de la dette alimentaire à laquelle il a droit. Nous ne suivrons pas jusque-là MM. Aubry et Rau, car nous avons un autre principe, qui est le droit commun de la matière, c'est que l'enfant naturel est tenu de l'obligation alimentaire comme l'enfant légitime. Or, si l'enfant était légitime, il pourrait être recherché avant le père. Cette règle doit s'appliquer encore.

Enfin, voici une dernière difficulté. On sait quelle est la disposition de l'art. 337 du Code civil : « La reconnaissance faite pendant le mariage par l'un des époux au profit d'un enfant naturel qu'il aurait eu, avant son mariage, d'un autre que de son époux, ne peut nuire ni à celui-ci, ni aux enfants nés du mariage. » Eh bien, ce texte est-il conciliable avec le principe que l'enfant naturel peut demander des aliments à ses parents? Une femme mariée reconnaît, au cours de son mariage, un bâtard qu'elle a eu, étant fille, d'un autre que celui qui est devenu son mari. Cet enfant est dans le besoin. Peut-il contraindre sa mère à lui fournir des aliments? D'un côté l'équité, le droit pour l'enfant qui dérive du fait même de la maternité, le devoir, pour la mère, de réparer sa faute dans la mesure du possible ; d'un autre côté, le texte précis, formel de de l'art. 337, sollicitent également les suffrages et per-

____

(1) Demolombe, IV, 32 ; Aubry et Rau, VI, § 571.

mettent l'hésitation. Marcadé veut que l'enfant ait droit, dans tous les cas, aux aliments, et il tente la conciliation en disant que l'art. 337 n'a pour but que d'enlever à l'enfant naturel les droits successoraux qui lui compéteraient sans cela ; mais que les aliments sont pris sur le revenu et que l'acquittement de cette dette ne rentre, dès lors, plus dans l'esprit et le texte de l'art. 337[1].

Cependant l'art. 337 est si formel, que force est bien, malgré notre sympathie pour un système opposé, de nous incliner devant lui. Cet article ne distingue pas entre le capital et le revenu ; l'enfant naturel ne peut pas nuire au mari, ni aux enfants légitimes. Mais aussi, hâtons-nous de restreindre à ses plus justes limites l'application de cet article, et disons que toutes les fois qu'il sera possible à la mère, sans nuire à qui de droit, de fournir ces aliments, elle ne pourra s'en exempter. Ainsi la femme séparée de biens devra les payer, ainsi que celle qui, mariée sous le régime dotal, possède des biens paraphernaux[2]. Dans l'une et dans l'autre hypothèse la mère, ayant l'administration et la jouissance exclusive de ces biens, n'en est pas comptable envers son mari et ses enfants légitimes, et l'on ne peut pas dire, par conséquent, qu'elle leur nuit si elle en fait tel usage que son devoir lui commande. Au contraire, nous devons dire que la femme commune en biens et celle mariée sous le régime exclusif de communauté, ou celle dont tous les biens seraient dotaux ne pourraient pas donner d'aliments à leur enfant naturel, sans nuire à leur mari et à leurs enfants légitimes, car, dans le premier cas,

(1) Marcadé ; Merlin ; Delvincourt ; Toullier ; Duranton. — Rej. 27 août 1811, Codes annotés de Sirey, sous l'art. 337, C. civ.

(2) Demolombe ; Aubry et Rau. — Rennes, 22 mars 1810.

aux termes de l'art. 1401, tous les fruits, revenus, intérêts et arrérages, de quelque nature qu'ils soient, des biens de la femme, tombent dans la communauté, et celle-ci en perd l'administration et la jouissance ; et dans le second cas (art. 1530 et 1531), le mari jouit comme usufruitier de tous les biens de sa femme et les administre également comme un usufruitier [1].

(1) D :nolombe; Aubry et Rau, locc. citt. — Cass., 16 décembre 1861.

CHAPITRE VII.

De quelques autres effets perpétuels de la reconnaissance.

***

Un effet de la reconnaissance des enfants naturels qui se produit même au delà de leur majorité, nous est indiqué par les art. 268 et 283 du Code de procédure civile, ainsi que par les art. 156 et 322 du Code d'instruction criminelle. Il s'agit, dans ces différents textes, des incapacités d'être témoins, à raison de la parenté ou de l'alliance avec l'une des parties en cause ou avec le prévenu, dans les procès criminels, comme dans les affaires civiles où une enquête a été ordonnée par le tribunal. Il y est également question des reproches qui peuvent être articulés contre certains témoins.

Un même principe se dégage de tous ces textes, à savoir, que lorsque toutes les garanties de sincérité et d'impartialité nécessaires pour la bonne administration de la justice, risquent de faire défaut chez un témoin, celui-ci doit être éliminé s'il est très-proche parent d'une des parties au procès, ou, tout au moins, son témoignage doit être tenu pour suspect si la parenté ou l'alliance sont un peu moins étroites. Dans ce cas le tribunal a à sa déposition tel égard que de raison. Dans la première hypothèse, on dit qu'il y a incapacité d'être témoin ; dans la deuxième, il y a motif à reproche contre le témoin. Au premier cas, l'incapable ne peut pas même, sauf une fois, être entendu dans sa déposition, que le juge doit même, d'office refuser de recevoir ; au deuxième, il sera entendu par le juge-commissaire d'une enquête ordinaire, sauf au tribunal à admettre le reproche et à ordonner ensuite, selon le vœu de l'art. 291, « que la déposition du témoin reproché ne sera pas lue. »

Nous n'avons pas à faire ressortir ici le vice de cette procédure, mais seulement à indiquer dans quels cas la parenté ou l'alliance naturelle, résultant de la reconnaissance ; fait naître une incapacité ou motive un reproche.

Incapacité. — Le père et la mère d'un enfant naturel ne peuvent être assignés comme témoins, pour être entendus contre lui dans un procès qui l'intéresse ; un enfant naturel reconnu est incapable de déposer dans un procès contre celui de ses auteurs qui l'a reconnu. Même observation pour le beau-père et la belle-mère, ou pour le gendre et la belle-fille. La loi n'a prononcé cette incapacité pour les parents en ligne directe que dans la famille légitime, mais il n'est pas douteux qu'on en doive étendre la disposition aux parents naturels, car les motifs sont absolument les mêmes pour les uns et pour les autres. Est-il possible d'être impartial et désintéressé quand il s'agit du procès d'un père ou du procès d'un fils ? Et quand, au lieu de l'affection qui est présumée, c'est l'inimitié ou la haine qui divisent le père et le fils, ne doit-on pas penser qu'elles sont, parfois, d'autant plus envenimées que les liens de parenté sont plus étroits? L'esprit de la loi, à défaut de son texte, justifie donc notre solution.

Par exception à ce principe, l'art. 251 du Code civil, statuant pour le cas du divorce, a permis aux ascendants d'être cités comme témoins pour leurs enfants, sans que l'époux adversaire puisse ni les reprocher, ni arguer contre eux d'aucune incapacité. Depuis longtemps la jurisprudence admet que cet art. 251 s'applique à la séparation de corps. C'est pour cela qu'il était utile de le mentionner à cette place.

Reproches. — Lorsque la parenté est un peu moins rapprochée, l'adversaire peut exciper de cette parenté. Le témoin est alors entendu dans l'enquête et le reproche porté devant le tribunal. Si le reproche est rejeté, le témoignage est retenu comme bon et valable ; s'il est, au contraire, admis, le témoignage est alors annulé, d'après l'art. 283 au Code de procédure civile. Dans la famille légitime, peuvent être reprochés les parents ou alliés jusqu'au degré de cousin-germain inclusivement. En matière de parenté naturelle, nous savons que la reconnaissance produit des effets entre les divers enfants naturels d'un même individu. Il faut donc étendre aux frères et sœurs naturels la disposition de l'art. 283 ; mais on ne saurait lui donner plus d'extension, car l'enfant naturel, même reconnu, n'a point d'autres parents, en dehors de sa postérité, que son père, sa mère et ses frères et sœurs naturels.

Des raisons d'analogie nous font considérer comme un effet de la reconnaissance des enfants naturels l'application de l'art. 380 du Code pénal, d'après lequel les soustractions commises par des enfants au préjudice de leurs parents, ou par les père et mère au préjudice de leurs enfants ou alliés aux mêmes degrés, ne peuvent donner lieu qu'à des réparations civiles.

Un autre effet de la reconnaissance est d'entraîner en matière pénale des aggravations dans les circonstances du crime d'assassinat. L'art. 299 du Code pénal nous dit, en effet, que « est qualifié parricide le meurtre des père et mère légitimes, naturels ou adoptifs.... » Cette circonstance aggravante entraîne, comme chacun sait, l'application des art. 302 et 14 du Code pénal, dont les dispositions sont trop connues pour que nous nous y arrêtions plus longtemps.

APPENDICE

L'enfant naturel reconnu peut-il encore être adopté par ceux qui lui ont donné le jour ? Nous devons dire un mot de cette controverse qui rentre pleinement dans notre sujet : car si cette adoption cesse d'être possible, il faut voir dans cette prohibition un effet produit par la reconnaissance, puisque l'adoption était certainement permise antérieurement. Si nous décidons, au contraire, qu'elle peut être faite encore après la reconnaissance, c'est admettre que celle-ci est sans influence sur cet acte juridique, puisque rien n'est changé au droit préexistant.

Aujourd'hui, cependant, cette question a perdu un peu de son intérêt, car la solution affirmative semble définitivement prévaloir en doctrine et en jurisprudence. Voici en résumé les arguments invoqués de part et d'autre.

Les partisans de la négative rappellent les traditions du Droit romain [1] qui interdisait une semblable adoption. Il est

____

(1) L. 7, C., *de nat. lib.*, V, 27 ; Novelles 74 et 89.

vraisemblable qu'en gardant le silence sur ce point, les rédacteurs du Code ont voulu se référer à cette ancienne doctrine.

Les bonnes mœurs sont, dit-on, intéressées à ce que l'adoption des enfants naturels reconnus soit prohibée.

Il répugne à la loi, comme à la raison, qu'un individu soit, en même temps fils naturel et fils adoptif, jouissant, comme tel, de tous les droits des enfants légitimes. Ces deux qualités sont incompatibles entre-elles et se détruisent réciproquement.

D'ailleurs, si l'on admet l'affirmative, on viole l'art. 908, d'après lequel les enfants naturels ne peuvent recevoir entre vifs ou par testament, au-delà de ce qui leur est accordé au titre des successions par les art. 757 et 758 [1].

Nous pensons, cependant, que le système de l'affirmative satisfait plus à la morale et à l'esprit de la loi.

D'abord l'argument tiré du droit romain ne porte pas, puisqu'il n'est plus en vigueur, et surtout, parce que l'adoption n'ayant pas lieu dans l'ancien Droit français, les textes qu'on invoque n'ont jamais été appliqués chez nous.

Les raisons de morale ne sont pas meilleures, car le premier devoir d'un père naturel est de réparer sa faute. Comment le pourra-t-il faire autrement que par l'adoption, si la légitimation par mariage subséquent est désormais impossible? Ne sait-on pas, du reste, que les tribunaux ayant un pouvoir discrétionnaire en matière d'adoption, ne manqueront pas de refuser leur sanction toutes les fois qu'ils verront une atteinte portée aux bonnes mœurs?

---

(1) Toullier, Chabot, Delvincourt, Merlin, Marcadé, Demolombe, Pont, *Revue de législ.*; Molinier, Dubodau, *Revue de dr. fr. et étr.* — Angers, 11 août 1867.

On objecte une prétendue incompatibilité qui choque la raison entre les deux qualités d'enfant naturel et adoptif, réunies sur la même tête. Il n'en est rien. Le Droit romain, auquel nos adversaires se référaient tout à l'heure, permettait d'adopter un fils légitime émancipé, voire un enfant naturel [1]. Au surplus, l'adoption d'un enfant naturel efface la qualité de bâtard et le résultat choquant que l'on craignait, disparaît.

Enfin, l'art. 908 n'est pas violé, car la vocation de l'enfant adoptif à la succession de l'adoptant procède, non d'une donation entre vifs ou testamentaire, mais de la loi même. C'est une succession *ab intestat* [2].

Puisque l'adoption reste permise, même après la reconnaissance, nous en devons conclure que la reconnaissance est sans effet sur cette matière. Nous devions pourtant dire un mot sur cette question, puisqu'elle se discute encore, au moins doctrinalement.

(1) L. L. 12, 41, 46, D. I, 7.

(2) Valette; Proudhon; Duranton; Aubry et Rau, VI, p. 119. — Un très-grand nombre d'arrêts consacre ce système. Voici les plus récents : Civ. Rej., 1er avril 1846; Paris, 13 mai 1854; Req. rej., 3 juin 1861; Aix, 12 juin 1866; Cass., 13 mai 1868; Req. rej., 8 décembre 1868; Montpellier, 10 décembre 1868.

DEUXIÈME PARTIE

EFFETS TEMPORAIRES DE LA RECONNAISSANCE

CES EFFETS SE DISTINGUENT DES EFFETS PERPÉTUELS, QUE NOUS AVONS PRÉCÉDEMMENT ÉTUDIÉS, EN CE QU'ILS CESSENT AU JOUR DE LA MAJORITÉ DE L'ENFANT NATUREL OU DE SON ÉMANCIPATION.

Nous l'avons déjà vu : pour résumer en une seule formule tous les effets perpétuels ou temporaires, produits par la reconnaissance des enfants naturels, il suffirait de dire que cette reconnaissance produit la puissance paternelle, car, en dernière analyse, la puissance paternelle est l'ensemble des droits que la qualité de père ou de mère fait naître sur la personne et sur les biens d'un enfant. A vrai dire, prise dans ce sens élevé et philosophique, elle ne cesse qu'avec la vie même de ceux qui en sont revêtus, puissance véritablement de droit divin, s'il nous est permis d'employer ici cette expression, et qui se résume dans cette parole de l'Ecriture : Vous honorerez votre père et votre mère , parole dont nous trouvons le reflet dans le texte de notre loi : « L'enfant, à tout âge, doit honneur et respect à ses père et mère » (371). Nous avons étudié les effets de cette puissance paternelle entendue *lato sensu*.

Mais cette même expression est susceptible d'une acception plus restreinte. Prise dans ce sens plus strict, plus technique, elle se dit des droits et des pouvoirs qui s'éteignent à la majorité ou à l'émancipation des enfants. Elle devient, alors, synonyme du mot autorité paternelle. C'est ainsi que la désigne textuellement l'art. 372 du Code civil. De la comparaison de ce dernier article avec le précédent et avec la rubrique du titre sous lequel ils sont tous les deux placés, se dégage clairement le germe de la distinction que nous faisons nous-mêmes entre la puissance et l'autorité paternelle [1].

C'est à ce dernier point de vue que nous allons maintenant étudier les effets temporaires de la reconnaissance des enfants naturels.

Mais d'abord, existe-t-elle au profit des père et mère d'un bâtard reconnu cette autorité paternelle? Cette question n'étant pas résolue d'une manière générale par le Code, plusieurs opinions ont été émises, qui ont cours encore aujourd'hui, et dont il convient de dire ici quelques mots. En effet, la loi française ne contient que quelques dispositions isolées touchant les droits et les devoirs des père et mère vis-à-vis de leurs enfants naturels : c'est ainsi que l'on rencontre les art. 158, 383, 756 ; mais enfin, de principe général, il n'y en a pas. Aussi les uns disent que les parents naturels doivent être complètement assimilés aux

____

[1] Demolombe, VI, 490 ; Aubry et Rau, VI, § 549, n° 1.

parents légitimes, et que tous les droits qui sont accordés aux uns, par la loi, compèteront aussi aux autres. Il n'y a d'exception à ce principe que dans les cas indiqués par la loi. La loi ne prononce contre les parents naturels aucune déchéance : *Odia restringenda sunt;* on ne peut donc pas en introduire sans arbitraire.

D'autres, tout aussi radicaux, mais en sens inverse, déclarent qu'à part ce qui leur est accordé, les père et mère naturels n'ont absolument aucun droit sur leurs enfants. Le silence du Code est intentionnel. Est-ce un reste de l'influence du droit romain et de notre droit coutumier; a-t-on voulu laisser aux tribunaux le droit de se décider eu égard aux circonstances de chaque espèce ? Il n'importe; mais, en tous cas, il faut tirer un argument a contrario des dispositions spéciales que renferme le Code, et dire : puisqu'on a précisé les droits dont les père et mère jouiront sur leurs enfants, c'est-à-dire que tous les autres doivent leur être refusés.

Il est, enfin, un troisième système intermédiaire adopté par d'éminents auteurs, comme MM. Marcadé, Demolombe, Aubry et Rau, et avant eux par Zachariæ. Il enseigne que les père et mère naturels auront certains droits indépendamment de toute disposition législative, et en cela il se rapproche de l'opinion énoncée en premier lieu; mais aussi, ces droits ne seront que ceux correspondant aux obligations qui leur incombent par suite de la reconnaissance; tous autres devront leur être refusés. De cette manière, il ressemble aussi au deuxième système que nous venons d'exposer. Les devoirs des parents naturels sont aussi étendus que ceux des légitimes envers leurs enfants qui réclament une égale protection et qu'on ne peut, en définitive, pas punir d'une faute dont ils sont innocents. On donnera donc aux père et mère, dans ce cas, tous les droits qui sont en corrélation avec ces devoirs. Mais tandis que la loi accorde aux parents légitimes certaines faveurs, certains droits supplémentaires, les père et mère naturels en demeureront privés, comme en punition de la faute dont ils se sont rendus coupables. Les art. 158 et 383 semblent bien confirmer cette solution ; les travaux préparatoires en font foi [1]. Nous suivrons cette dernière opinion.

(1) Locré, t. VII, p. 37, n° 17 ; p. 62, n° 13 ; p. 75, n° 8.

CHAPITRE Iᵉʳ

De l'Autorité paternelle.

Le père et la mère naturels ont sur leurs enfants l'autorité paternelle. Mais dans quelle mesure ? C'est ce que nous allons examiner. Nous supposerons d'abord que l'enfant a été reconnu par ses deux auteurs. La différence est insignifiante quand la reconnaissance émane d'un seul d'entre eux.

Quel est le but de l'autorité paternelle ? C'est l'éducation de l'enfant. Par quels moyens ce but doit-il être atteint ? Par les droits de garde et de correction qui appartiennent aux parents.

§ I. — *Du Droit de garde.*

Nous savons, conformément à l'art. 203 du Code civil, que les époux contractent ensemble, par le fait seul du mariage, l'obligation de nourrir, entretenir et élever leurs enfants. Mais ces expressions « par le fait même du mariage », ne sont-elles pas inexactes, et n'est-ce pas plutôt par le fait même de la génération que les parents sont tenus de l'obligation d'entretien et d'éducation? Oui, et c'est ce que reconnaissait M. Réal dans son discours au Corps législatif : « Le législateur, qui a reconnu que la puissance paternelle, *uniquement fondée sur la nature*, ne reçoit de la loi civile qu'une confirmation..... » Eh bien! puisqu'il en est ainsi, il est certain que les père et mère naturels sont aussi tenus de l'obligation de l'art. 203 ; ils doivent, eux aussi, nourrir, entretenir et élever l'enfant auquel ils ont donné le jour. Mais si ce devoir leur incombe, il faut les mettre à même de l'accomplir, ce qui se fera en leur donnant sur l'enfant le droit de garde et celui de correction. Il faut donc appliquer à la filiation naturelle l'art. 374 du Code civil, en vertu duquel les père et mère peuvent assigner à leur enfant mineur une résidence que celui-ci ne pourra quitter sans le consentement de ses parents.

Pour l'enfant légitime, le droit de garde appartient tout d'abord au père, et ce n'est qu'en cas d'absence ou de mort du père que la mère en est investie. C'est que le père a sur sa femme le droit de puissance maritale et qu'il est le chef de toute la famille. Allons-nous admettre la même hiérarchie, la même subordination pour le droit de garde, en matière de filiation naturelle ?

Il y a deux cas où l'on admet généralement que le père naturel exercera le droit de garde à l'exclusion de la mère. C'est d'abord celui où le père et la mère continueront de vivre ensemble dans une union illégitime, en état de concubinage. Il en est de même dans le cas où le père et la mère de l'enfant naturel se sont mariés ensemble, sans l'avoir, au préalable, reconnu. Ce défaut de reconnaissance empêche que l'enfant bénéficie des avantages attachés à la légitimation et lui laisse sa filiation naturelle. Dans ces deux cas, tout le monde est d'accord pour admettre que le père et lui seul, de son vivant, aura l'exercice du droit de garde. Nous ne laissons pas, cependant, que d'élever des doutes sur la solution donnée à la première de ces deux hypothèses.

Il est bien évident que lorsqu'un seul des parents aura reconnu l'enfant naturel, celui-là seul qui sera l'auteur de la reconnaissance jouira du droit dont nous nous occupons en ce moment.

Mais l'hypothèse délicate est celle où le père et la mère naturels ont tous les deux reconnu leur enfant et où ils sont vivants tous deux, mais séparés l'un de l'autre, sans concubinage.

Cette question offre la plus grande analogie avec celle que nous avons eu précédemment à résoudre, quand nous nous occupions de déterminer le nom et la nationalité de l'enfant naturel. Nous allons retrouver ici les mêmes systèmes que nous avons rencontrés alors ; les mêmes principes vont aussi nous servir pour donner une solution à la présente controverse.

Nous ne faisons que rappeler l'opinion qui se réfère au principe romain : *partus ventrem sequitur*, et d'après laquelle l'exercice de la puissance paternelle et, notamment, le droit de garde doit appartenir à la mère naturelle seule. Nous avons exposé, plus haut, les motifs qui nous font rejeter ce système. Nous renvoyons à ce que nous avons dit alors.

Nous avons également réfuté le système généralement reçu qui assimilant l'enfant naturel au légitime, donne l'exercice du droit de garde au père préférablement à la mère. Le principal argument que l'on présente dans l'hypothèse actuelle et qui consiste à dire : la prépondérance appartient au père, puisqu'elle lui appartenait quant au nom, à la nationalité et au mariage de l'enfant naturel[1], cet argument tombe de lui-même, puisque nous avons démontré que cette prépondérance n'existait ni dans l'un ni dans l'autre cas auquel on se réfère. On peut donc se reporter à la distinction que nous avons faite plus haut : les mêmes raisons de décider se représentent dans le cas présent.

Ainsi, pour nous, le père et la mère naturels sont, l'un et l'autre, sur un pied d'égalité parfaite. En dehors des arguments que l'on connaît déjà, nous pouvons nous appuyer sur l'art. 383, d'après lequel les articles précédents sont communs aux *père* ET *mère* des enfants naturels légalement reconnus. Ils sont placés sur la même ligne, tandis que lorsqu'il s'agit d'enfants légitimes, le Code ne parle d'abord que du père et seulement très-subsidiairement de la mère. Puis, il y a aussi l'article 302 au titre du Divorce. On ne saurait nier l'analogie qui existe, au point de vue des enfants, entre les père et mère divorcés et les parents naturels qui vivent séparés. Or, l'art. 302 dispose que les parents divorcés «conservent *respectivement* le droit de surveiller l'entretien et l'éducation de leurs enfants.....» Pourquoi, lorsqu'on admet l'analogie entre la situation des parents, ne pas l'étendre au droit de garde sur leurs enfants, et ne pas accorder à la mère naturelle ce qui est accordé à la mère divorcée ?

---

(1) Aubry et Rau ; Marcadé ; Demolombe ; Valette, *locc. citt.*

Si nous avons reconnu la prépondérance du père pour le consentement au mariage, c'est qu'un texte impératif qui nous manque ici nous forçait bien à nous incliner. D'ailleurs, on peut dire avec vérité « que ce droit de consentir « au mariage n'est pas un attribut essentiel de la puissance « paternelle, pas même de la parenté, quand il s'agit d'un « enfant naturel, car il peut se marier avec le consente- « ment d'un tuteur *ad hoc*, lorsqu'il est sans père ni mère « (159). Donc, la disposition de l'art. 158 ne peut pas « être considérée comme l'application d'un principe [1]. »

Par conséquent, à notre avis, le droit de garde n'appartiendra pas au père plutôt qu'à la mère, ni plutôt à celle-ci qu'à celui-là ; il appartiendra concurremment à tous deux [2]. Donc, quant à la garde de l'enfant naturel, ses père et mère ont des droits égaux, et, pour présenter l'hypothèse sous une forme plus concrète, si la garde est réclamée tout à la fois par le père et par la mère, les juges seront appelés à prononcer et ils se détermineront d'après les circonstances, en prenant pour base de leur décision le plus grand intérêt de l'enfant [3]?

Terminons en disant que cette controverse a un intérêt, ce n'est qu'un intérêt purement théorique ; au point de vue pratique, elle en est à peu près dénuée et la différence disparaît entre les deux principaux systèmes que nous venons d'étudier. Que le père ait ou n'ait pas la prépondérance, les tribunaux, comme nous l'avons déjà dit, ont un pouvoir

(1) Laurent, t. IV, n° 348.

(2) *Sic* jugement du tribunal civil de Lyon, du 12 décembre 1878. — *Moniteur judiciaire* du 6 février 1879.

(3) Toullier, II, 1076 ; Delvincourt, Duranton, Vazeilles, Ducaurroy, Laurent, *loc. cit.*, Oudot, Morelot, p. 498. — Pau, 13 février 1822, S. 23, 2, 89; Bruxelles, 23 décembre 1830, S., 31, 2, 57 ; D., 33, 2, 211.

discrétionnaire, ils peuvent et doivent confier la garde de l'enfant naturel au plus digne, ce qui rend lettre morte cette prétendue prépondérance du père relativement à l'exercice de ce droit. Bien entendu, ce pouvoir des tribunaux n'existe qu'en ce qui concerne les contestations qui peuvent s'élever entre le père et la mère exerçant l'autorité seulement, mais non pas relativement à l'étendue de ce droit.

§ II. — Du droit de correction.

Pour le droit de correction, nous avons un texte qui est l'article 383. Beaucoup d'auteurs, ceux-là mêmes qui soutiennent le système que nous venons de repousser sur le droit de garde, enseignent que le droit de correction ne peut pas appartenir concurremment aux deux parents. Le père d'abord en est seul dépositaire ; la mère ne l'exerce qu'à son défaut, et à qui ne consulte que les apparences, il paraît bien en être ainsi. Cependant nous demeurons fidèles ici encore au principe de l'égalité des droits que nous avons reconnu entre le père et la mère, et cela par identité de motifs et de situation [1]. La loi ne nous dit pas ceci : le père naturel a la prépondérance sur la mère quand il s'agit de sévir contre l'enfant, non : elle ne le dit pas même implicitement ; elle se borne à nous apprendre que le père naturel pourra user contre l'enfant des mêmes moyens de correction que le père légitime. Des mêmes moyens et rien

---

(1) Laurent, t. **IV**, §§ 352, s. s.; Demante, Cours analytique, t. II, p. 190, n° 128 bis III, *contrà* : Demolombe, t. VI, p. 515, § 637 : Marcadé, sur l'art. 383, n° 2.

de plus. La question de préférence, de prépondérance du père, d'infériorité de la mère reste entière. Nous avons développé plus haut notre opinion sur cette question ; il est donc inutile de le faire ici. Il faudra, pour faire détenir l'enfant, même par voie d'autorité, le concours de la volonté du père et de la mère. La volonté du père seul ne suffirait pas plus que celle de la mère seule. Cette solution, quoique non donnée textuellement, ressort clairement des explications fournies sur ce sujet par M. Laurent. Au surplus, voici comment s'exprime M Demante (*loco cit.*) : « Le père et la mère naturels ayant un titre égal à l'exercice de la puissance paternelle, c'est à l'un comme à l'autre que l'article 383 confère le droit de correction... Ma pensée est que s'ils existent tous deux, l'un ne pourra agir sans le concours de l'autre. Les motifs qui s'opposent en général à l'action en commun... n'ont pas, à mon avis, d'application à l'acte déterminé dont il s'agit... »

Il y a égalité entre le père et la mère. Mais il faut bien s'entendre sur le sens de ce mot égalité. Voulons-nous dire que la mère aura les mêmes moyens de coercition que le père ? Non, nous voulons simplement dire qu'ils auront aussi bien l'un que l'autre le droit d'agir, mais conformément aux moyens que la loi a conférés à chacun d'eux. Nous verrons tout à l'heure de quelle manière la mère doit s'y prendre pour agir. Occupons-nous d'abord du père.

De l'art. 383 découlent textuellement quatre propositions :

1° Jusqu'au commencement de la seizième année le père exercera le droit de correction par voie d'autorité. A partir de cet âge jusqu'à la majorité de l'émancipation de l'enfant, le père naturel ne pourra plus agir que par voie de réquisition (376-377) ;

2° Il n'y aura point de procédure écrite pour l'emprisonnement de l'enfant, le vœu de la loi étant de jeter l'oubli sur la faute et de faire disparaître toute trace de son châtiment (378).

3° Le requérant sera toujours, de par l'article 379, maître d'abréger la durée de la détention par lui ordonnée ou requise;

4° Enfin, de nouveaux écarts de l'enfant naturel pourront amener une nouvelle correction (379);

Ces quatre conséquences se tirent directement de l'article 383. Mais là s'arrête le renvoi indiqué par cet article, et bien qu'il y ait encore les articles 380, 381, 382 le renvoi n'en fait pas mention. Le père légitime remarié ne peut plus, lors même que l'enfant n'a pas commencé sa seizième année, exercer le droit de correction autrement que par voie de réquisition (article 380). Le père naturel marié avec une autre femme que la mère de l'enfant, pourrait-il encore agir par voie d'autorité ?

L'enfant légitime qui a des biens personnels ou qui exerce un état, ne peut être corrigé que par voie de réquisition, même lorsqu'il a moins de seize ans. En est-il de même de l'enfant naturel reconnu ?

La mère naturelle peut-elle agir par voie d'autorité, ou bien doit-elle se conformer aux articles 377 et 381 ?

La mère naturelle mariée à un autre homme que le père de l'enfant perd-elle le droit de correction, ou bien lui donnera-t-on des droits plus étendus, une situation plus favorable qu'à la mère légitime ?

La mère naturelle qui veut corriger l'enfant, doit-elle se conformer à l'article 381 et se procurer le concours des deux plus proches parents du père pour obtenir la détention ?

Beaucoup d'auteurs enseignent que le père naturel marié peut encore agir par voie d'autorité, et que l'enfant naturel qui a des biens propres ou qui exerce une profession, peut aussi être corrigé par voie d'autorité. De sorte que le père naturel se trouve ainsi traité plus favorablement que le père légitime. Ces mêmes auteurs sont tout aussi favorables à la mère naturelle et répondent de la manière la plus avantageuse pour elle aux trois questions qui la concernent. Ces solutions sont, dit-on, justifiées, parce que l'art. 383 ne fait pas mention des art. 380, 381, 382. On s'en tient au texte même de la loi. Ces trois articles n'étant pas compris dans le renvoi de l'art. 383, ils ne concernent que la filiation légitime et restent complètement en dehors de la filiation naturelle[1].

D'autres jurisconsultes font des distinctions et professent que lorsque l'enfant naturel a des biens personnels ou qu'il exerce un état, le père ne peut obtenir sa détention que par voie de réquisition, en la forme prescrite par l'art. 377. Il n'y a pas de raison acceptable, dit l'un de ces jurisconsultes, pour refuser à l'enfant naturel le bénéfice de l'art. 382. Mais on ne peut pas dire que le père naturel marié perd le droit d'agir par voie d'autorité, ni que la mère naturelle mariée perd même la faculté d'agir par voie de réquisition. Que dit, en effet, la loi ? Art. 380 : Si le père est *remarié*...; art. 381 : la mère survivante et non *remariée*... Or, dans l'espèce, le père et la mère ne sont pas *remariés* : ils sont simplement *mariés*. Donc ils conservent les droits qu'ils possédaient avant leurs mariages respectifs[2]. Le

______

(1) Aubry et Rau, VI, p. 210 ; Proudhon, II, p. 248, ss. ; Duranton, III, 360 ; Taulier, I, p. 484, ss

(2) Ducaurroy.

mariage des parents naturels n'est donc pas assimilable aux secondes noces des parents légitimes.

Du moment que l'on reconnaît indispensable d'ajouter l'art. 382 au renvoi que fait l'article 383, pourquoi ne pas y joindre les art. 380 et 381 ? Il y a presque un a fortiori pour les y ajouter. Qu'est-ce que l'on craint en refusant au père remarié le droit d'agir par voie d'autorité. C'est l'influence que la nouvelle femme peut prendre sur son mari et dont elle usera pour satisfaire son inimitié contre les enfants du premier lit. Et si l'on redoute la jalousie de la femme contre l'enfant dont la mère est morte, cette jalousie n'est-elle pas bien plus à craindre lorsqu'elle s'exerce contre des enfants naturels dont la mère existe peut-être encore ? Ne sera-ce pas souvent la jalousie d'une femme contre une autre femme? Le danger est plus grand, peut-être, dans ce cas, que dans celui du père légitime remarié.

Il en est de même lorsque la mère naturelle se mariera. Le mari usera de son influence sur sa femme pour faire maltraiter les enfants d'un homme encore vivant. Ce sera une jalousie d'homme à homme. C'est donc dans l'intérêt même des enfants qu'il faut refuser à leur père naturel marié le droit d'agir contre eux par voie d'autorité, et enlever complètement à leur mère qui contracte mariage, la faculté déjà restreinte que lui conférait, quand elle était libre, l'art. 381.

Il faut donc comprendre dans le renvoi de l'art. 383 les art. 380, 381, 382. Ce renvoi n'est pas formellement indiqué ; mais ce n'est malheureusement pas la seule lacune que présente la loi dans la matière des enfants naturels [1].

(1) Demolombe, VI, n° 628, 11 ; Marcadé, sur 383.

En définitive, nous reconnaissons à la mère naturelle les mêmes droits qui appartiennent à la mère légitime veuve et non remariée. Si elle se marie son droit s'anéantit, comme celui de la mère légitime qui convole à de secondes noces.

Les parents légitimes possèdent, en vertu de l'art. 384, un droit de jouissance légale sur les biens de leurs enfants mineurs de 18 ans et non émancipés. C'est un effet de la puissance paternelle. Devons-nous accorder ce même droit aux père et mère naturels ; sera-ce là un effet de la reconnaissance ?

Plusieurs raisons nous portent à leur refuser ce droit. D'abord, c'est un droit exceptionnel, dérogatoire au droit commun, et il a fallu un texte spécial et formel pour le concéder aux parents légitimes. Aucune disposition légale n'étend cette faveur aux père et mère naturels ; nous devons donc, dans le silence de la loi, ne pas la leur accorder. D'ailleurs, nous avons posé en principe que les père et mère naturels ne doivent avoir que les droits correspondants aux obligations qui leur incombent par suite de la reconnaissance. Or, le droit qui résulte de l'art. 384 n'est pas corrélatif au devoir d'éducation qui pèsent sur les parents naturels. C'est une faveur, un avantage que la loi donne au père et à la mère légitimes. Eux seuls doivent donc en bénéficier [1] ?

Il y a aussi une raison historique. Le projet primitif du Code portait que tous les articles du titre IX s'appliqueraient aux enfants naturels, mais dans la discussion on

---

(1) Aubry et Rau, VI, § 571, note 18; Valette, *sur Proudhon*; Toullier II, 975; Delvincourt, I, p. 250; Vazeille, II, 477 ; Duranton, III, 360. 55; Marcadé, sur 384, n° 4 ; Demolombe, VI, 649.

supprima cette disposition et les rédacteurs du Code firent précisément valoir pour motif qu'il ne fallait pas donner aux père et mère naturels le droit de jouissance légale sur les biens de leurs enfants. La question nous paraît donc tranchée par cette décision des rédacteurs du Code.

CHAPITRE II.

De la Tutelle des Enfants naturels mineurs.

Nous savons que le père et la mère légitimes ont, de leur vivant à tous deux, le droit d'administration légale des biens de leurs enfants mineurs. Etendrons-nous ce droit au père et à la mère naturels, et verrons-nous encore là un effet de la reconnaissance? La question est controversée. Mais il n'y a pas de texte qui la leur confère, et, comme cette administration ne peut être *légale* que si la loi l'institue, nous sommes conduits à conclure, dans le silence de celle-ci, que cette administration n'existe pas au profit des parents naturels. D'ailleurs, les termes mêmes de l'art. 389 nous montrent qu'il n'est fait que pour les enfants légitimes.

Au surplus, dans notre espèce, le père naturel est seul, c'est-à-dire non marié, et nous savons que lorsque le père légitime est seul, c'est-à-dire veuf, il n'y a plus administration légale, mais tutelle (389-390). A bien plus forte raison ne doit-on pas accorder au père naturel la faveur qu'on refuse au père légitime de l'enfant.

Ainsi la reconnaissance des enfants naturels n'a pas pour effet de produire, au profit de ses parents, le droit d'administration légale [1].

Cependant si l'enfant naturel mineur possède des biens en propre, il va bien falloir que ces biens soient administrés. Or, comment le seront-ils, puisqu'il n'y a pas d'administration légale? Ce sera par l'organisation d'une tutelle. Les enfants naturels seront en tutelle, lors même que depuis leur père et leur mère vivraient ensemble, unis l'un à l'autre par les liens du mariage. Du moment que, au jour de leur naissance, les enfants naturels doivent être en tutelle, peu importe que plus tard la situation respective de leurs parents ait changé. Tous les enfants naturels doivent être en tutelle.

Mais l'organisation de cette tutelle est-elle un effet de la reconnaissance et trouve-t-elle, à ce titre, sa place marquée dans cette étude? La solution de cette question dépend de celle que nous allons donner à cette autre qui domine la première : la tutelle des enfants naturels est-elle légale ou légitime, ou bien est-elle simplement dative? Si nous admettons que la tutelle est simplement dative, nous ne devrons pas y voir un effet de la reconnaissance, car les enfants naturels reconnus seront mis sur la même ligne que les enfants non reconnus qui, à plus forte raison, sont en tutelle et dont la tutelle ne sera pas légale, puisque les parents sont inconnus; sur la même ligne que les enfants adultérins ou incestueux, qui ne seront, certes, pas en administration légale. Si, au contraire, la tutelle est légale, elle sera un effet de la reconnaissance, car ceux-là seuls,

(1) Marcadé sur 389; Aubry et Rau, VI, § 571, note 13; Demolombe, VI, 650, ss. —*Contra* Toullier, II, 1037.

dont la filiation est légalement constatée peuvent être soumis à la tutelle de leur père ou de leur mère.

Demandons-nous donc de quelle tutelle il s'agit ici.

Il est bien évident qu'il ne peut pas être question dans notre hypothèse de la tutelle légitime des ascendants, puisque les enfants naturels n'ont point d'ascendants. Voilà un point qui ne fait de doute pour personne, et sur lequel tout le monde est d'accord.

Cela posé, quelques auteurs admettent que les trois sortes de tutelle, autres que la tutelle des ascendants, peuvent s'appliquer aux enfants naturels. D'autres jurisconsultes écartent encore la tutelle testamentaire et admettent les deux autres tutelles, particulièrement la tutelle légale des père et mère de l'enfant. Ils invoquent à l'appui de leur opinion l'art. 405 qui n'organise la tutelle dative qu'à défaut de toute autre tutelle et spécialement à défaut du père et de la mère.

Mais l'art. 405 du Code civil est fait pour la famille légitime et ne prévoit nullement l'hypothèse des enfants naturels. Il vise évidemment la famille légitime, puisqu'il parle des *ascendants* du mineur et que le bâtard mineur n'a pas d'ascendants. Tous les articles du Code, depuis l'art. 389, supposent une famille légitime. Comment pourrait-on voir ici une tutelle légale ? La tutelle légale, quant au père et à la mère, est un effet civil du mariage ; elle ne peut donc avoir lieu où le mariage n'existe pas. Depuis quelques années, la jurisprudence tend à repousser le système d'après lequel la tutelle des enfants naturels serait légale au profit de leurs père et mère. Nous citerons, entre autres, un arrêt de la Cour de Rennes [1] et deux arrêts de la Cour de

---

(1) Rennes, 9 janvier 1867. S., 67, 2, 135.

Lyon [2] dont la jurisprudence semble bien fixée dans le sens que nous indiquons. D'après ces décisions judiciaires, « il n'y a de tutelle légale que celle qui est instituée par « une déclaration expresse de la loi ; — aucun texte de « loi ne défère au père ou à la mère la tutelle de leur « enfant naturel reconnu ; il ne peut donc y avoir lieu « qu'à une tutelle dative ; — pour suppléer au silence du « législateur, on invoque en vain le droit naturel en pré- « tendant que la tutelle du père ou de la mère est une « protection aussi nécessaire à l'enfant naturel qu'à l'enfant « légitime et que la loi a dû ranger ces tutelles sur la « même ligne ; — ce genre d'arguments ne saurait être « admis dans la matière des tutelles qui sont des charges « publiques et qui relèvent essentiellement des dispositions « du droit civil. » (Lyon, 1856). D'ailleurs « la discussion « de l'art. 390 du Code civil démontre que ce silence a été « volontaire, et qu'au point de vue de la tutelle légale, la « loi a voulu réserver sa protection et sa sollicitude pour « les enfants légitimes. » (Rennes, 1867).

La tutelle ne sera pas non plus testamentaire, car, aux termes de la loi, c'est le survivant des père et mère tuteurs légaux, qui a le droit de désigner un tuteur dans son testa- ment ; il nomme son successeur dans l'exercice de la tutelle. La vérité de cette proposition ressort de l'article 399. Or, il n'y a pas de tutelle légale ; par voie de résultance, il n'y a pas non plus de tutelle testamentaire. S'il en était autre- ment, on arriverait à ce résultat bizarre, que le dernier mourant des parents naturels pourrait, par son testament, destituer un tuteur datif qui a été régulièrement nommé.

---

(1) Lyon, 11 juin 1856, S., 56, 526; Lyon, 8 mars 1859, S., 60, 2, 431.

Nous sommes donc obligés d'admettre que la seule tutelle possible pour les enfants naturels est la tutelle dative. Qu'en fait, le choix se porte sur le père ou sur la mère de l'enfan t rien de mieux, rien de plus naturel, mais en droit, il n'en demeurera pas moins acquis que la tutelle doit nécessairement être déférée par le conseil de famille, ou mieux, d'amis, qui a été donné à l'enfant [1].

De ce qui précède et de la solution que nous donnons à cette controverse, il ressort que la reconnaissance des enfants naturels n'a pas pour effet de les placer sous la tutelle légale de leurs père et mère. Etant en tutelle dative, ils sont sur la même ligne que les bâtards non reconnus, dont la filiation n'est pas constatée légalement, et que les enfants adultérins ou incestueux. Nous devions cependant traiter ici cette question, puisqu'elle est discutée très-vivement et que des auteurs éminents [2] ont émis une opinion opposée, qui, si on l'adoptait, ferait, au contraire, de la tutelle légale des enfants naturels l'un des effets produits par leur reconnaissance.

On applique à la mère naturelle, tutrice dative de son enfant, les articles 395 et 396 du Code civil, relatifs aux seconds mariages des mères tutrices, et l'on dit que la mère naturelle qui se marie doit convoquer le conseil de famille ; qu'à défaut, elle perd la tutelle et qu'elle devient solidairement avec son mari responsable des suites de la tutelle indûment conservée ; que si la tutelle lui est conservée par le conseil d'amis, le mari devient son co-tuteur responsable solidairement avec elle de la gestion postérieure au

<hr>

(1) Demolombe, VIII, 382, ss.; Marcadé sur 390; Duranton, III, 431; Demante, II, 138 *bis*.

(2) Zachariæ, § 571, texte, 5; Delvincourt, 1, p. 269; Aubry et Rau, § 571, texte n° 1.

mariage [1]. Selon nous, c'est à tort, car ces articles prévoient exclusivement le cas de la tutelle légale ; la rubrique sous laquelle ils sont placés en fait foi, et ici, nous ne pouvons pas avoir une semblable tutelle [2].

[1] Demolombe, VIII, 387 ; Aubry et Rau, *loc. cit.*; Rej. 31 août 1815, S. 15, 1, 361 ; Caen, 22 mars 1860, S. 60, 2, 610.
[2] Taulier, II, pp. 22, 23.

CHAPITRE III

Du droit de conférer l'émancipation.

Le droit pour le père et la mère de conférer l'émancipation à leur enfant naturel est un effet médiat de la reconnaissance, car c'est une conséquence de l'autorité paternelle qui résulte pour eux de cet acte juridique. Du moment que nous leur avons reconnu une autorité analogue à celle des parents légitimes, nous devons leur reconnaître aussi le droit de la résigner. Le titulaire d'un droit doit être le maître d'en disposer : c'est l'*abusus* des jurisconsultes romains. Les auteurs sont à peu près unanimes à admettre que les père et mère naturels peuvent émanciper leurs enfants [1].

Quand un seul des auteurs a reconnu l'enfant naturel, il n'y a aucune difficulté possible, l'enfant sera complètement soustrait à l'autorité paternelle ; celle-ci se trouvera anéantie.

(1) Toullier, Duranton, Marcadé, Zachariæ, § 571, nº 7 ; Delvincourt, Demolombe, VIII, 373, 375 ; Aubry et Rau, VI. § 571. — Limoges, 2 janvier 1821, S. 21, 2, 322. — *Contrà* Rolland de Villargues, § 302.

Il n'y a pas non plus de question pour les auteurs qui admettent , dans le cas de la double reconnaissance, que le père a l'exercice exclusif de la puissance paternelle ; l'émancipation conférée par lui produit son effet, même à l'encontre de la mère. Mais on se souvient que nous avons accordé à la mère naturelle un droit de puissance indépendant de celui du père. Il nous est donc impossible d'admettre que l'émancipation conférée à l'enfant par un seul des parents puisse en rien porter atteinte au droit de puissance qui reste à l'autre. Nous pensons que pour que cette émancipation ait lieu il faut le concours du père et de la mère de l'enfant naturel. Mais comme celui qui possède un droit doit pouvoir y renoncer, il faut donc admettre que si l'un des auteurs renonce à son autorité paternelle, cette renonciation doit produire certains effets. Ces effets les voici :

Nous devons décider que l'émancipation provenant du père, par exemple, sera restreinte dans ses effets aux droits et à la personnne du père et ne diminuera en rien l'autorité de la mère et réciproquement, que celle-ci, ayant émancipé son enfant, l'autorité du père ne sera nullement amoindrie et restera intacte entre ses mains. Pour que l'enfant soit complètement soustrait aux effets de la puissance paternelle, il faudra qu'il soit émancipé à la fois par son père et par sa mère ; et si les deux émancipations n'ont pas été conférées en même temps, ce n'est qu'à partir de la seconde que les effets s'en produiront d'une manière complète. A l'objection qu'on pourrait nous faire que notre solution apporte des entraves à la possibilité d'une émancipation, nous répondrons que nous n'y voyons pas d'inconvénients pratiques, car l'émancipation est une mesure instituée dans l'intérêt de l'enfant, et si cet intérêt commande réellement qu'il soit émancipé, ni le père ni la mère n'hésiteront à abdiquer leur autorité et le concours des volontés se recontrera toujours. Si l'on nous dit que nous instituons une demi-émancipation, inconnue jusqu'ici dans notre droit, nous répondrons qu'il n'y a point là une demi-émancipation : l'acte produit, au regard de celui qui l'a consenti, son plein et entier effet et l'enfant est placé, au point de vue de l'autorité paternelle de l'émancipant, dans la même situation que s'il n'eût été reconnu que par l'autre de ses auteurs. Mais nous le faisons bien remarquer et nous y insistons : il ne faut pas voir dans ce fait une révocation de la reconnaissance ; ce serait donner à notre interprétation un sens que nous ne lui attribuons pas. L'enfant restera placé dans la même situation que s'il n'eût été reconnu que par un seul de ses auteurs. Mais non-seulement l'acte de celui qui émancipe est sans influence sur les effets perpétuels de la reconnaissance qui subsistent en entier, mais encore la proposition que nous venons d'émettre n'est exacte, en ce qui concerne les effets temporaires, que pour le droit de garde et celui de correction. En un mot, la puissance paternelle et tous les droits qui en découlent continuent au profit de celui qui a émancipé l'enfant naturel sans le concours de l'autre parent ; l'autorité paternelle seule, dont parlent les art. 372, 373, 374, 375 du Code civil, est anéantie. Qu'on ne nous dise donc pas : comment l'enfant fera-t-il des actes avec les tiers ? L'enfant reste en tutelle : il ne peut pas être question pour lui de faire de pareils actes ; il continue d'y être représenté par son tuteur. Pour que la tutelle prenne fin, le concours du père et de la mère est nécessaire.

CHAPITRE IV

De quelques autres Effets temporaires de la Reconnaissance.

La puissance paternelle, résultat de la reconnaissance, produit encore quelques effets temporaires. Voici les principaux :

Lorsque l'enfant naturel mineur voudra faire le commerce, il devra, comme l'enfant légitime, se conformer aux prescriptions de l'art. 2 du Code de commerce, qui ne fait aucune distinction ; par conséquent il devra produire un acte d'émancipation et justifier, en outre, du consentement exprès, préalable et par écrit de son père et de sa mère.

L'art. 935, *in fine*, du Code civil, s'applique à l'enfant naturel reconnu. Cet article s'exprime ainsi : « ... Néanmoins les père et mère du mineur émancipé ou non émancipé, ou les autres ascendants, même du vivant des père et mère, quoiqu'ils ne soient ni tuteur ni curateur du mineur, pourront accepter pour lui (une donation). » Cet article s'applique à l'enfant naturel, car il n'établit aucune distinction entre lui et l'enfant légitime. Il s'appliquera, toutefois, dans la mesure du possible. En effet, le bâtard n'ayant pas civilement d'ascendants, ses aïeuls ne pourraient pas valablement accepter une donation à lui faite; mais le père et la mère naturels, lors même qu'ils ne seraient pas les tuteurs de l'enfant, auront qualité pour faire valablement cette acceptation [1].

Enfin l'on sait qu'il existe des cas dans lesquels une personne est, en vertu d'une disposition spéciale de la loi, responsable du dommage causé par d'autres personnes. Tel est le cas de la responsabilité civile des père et mère pour les dommages causés par leurs enfants mineurs habitant avec eux. Ce texte et cette responsabilité seront communs aux père et mère naturels des enfants mineurs reconnus.

D'abord le texte ne fait aucune distinction. Ensuite cette charge est une conséquence directe et une sanction du droit de garde qui compète aux père et mère sur leurs enfants mineurs. Le droit de garde appartenant aux parents naturels, la responsabilité qui en découle doit également peser sur eux. S'il en était autrement, on arriverait à ce résultat choquant que le père naturel serait traité plus favorablement que le père légitime, et l'on se trouverait en contradiction avec le principe que nous avons admis après les auteurs les plus éminents, que les père et mère naturels doivent être tenus de toutes les charges dont sont grevés les père et mère légitimes et qu'ils ne doivent jouir que

(1) Duranton, n° 440; Grenier, *Traité des donations*, n° 67; Demolombe, Aubry et Rau, *locc. citt.*

16

des droits qui correspondent à ces devoirs : où nous trouvons un droit en leur faveur, nous devons trouver aussi corrélativement un devoir. Or, les père et mère naturels ont le droit de garde ; ils doivent donc supporter le poids de la responsabilité civile.

Comment l'art. 1384 s'applique-t-il dans notre matière ? Il s'exprime ainsi : « le père et la mère, après le décès du mari, sont responsables du dommage causé par leurs enfants mineurs habitant avec eux..... » *La mère, après le décès du mari ;* n'oublions pas ici qu'il n'y a point de mari et que la préférence de responsabilité qui incombe à celui-ci en sa double qualité de père légitime et de mari ne doit plus exister dans notre hypothèse. Par conséquent, si le père et la mère vivent ensemble en état de concubinage, ils seront tenus conjointement des réparations civiles motivées par le délit ou quasi-délit de l'enfant.

Mais s'ils ne vivent pas ensemble et que la garde de l'enfant ait été accordée par les tribunaux à l'un de ses père et mère, il nous paraît certain que celui-là seul auquel aura été attribuée la garde de l'enfant devra être tenu des contraventions à des dommages-intérêts. Et cela pour deux raisons : la première, nous venons de le rappeler, la responsabilité civile est corrélative du droit de garde ; donc, où le droit de garde n'existe pas, la responsabilité doit cesser par voie de conséquence ; voici la seconde : le texte de l'article 1384 dit : « .... enfants mineurs habitant avec eux ». Or, c'est seulement avec celui de ses père et mère qui a le droit de garde qu'habite l'enfant naturel. L'autre se trouve donc, par le texte même de la loi, exonéré de la responsabilité.

Enfin, si le père et la mère naturels, sans mener la vie commune, sont convenus amiablement de celui qui garderait l'enfant, ils resteront tenus tous les deux de la responsablité, parce que le droit de garde de l'autre n'est pas éteint par cet accord, qu'il lui appartenait de contrôler et de surveiller les actes du gardien et de réclamer pour lui-même la garde de l'enfant s'il y avait à reprocher à ce gardien des fautes ou des négligences dans l'exercice de ses fonctions.

TROISIÈME PARTIE

EFFETS ÉVENTUELS DE LA RECONNAISSANCE

L'un des effets les plus importants, sinon le plus important, même, de la reconnaissance, est, sans contredit, l'organisation d'un droit de successibilité entre l'enfant naturel et celui ou ceux de ses auteurs qui l'ont reconnu. Nous devons donc en parler dans cette étude. Mais, on le sait, la capitale importance de cette matière, les difficultés que soulève son examen, la manière incomplète, écourtée, même, dont le Code l'a traitée, le nombre des questions qu'entraîne ce laconisme du législateur, nécessiteraient des développements dont la longueur ne serait pas en rapport avec la nature du travail qui nous occupe aujourd'hui; pour traiter à fond ce sujet, il faudrait en faire une étude spéciale. Nous devons donc nous borner à en présenter ici, une analyse substantielle, nécessaire pour remplir notre cadre, suffisante pour faire comprendre le système suivi par le législateur.

Dans notre classification des effets de la reconnaissance des enfants naturels , les droits successoraux devaient occuper une place à part, car ils sont d'une nature différente des autres effets que nous avons étudiés jusqu'ici. D'un côté, on ne peut ranger le droit de successibilité parmi les effets temporaires de la reconnaissance, car il se prolonge au delà de la majorité de l'enfant ou de son émancipation. D'un autre côté, il était difficile de le mettre au nombre des effets perpétuels, car on ne sait pas d'avance au profit de qui il s'ouvrira. Cet effet est donc essentiellement éventuel.

Le législateur avait à choisir entre deux systèmes extrêmes, dans la matière qui nous occupe, celui de l'ancien droit et celui du droit intermédiaire.

Dans l'ancien droit, la coutume de Paris, qui avait fini par devenir, sur ce point, le droit commun de la France, disait : *Enfants bastards ne succèdent*, parce que la Coutume ne reconnaissait pas d'autre parenté qni pût donner le droit de succéder, que la légitime, et nous lisons dans Pothier : « Ils ne succèdent pas plus à leur mère et à leurs parents naturels qu'à leur père. Pareillement, leur père et leur mère ne leur succèdent point, parce que la parenté qui est entre eux étant formée par une conjonction illégitime, n'est point une parenté légitime qui puisse donner droit de succéder. Mais un bâtard peut succéder à ses enfants qu'il a eus d'un légitime mariage, parce que la parenté qui est entre lui et ses enfants, est une parenté légitime, puisqu'il le procède d'un légitime mariage[1]. » D'après ce système et sous cette législation, l'enfant naturel était seulement

______

(1) Pothier, *Traité des successions*, C. I, art. 3, § 3 ; comparer, *Traité des personnes et des choses*, C. IV.

titulaire d'une créance alimentaire. Dans quelques Coutumes, l'enfant naturel était moins mal traité : on y suivait la maxime : *nul n'est bâtard de par sa mère*, ce qui voulait dire que sous le rapport successoral, l'enfant devait hériter, non seulement de sa mère, mais encore des parents de celle-ci. Dans tous les cas, il n'avait rien à prendre dans la succession de son père.

Cette excessive sévérité des lois de l'ancien régime était déjà critiquée au XVIIIe siècle, et lors de la révolution on se jeta, c'était à prévoir, dans l'excès diamétralement opposé. Cambacérès, au nom de la section de législation, présenta à la Convention un rapport proposant d'assimiler au point de vue de la succession, l'enfant naturel à l'enfant légitime. Ce rapport aboutit au décret du 4 juin 1793 déclarant les bâtards habiles à succéder, et à celui du 12 brumaire, an II, leur accordant sur les biens de leurs père et mère les mêmes droits qu'aux enfants nés en légitime mariage. D'après les mêmes décrets, les enfants adultérins étaient successibles et pouvaient réclamer le tiers de la portion à laquelle ils auraient eu droit, s'ils étaient nés dans le mariage [1]. L'incestueux seul, était passé sous silence.

Telles étaient, au moment de la confection du Code, les diverses phases par lesquelles avait passé la législation. Que firent les rédacteurs ? Ils adoptèrent un système mixte, également éloigné de la rigueur exorbitante de l'ancien droit et de la faveur exagérée de la législation intermédiaire, mais conciliant, cependant, la protection due au mariage, qui avait dicté les mesures rigoureuses, et l'intérêt de l'humanité qui avait inspiré d'une manière plus ou moins heureuse les rédacteurs des lois révolutionnaires.

---

(1) Art. 13, décr. 12 brumaire, an II.

Voici l'idée fondamentale de notre loi actuelle. Il faut tenir compte de la famille légitime qui peut être blessée par la présence et l'immixtion des enfants naturels. Aussi, allons-nous voir la part de ces derniers grossir à mesure que les héritiers appelés à recueillir les biens du défunt sont avec lui d'une parenté plus éloignée.

Pour que l'enfant naturel ait les droits que nous allons étudier, il faut qu'il soit légalement reconnu. Toutes les fois, donc, que dans la suite, nous parlerons d'enfants naturels, ce seront uniquement les enfants reconnus que nous aurons en vue.

L'art. 756 pose ce principe : « les enfants naturels ne sont point héritiers..... » Mais alors, que sont ils ? On a dit qu'ils étaient purement et simplement des créanciers de la succession, et en effet, le projet de Code leur donnait cette qualification. Mais le projet a été modifié. De plus, il est reconnu que l'enfant naturel a le droit de provoquer le le partage [1]. Il est donc plus que créancier ; il est successible, et comme l'art. 711 range les successions parmi les modes d'acquérir la propriété, nous en concluons que l'enfant naturel est, comme les héritiers, propriétaire. Mais ce qui le différencie de ceux-ci, c'est qu'il n'a pas la saisine légale et qu'il ne peut se mettre *de plano* en possession de l'hérédité. Il doit demander aux héritiers la délivrance de sa part héréditaire, ou bien se conformer aux art. 769-773, relatifs aux formalités de l'envoi en possession judiciaire. Il s'ensuivrait qu'avant cet envoi en possession, l'enfant naturel ne serait pas possesseur des biens héréditaires.

[1] Cass., 1er mars 1875.

Cette différence est repoussée par quelques auteurs. Si l'enfant naturel n'est pas, dès le moment du décès, possesseur comme l'héritier légitime, il y aura une lacune dans la possession entre la mort du de cujus et l'envoi en possession : il y aura un mode d'interruption de la possession et la loi qui a énuméré ces modes limitativement, n'a pas indiqué celui-là. L'enfant naturel doit donc posséder.

D'ailleurs, si l'on veut, en se fondant sur l'art. 724, soutenir que pendant ce temps intermédiaire l'enfant naturel ne possède pas, on le peut ; mais, dans ce cas, on devra dire que l'envoi en possession rétroagit dans ses effets au jour du décès. Tout se passera, alors, comme si l'enfant naturel avait eu la saisine.

D'après les mêmes auteurs, la seule différence entre l'enfant naturel et l'héritier est qu'il ne peut exercer dans l'intervalle du décès à l'envoi en possession, l'administration des biens de la succession, tandis que l'héritier légitime, comme saisi, peut tout de suite les administrer.

Quelle est l'étendue du droit de l'enfant naturel ? Aux termes de l'art. 758, il a droit à la totalité des biens lorsque ses père ou mère ne laissent pas de parents au degré successible, sauf à combiner cet article avec l'art. 337, d'après lequel la reconnaissance faite pendant le mariage par l'un des époux, d'un enfant naturel qu'il aurait eu avant son mariage, d'un autre que son époux, ne peut nuire à celui-ci.

Lorsque le de cujus laisse des successeurs réguliers (757), le droit de l'enfant naturel varie avec la qualité de ces successeurs.

Ainsi le de cujus a-t-il laissé des descendants légitimes, l'enfant naturel a droit au tiers de ce qu'il aurait eu s'il eût été légitime.

Le défunt meurt-il sans postérité légitime, mais en laissant des ascendants ou des frères et sœurs, le bâtard prend la moitié de la part qui lui serait revenue s'il eût été légitime, c'est-à-dire la moitié de la succession ; car, s'il avait été légitime, il aurait recueilli la totalité de cette succession.

Enfin, lorsque les héritiers du défunt ne sont ni descendants, ni collatéraux privilégiés, ni ascendants, mais des collatéraux ordinaires, l'enfant prend les trois quarts de la portion qu'il aurait obtenue s'il avait été légitime, dans ce cas, les trois quarts de la succession.

Ainsi, prenons, par exemple, une succession composée de 6,000 francs. Le défunt laisse un enfant légitime et un enfant naturel. La part de celui-ci est 1/3 de celle qu'il aurait eue s'il eût été légitime. Il aura donc 1/3 de 1/2, c'est-à-dire 1/6 de la succession ; il aura 1,000 francs.

S'il y a deux enfants légitimes, un enfant naturel et 9,000 francs, on raisonne ainsi : Si tous les enfants étaient légitimes, l'enfant naturel aurait eu 3,000 francs, c'est-à-dire 1/3 de la succession. Mais étant illégitime, il n'aura que 1/3 de ce tiers, c'est-à-dire 1,000 francs. Dans l'espèce, ce sera un neuvième de la succession. Chaque enfant légitime aura 4,000 francs.

Et ainsi de suite.

En pratique, on opère ainsi : On suppose tous les enfants légitimes, on multiplie ce nombre par trois et l'on a la proportion de la part de l'enfant naturel à la totalité de la succession.

Les principes de la représentation se combinent avec la règle que nous venons de poser. Ainsi, dans la dernière espèce ci-dessus, si les enfants légitimes sont eux-mêmes décédés en laissant une postérité également légitime, cette postérité viendra par représentation à la succession de l'aïeul et l'enfant naturel ne bénéficiera pas du prédécès des enfants légitimes.

Il en serait autrement si les enfants légitimes du de cujus avaient renoncé à la succession ou en avaient été écartés comme indignes. Leurs propres enfants viendraient alors de leur chef et sans le secours de la représentation. Or, comme dans ce cas, l'enfant naturel, s'il eût été légitime, eût pris toute la succession du de cujus, il aura droit au tiers de la totalité de cette succession, et non plus seulement à un neuvième, comme dans l'exemple précédemment indiqué [1].

Voilà en quelques mots ce qui se passe quand il n'y a qu'un seul enfant naturel. La difficulté devient très-grande lorsqu'on se trouve en face de deux ou de plusieurs enfants naturels en concours avec des enfants légitimes et qu'on se demande quel mode de supputation il faut employer pour déterminer la portion afférente à chaque enfant naturel.

Soit une succession de 27,000 francs à partager entre un enfant légitime et deux enfants naturels. Dans le système qui est généralement suivi et que la pratique a consacré, on calcule comme dans le cas où il n'y a qu'un seul enfant naturel et l'on dit que chacun d'eux obtiendra le tiers de ce qu'il aurait eu s'il avait été légitime. Pour déterminer cette portion, on opère de la manière suivante : on divise la succession comme si tous les enfants étaient légitimes et chacun des enfants naturels prend un tiers de ce qu'il aurait eu s'il n'était pas bâtard. Ainsi, dans notre exemple, si chaque enfant naturel était légitime, il prendrait un tiers de la succession totale. Mais, en sa qualité de

____

(1) *Contra:* Chabot; Duranton.

bâtard, il n'a droit qu'à un tiers de ce tiers, c'est-à-dire, à un neuvième de la succession, soit 3,000 francs et 6,000 francs pour les deux. L'enfant légitime prend les 21,000 francs restants.

Ce système, qui se recommande par sa simplicité, présente un vice capital : chacun des enfants naturels est traité comme légitime pour se voir restreindre sa propre part, tandis que chacun devrait profiter de la retenue opérée sur la part de son frère naturel considéré comme légitime. Dans notre exemple, si l'enfant naturel était légitime, il prendrait 9,000 francs. On lui donne un tiers de ces 9,000 francs, mais les deux autres tiers vont aller grossir la succession régulière qui compète à l'enfant légitime, tandis que chaque enfant naturel devrait profiter pour portion du retranchement opéré sur la part de son frère naturel ; de sorte qu'il n'a pas exactement le tiers de ce qu'il aurait eu s'il avait été légitime.

On a imaginé plusieurs autres systèmes pour remédier à cet inconvénient ; mais disons-le de suite ; aucun d'eux n'a atteint une exactitude complète et ne donne entièrement satisfaction au principe de l'art. 757.

1° On a d'abord fait le raisonnement que voici : puisqu'un enfant naturel retire de la succession de son auteur un tiers de ce qu'il aurait eu s'il avait été légitime, trois enfants naturels doivent avoir trois tiers, c'est-à-dire la part même de l'enfant légitime ; deux enfants naturels en auront deux tiers ; le troisième tiers se joindra à la part de l'enfant légitime. Dans l'exemple ci-dessus d'une succession composée de 27,000 francs, avec deux enfants naturels et un enfant légitime, chacun des deux enfants naturels doit

prendre 4,500 francs et l'enfant légitime 18,000 francs [1].
Ce système s'écarte beaucoup plus du texte de l'art. 757
que le précédent. Que dit, en effet la loi? Que l'enfant naturel aura le tiers de la portion qui lui serait revenue s'il
avait été légitime. Par conséquent, c'est sur cette portion
qu'il faut calculer la part de l'enfant naturel, tandis qu'ici
on la calcule sur *la part d'un enfant légitime ;* ce qui n'est pas
du tout la même chose [2]. Ce système doit donc être rejeté.

2° D'autres ont dit : Dans la théorie de la jurisprudence, chaque enfant naturel a moins du tiers de la part
qui lui serait accordée s'il était légitime. Cela tient à ce
qu'on assimile, pour faire le calcul, simultanément tous les
enfants naturels à l'enfant légitime, tandis qu'il fallait
traiter séparément chaque enfant naturel et faire le calcul
pour chacun d'eux. Chaque enfant naturel, dans notre
espèce, aura d'abord un tiers du tiers de 27,000 francs,
soit 3,000 francs. Mais restent 6,000 francs enlevés à
chaque enfant naturel pour parfaire sa part d'enfant légitime, qui aurait été de 9,000 francs. Eh bien, si chacun
de ces enfants naturels était légitime, il prendrait, en outre
des 3,000 francs que nous venons de lui attribuer, la
moitié des 6,000 francs enlevés à son frère naturel, soit
3,000 francs. Mais il n'est lui-même qu'enfant naturel. Il
n'aura, par conséquent, droit qu'au tiers de ces 3,000 fr.,
c'est-à-dire à 1,000 francs, qui, ajoutés aux 3,000 francs
qu'il a déjà, font 4,000 francs pour la part de chacun des
enfants naturels. L'enfant légitime aura 19,000 francs.

Il est incontestable que c'est cette opinion qui se réfère
le plus exactement à la lettre de l'art. 757. Cependant il

(1) Blondeau.
(2) Aubry et Rau, t. VI, § 605 et note 9.

n'est pas parfait encore ; car, si, au lieu de deux enfants naturels ou en suppose quatre, ces quatre enfants naturels prendront ensemble plus de la moitié de la succession totale, ce qui est inadmissible. En effet, lorsqu'ils concourent avec des ascendants du de cujus, les enfants naturels, quelque nombreux qu'on les suppose, ne prendront que la moitié de la succession. Peut-on leur en accorder davantage, dans notre hypohèse où ils sont en face d'une classe d'héritiers plus favorables que les ascendants? Evidemment non.

3° Voici, enfin, un troisième système, qui est dû à un savant magistrat et auquel son auteur a donné le nom de système de répartition. Voici comment s'exprime M. Gros, aujourd'hui Conseiller à la Cour d'Appel de Lyon, dans la *Revue de Droit français et étranger*. Après avoir posé comme un fait que le législateur n'a pas prévu le cas où il existerait plusieurs enfants naturels et déclaré que, dans le silence des textes, il fallait raisonner conformément à l'esprit de la loi : «Si l'on admet deux enfants naturels ou
« un plus grand nombre, on rencontre une obscurité si
« grande qu'il est impossible de dire que la loi ait été
« écrite pour régir ce cas.... Un enfant illégitime se
« trouve en présence de deux enfants naturels. Puisqu'il
« faut dire que la loi n'a pas prévu ce cas, on est obligé
« de se rattacher à la décision qui règle l'hypothèse la
« plus analogue, savoir : celle d'un enfant légitime en
« concours avec un seul enfant naturel. L'enfant légitime
« prend alors cinq sixièmes de la succession, et l'enfant
« naturel un sixième. Que donner au deuxième enfant
« naturel? Il a évidemment autant de droits que le pre-
« mier. S'il réclame un sixième, il est impossible de le
« satisfaire ; il ne peut pas prendre cette fraction unique-
« ment sur la part de l'enfant légitime. Il faut donc arriver

« à dire que, la loi ayant fixé à cinq sixièmes la part de
« l'enfant légitime et à un sixième celle de l'enfant
« naturel, on doit étendre cette disposition en donnant à
« l'unique enfant légitime une part quintuple de celle de
« chaque enfant naturel. En d'autres termes, on transfor-
« mera les sixièmes en septièmes ; l'enfant légitime en
« aura cinq, et chaque enfant naturel un.

« Si au lieu de deux enfants naturels il y en a 3, 4, 5...
« les fractions deviendront des huitièmes, des neuvièmes,
« des dixièmes. L'enfant légitime en prendra toujours cinq
« et il en restera un pour chaque enfant naturel.

« S'il y a deux enfants légitimes on fera le même rai-
« sonnement. Un enfant naturel en concours avec eux prend
« un neuvième et chaque enfant légitime prend quatre
« neuvièmes. Pour arriver à l'application de la répartition,
« je considère ce rapport de 4 à 1 comme celui qui, d'après
« la loi, doit exister entre la part de l'un des deux enfants
« légitimes et celle de l'enfant naturel... Chaque enfant
« légitime prendra toujours quatre de ces parties. »

Comme on le voit, nous sommes désormais bien loin du
texte de la loi qui nous dit que le droit de l'enfant naturel
est d'un tiers de la portion héréditaire qu'il aurait eue s'il
eût été légitime. Que le système de M. Gros soit le plus
équitable envers les enfants naturels, cela est vrai, que l'on
puisse désirer que le silence, intentionnel, selon nous, de
notre Code en cette matière, soit rompu dans le sens de
cette opinion, nous le voulons bien. Mais enfin, nous
croyons qu'on ne peut ici qu'exprimer un regret et formuler
un souhait, car cette théorie est en opposition formelle
avec la formule légale. On dit : mais le législateur n'a pas
prévu, dans l'art. 757, le cas où il existerait plusieurs enfants naturels, et la preuve, c'est qu'il dit toujours : l'*enfant*

naturel au singulier, au lieu de dire : *les enfants naturels.*
Mais cela n'est qu'une affirmation, et puis l'on peut très-
bien soutenir que l'expression d'enfant naturel, au singulier,
est prise dans un sens général pour les enfants naturels. On
voit nombre d'exemples de cela dans nos différents Codes.
Que l'on n'objecte pas l'esprit de la loi. On ne peut tenir
compte de ce qu'on dit être l'esprit de la loi que si l'interprétation qu'il indique est conforme au texte, on supplée à
son silence. Mais quand un article du Code renferme une
solution formelle et que le prétendu esprit de la loi y contredit, force est bien cependant de s'en tenir à la lettre.
L'interprète, lui, ne peut que commenter la loi telle qu'elle
est, non pas comme elle devrait être. Aller plus loin serait
faire œuvre de législateur.

Tout en déclarant que le système de la répartition est le
seul admissible, M. Gros convient cependant qu'il souffre
une objection assez grave qui lui est, d'ailleurs, commune
avec tous les autres systèmes que nous avons également
indiqués et qui ne s'élève pas contre celui de la jurisprudence : C'est que, si les enfants naturels sont en assez
grand nombre, ils prennent plus de la moitié de la sucession, tandis que s'ils concouraient avec des ascendants ou
avec des frères et sœurs, ils ne pourraient avoir que cette
moitié. On ne peut pas, dans un cas, leur donner plus que
dans l'autre. C'est encore là un motif qui nous empêche
d'adopter, malgré notre désir, le système de M. Gro, et
qui nous a déjà fait repousser celui dont nous avons parlé
ci-dessus, sous le n° 2, quoiqu'il se référât beaucoup plus
exactement que la théorie de la jurisprudence au texte de
l'art, 757. M. Gros dit : l'inconvénient signalé se produira
si rarement qu'il ne faut pas s'en inquiéter. Ce n'est pas,
selon nous, une raison suffisante.

Tenons-nous en donc à l'interprétation à laquelle s'est arrêtée la jurisprudence. Sans doute on nous dira qu'elle ne marche pas complètement d'accord avec l'art. 757, mais elle s'en rapproche autant qu'il est possible de le faire sans se mettre en contradiction avec les principes du droit sur la matière. Le vice commun à toutes les autres solutions proposées prouvent qu'elles n'ont pu être la pensée du législateur, tandis que l'opinion de la jurisprudence, à cause de sa simplicité, est probablement celle qui a frappé d'abord les rédacteurs du Code. C'est, d'ailleurs celle qui, à la simple lecture du texte, se présente le plus naturellement à l'esprit ; « Or, dit M. Mourlon, le sens qui s'offre naturel-« lement à l'esprit, lorsqu'on lit la loi, est rarement « inexact : car le législateur ne s'exprime pas de manière « à n'être compris que des jurisconsultes expérimentés. »

Quand les enfants naturels concourent, non plus avec des enfants légitimes de leur père ou de leur mère naturels, mais avec des ascendants ou bien des frères et des sœurs du de cujus, ils prennent la moitié de ce qu'ils auraient s'ils étaient légitimes. Or, ils auraient tout pris. Ils prendront donc la moitié de la succession et jamais plus de la moitié.

Que faut-il décider quand l'enfant naturel se trouve en concours avec des neveux du de cujus ? En l'absence d'un texte, on arriverait à trouver par les principes que sa part doit être encore de la moitié de la succession, parce que ces neveux représentent leur père, qui est le frère du *de cujus*. Cependant, la jurisprudence est formelle en ce sens que l'enfant peut prendre les trois quarts de la succession [1].

(1) Paris, 14 juillet 1871. D. 72, 2, 65. — Douai, 4 mai 1874. B. 75, 2, 15, et sur pourvoi, Req. 4 janvier 1875. D. 75. 1, 487.

17

On se fonde sur un argument de texte littéral, tiré des termes de l'art. 557, qui dit, en parlant du droit de l'enfant naturel : «..... Il est des trois quarts lorsque les père ou mère ne laissent ni ascendants ni descendants, *ni frères, ni sœurs.* » Donc, l'enfant naturel prendra les trois quarts de la succession. Avec ce système, on arrive au résultat pratique suivant : Supposons que le de cujus laisse un grand-père, un neveu, un enfant naturel. Le neveu exclut l'ascendant, et, n'étant, d'après la jurisprudence, qu'un collatéral ordinaire, il laisse prendre les trois quarts de la succession par l'enfant naturel. Mais si le neveu renonce, le grand-père reparaît et prend la moitié de la succession. C'est un résultat inadmissible. L'enfant naturel ne peut pas prendre plus, quand il est en présence de personnes qui excluent l'ascendant, que quand il est en présence de cet ascendant même. Donc, sans faire même de distinction entre le cas où il y a et celui où il n'y a pas de représentation, nous devons rejeter la doctrine de la Cour de Cassation et dire que l'enfant naturel ne prendra que la moitié de la succession. C'est, au surplus, ce qui se dégage d'une manière formelle du rapport de M. Treilhard [1].

Quand l'enfant naturel sera en concours avec des parents autres que les parents privilégiés, il aura, aux termes de l'art. 757, les trois quarts de la succession, car il l'aurait prise tout entière s'il avait été légitime. Mais si l'enfant naturel n'existait pas, l'hérédité devrait se partager en deux fractions égales qui seraient dévolues aux deux lignes paternelle et maternelle des héritiers légitimes du défunt. Cela

---

(1) Locré, *législ.*, t. X, n° 21. — *Sic.* Aubry et Rau, VI, § 605; Delvincourt, II, p. 50; Duranton, VII, 288; Demolombe, XIV, 75; Gros; *loc. cit.* Marcadé, sur 756.

posé, le défunt laisse, dans la ligne paternelle des ascendants autres que son père, et dans l'autre des collatéraux ordinaires. Quelle sera la part de l'enfant naturel? D'après une opinion professée par de savants auteurs, la division entre les deux lignes, indiquée par l'art. 733, s'opérera; dans l'espèce, il y aura deux successions et l'enfant naturel prendra la moitié de l'une et les trois quarts de l'autre[1]. Les auteurs les plus récents sont d'une opinion contraire. La division de la succession entre les deux lignes ne doit s'opérer, d'après l'art. 733 que si le de cujus ne laisse pas de descendants. Et la loi ne distingue pas s'il s'agit de descendants légitimes ou naturels, puisqu'elle dit : « Toute succession échue à des descendants ou à des collatéraux se divise en deux parts égales.,... » ; nous ne devons donc pas non plus faire une distinction qui serait arbitraire. Or l'enfant naturel est un descendant. Donc, la division de la succession n'aura pas lieu. D'autre part, il y a un ascendant : l'enfant naturel aura donc droit à la moitié de la succession, puisqu'il l'aurait prise tout entière s'il avait été légitime. Il n'aura donc jamais que cette moitié, au lieu des 7/8 des biens héréditaires que lui accorde la doctrine que nous venons d'exposer[2].

Enfin l'art. 758 nous enseigne que l'enfant naturel a droit à la totalité des biens, lorsque ses père et mère ne laissent pas de parents au degré successible. Ce que nous venons de dire ci-dessus nous indique la réponse à faire à la question que voici : quand il n'y a de parents que dans une ligne,

---

(1) Delvincourt, II, p. 52; Toullier, IV, 256; Marcadé, sur 757, n° 4; Valette; Demante, III, 75 *bis*. — Amiens, 23 mars 1854, S. 54, 2, 289.

(2) Aubry et Rau, *loc. cit.*; Demolombe, XIV, 76; Duranton, VI, 287; Gros, n° 57. — Bordeaux, 5 mai 1856, S. 56, 2, 673.

l'enfant peut-il prétendre à la totalité de la part dévolue à cette ligne en prenant les trois quarts de ce qui est dévolu à l'autre ligne? Non, car nous venons de constater que le bâtard étant un descendant empêche la division entre les deux lignes de s'opérer. En dehors même de cette raison, la solution devrait demeurer la même. Car, 758 exige pour que l'enfant naturel prenne les biens en totalité, qu'il n'y ait plus de parents au degré successible, ce qui n'a pas lieu dans l'hypothèse actuelle.

On voit donc l'effet que la loi attache à la reconnaissance faite par le père ou la mère naturels au profit d'un enfant. Cette reconnaissance lui donne, non pas le titre d'héritier, mais un droit héréditaire. Nous avons vu comment et dans quelle mesure ce droit varie selon la qualité des héritiers en présence desquels se trouve l'enfant naturel. Là ne s'arrête pourtant pas, en matière successorale, l'effet de la reconnaissance des enfants naturels. Mais avant d'examiner, d'abord ce qu'on appelle la théorie de l'imputation; puis comment et au profit de qui s'ouvre la succession de l'enfant naturel lui-même, indiquons les conséquences qui se dégagent de ce que cet enfant a sur la succession de ses père et mère prédécédés, un véritable droit héréditaire.

Parmi ces conséquences, voici les plus importantes :

1° L'enfant naturel a droit à une partie en nature des biens de la succession ;

2° Il peut provoquer le partage de la succession ;

3° Il a droit à une réserve ;

4° Il peut demander le rapport et en profiter ;

5° Lorsque le père fait un partage d'ascendant, il doit donner une part à l'enfant naturel et celui-ci s'il a été omis, peut demander un partage nouveau.

Reprenons successivement chacune de ces conséquences.

1° *L'enfant naturel a droit à une partie en nature des biens de
la succession.* — Ce droit héréditaire que nous reconnaissons à l'enfant naturel est de même nature que celui des
héritiers légitimes. Aussi devons-nous dire que ce n'est pas
un simple droit de créance contre la succession, mais bien
un véritable droit réel sur les biens qui la composent. C'est
pour cela que l'enfant a le droit de réclamer en nature la
part qui lui revient. Si c'était une simple créance, il ne
pourrait demander aux héritiers qu'une somme d'argent.
Mais il n'en est pas ainsi. D'autre part, les travaux préparatoires sur l'art. 756 nous montrent que telle est bien la
pensée de la loi. Le projet d'article portait ces mots : « les
enfants naturels n'ont qu'une créance sur les biens de leurs
père ou mère décédés. » Mais cette rédaction primitive
fut attaquée par Cambacérès et l'on y substitua, à la place
du mot *créance*, celui de *droit*, que nous lisons aujourd'hui.
Cette modification tranche la question dans le sens que
nous indiquons.

De cette proposition résulte que l'enfant naturel peut,
comme un héritier, et sous les mêmes conditions, reven-
diquer entre les mains des tiers, les immeubles appartenant à la succession et aliénés par les héritiers. Il est propriétaire de sa part depuis le moment même du décès, il
doit donc pouvoir se comporter comme un propriétaire, et
comme il n'est pas question dans cette matière de la
saisine, il est indifférent que l'enfant en jouisse ou n'en
jouisse pas ; il peut toujours mettre en mouvement l'action
en revendication. Toullier, cependant[1], n'admet pas *de plano*
cette revendication. Il veut qu'auparavant les biens de

(1) Toullier, IV, 284 à 289.

l'héritier qui a vendu l'immeuble héréditaire soient discutés et que cette discussion montre l'insolvabilité de l'héritier. Sans cette double condition, le bâtard n'aurait pas la revendication. Mais cette opinion, d'ailleurs isolée, est purement arbitraire [1].

2° *L'enfant naturel peut provoquer le partage de la succession.* — Comme l'enfant est propriétaire de sa part, dès avant le partage de la succession, et, par suite, co-propriétaire des héritiers légitimes, il a le droit de sortir de l'indivision et de se faire délivrer ce à quoi il a droit.

Maintenant, quelle est l'action qui lui compète à cet effet? Chabot [2] enseigne que c'est l'action *communi dividundo*. MM. Aubry et Rau disent que c'est, au contraire, l'action *familiæ erciscundæ*. Pour Toullier [3], ni l'un ni l'autre de ces actions n'est applicable dans ce cas.

D'abord, quel intérêt y a-t-il à distinguer entre ces deux actions? C'est qu'elles diffèrent l'une de l'autre par leurs conséquences : si l'enfant naturel procède par voie d'action *familiæ erciscundæ*, outre le droit qu'il aura de tirer son lot au sort, l'obligation de l'imputation à laquelle il est soumis et que nous allons retrouver bientôt, le droit au rapport et l'obligation de l'exécuter, il pourra encore exercer le retrait successoral si l'héritier a cédé à des tiers des droits successifs. Ces résultats ne se produiront pas tous, au contraire, si nous donnons à l'enfant l'action

---

(1) Dans le sens que nous indiquons ; Delvincourt, *loc. cit.* ; Demolombe, XIV, 40. Aubry et Rau, *loc. cit.* ; Paris, 22 mars 1813.
(2) Chabot : *Commentaire de la loi sur les successions*, sur l'art. 757, n° 14.
(3) Toullier, IV, 281.

communi dividundo. Pour nous, nous pensons avec MM. Aubry et Rau que l'enfant jouit de l'action en partage entre cohéritiers ; car, ce qu'il faut partager, ce ne sont pas tels ou tels biens individuellement déterminés, des corps certains, mais une universalité. C'est donc le cas d'appliquer l'action *familiæ erciscundæ*[1].

3° L'enfant naturel a droit à une réserve d'après l'art. 913. — L'enfant naturel a droit à une réserve ; c'est une proposition universellement admise aujourd'hui. Les auteurs et les arrêts les plus récents ne laissent aucun doute sur cette solution. Ce n'est pas cependant qu'elle n'ait été vivement controversée. Voici les arguments que mettaient en avant les partisans du système opposé.

Les dispositions qui concernent les enfants naturels et qui leur accordent des droits sur les biens de leurs parents décédés se trouvent toutes au titre des successions ab intestat et supposent, par conséquent, que ses père et mère sont morts sans laisser d'acte de dernière volonté. On sait aussi que, généralement, la disposition de l'homme prévaut sur la disposition de la loi. Celle-ci ne s'applique donc que quant aux biens qui ne sont pas l'objet d'une disposition spéciale par le défunt. On sait encore, qu'aux termes de l'art. 916, les libéralités entre vifs ou testamentaires peuvent épuiser la totalité des biens d'un individu, quand celui-ci ne laisse, à son décès, ni descendants, ni ascendants. Il est certain, dit-on, que cet article 916 ne vise que la famille légitime, car il est la suite et le développement des articles précédents qui s'y rapportent

(1) **Aubry** et Rau, VI, § 638, texte, n° 1 et note 10; Cass., 1ᵉʳ mars 1875.

exclusivement. Les enfants naturels n'ont donc aucune réclamation à formuler si leur père les dépouille complètement par des dispositions qui absorbent sa fortune entière. Et comment n'en serait-il pas ainsi, puisque les héritiers légitimes eux-mêmes, s'ils ne sont pas réservataires, sont exclus de tout droit sur les biens donnés entre vifs ou par testament? Les enfants naturels qui ne sont pas héritiers doivent-ils être traités plus favorablement? D'ailleurs, quels moyens pourraient-ils employer pour faire rentrer dans la succession ab intestat les biens qui en sont sortis? La réduction? Le rapport? Mais la réduction, qui est la sanction de la réserve, ne compte, d'après les articles 913, 915, 921, qu'aux descendants et ascendants légitimes et le bâtard n'est ni de l'une ni de l'autre classe. Le rapport n'est dû que de cohéritiers à cohéritiers, et l'enfant naturel n'est pas héritier. Il ne peut donc pas exiger de rapport. On en conclut donc qu'il n'a pas droit à une réserve.

Quelque séduisante que soit cette argumentation, elle ne saurait être admise. Il suffit de signaler son résultat pour que l'on demeure convaincu qu'elle est absolument inconciliable avec l'esprit de notre Code. Il faut, en effet, si l'on adopte ce système, aller jusqu'à dire que l'enfant naturel se trouvant en face d'une succession complètement épuisée par suite de dispositions entre vifs ou à cause de mort, n'a aucune action, même pour des aliments, contre les donataires ou légataires de son père. Et nous avons vu, pourtant, au commencement de cette matière, que les rédacteurs du Code civil se sont montrés, envers les bâtards, plus larges que l'ancien droit qui leur donnait une créance alimentaire sur les biens de leurs père et mère prédécédés.

Il est donc inadmissible que notre loi actuelle ait voulu renchérir sur les rigueurs de l'ancienne jurisprudence.

Les partisans de la négative prétendent repousser ce reproche d'inconséquence en disant « que, dans la législation ancienne, l'enfant naturel n'avait aussi le droit de réclamer des aliments que contre ses père et mère vivants ou sur leurs successions ab intestat ». C'est là une inexactitude qui n'a pas manqué d'être relevée, et Merlin cite, pour la rectifier, le recueil d'arrêts du Sénat de Turin, d'Ant. Tessaur [1], qui, au § 221, porte ces mots : « Filio « naturali debentur alimenta, non solum a patre, se detiam « a patris heredibus... non solum hoc onus alendi transit « contra heredem, sed etiam contra donatarium omnium « bonorum patris. » Voilà pour le Droit romain qui était appliqué en Piémont. Notre ancien Droit français admettait la même solution : le bâtard pouvait demander ses aliments, même aux donateurs et légataires de son père, et Merlin le prouve par un arrêt du Parlement de Paris du 19 juillet 1752, extrêmement formel sur ce point. Notre objection contre le système de la négative reste donc dans toute sa force.

Nous avons ainsi démontré, par voie indirecte, que l'enfant naturel avait droit à une réserve, mais la proposition peut se prouver directement, ce qui lui donne une autorité bien plus grande encore.

Nous avons déjà démontré que si l'enfant n'est pas héritier, il a, néanmoins, un droit héréditaire sur la succession de son père et de sa mère, que ce droit est de même nature que celui des héritiers légitimes ; la preuve nous en est fournie par les termes mêmes de l'article 757,

(1) Tessaurus : *Novae decisiones sacri senatus pedemontani.*

qui accorde au bâtard une part de ce qu'il aurait eu s'il était légitime. Eh bien ! s'il était légitime, il aurait une réserve : il doit donc avoir une part de réserve.

Mais la question qui nous occupe est double ; après avoir vérifié le principe, nous avons encore à nous demander quelle est la quotité de cette réserve et comment il doit être procédé au règlement de cette quotité.

Une première opinion n'a plus aujourd'hui de défenseurs. Elle enseigne que les droits de l'enfant naturel sont fixés d'une manière tellement formelle par les articles 757 et 758, qu'on ne peut rien lui enlever de ce qui lui est attribué ainsi par la loi ; de sorte que la part entière de l'enfant naturel serait une part réservée et que le père ni la mère ne pourraient ni la restreindre ni l'anéantir. Mais les conséquences de cette opinion sont tellement exorbitantes qu'elles doivent la faire immédiatement rejeter. Le père laisse-t-il un enfant naturel et des collatéraux ordinaires, l'enfant a droit aux trois quarts de la succession ; par conséquent la réserve sera de ces trois quarts ; tandis que s'il laissait un enfant légitime, elle serait de moitié seulement, et s'il en laissait deux, elle serait des deux tiers. Le père naturel sera donc moins libre en présence d'un enfant naturel que d'une postérité légitime. C'est inadmissible. Et dans l'hypothèse de l'article 758, le résultat est bien plus choquant encore ; l'enfant naturel prend toute la succession lorsqu'au décès de son père il n'y a aucun parent au degré successible. Toute la fortune va être indisponible, tandis que s'il y a un enfant légitime, il y aura une quotité disponible de moitié, et s'il y en a trois ou un plus grand nombre, le père aura toujours le droit de disposer du quart de ses biens ! Il nous paraît évident qu'une pareille solution n'a jamais pu faire impression sur les législateurs.

D'autres ont dit : Pour déterminer le montant de la réserve des enfants naturels, il faut se reporter à l'art. 761, d'après lequel l'enfant peut être réduit par son père à la moitié de ce qu'il aurait eu sans cela. La réduction ne pouvant pas être d'outre-moitié, c'est que l'enfant naturel a droit à une réserve d'une moitié de sa part sur la succession de son père et de sa mère, et cette réserve est la même dans toutes les hypothèses.

Puisque la réserve est une partie du droit héréditaire de l'enfant naturel, elle doit varier comme ce droit lui-même et d'après les mêmes règles. La part héréditaire de l'enfant naturel est proportionnelle à celle qu'il aurait eue s'il avait été légitime : sa réserve doit suivre la même proportion que cette part héréditaire. On opère de la manière suivante : on suppose que l'enfant naturel est légitime, et l'on calcule alors quelle serait, dans tous les cas qu'on peut rencontrer le montant de la réserve à laquelle il aurait droit. Cela fait, on lui en donne un tiers, une moitié, les trois quarts ou la totalité, selon les distinctions établies par les articles 757 et 758.

Ainsi, le père laisse un enfant légitime et un enfant naturel. Si l'enfant naturel était légitime, il aurait droit à une réserve d'un tiers de la succession, d'après l'article 913. Mais il est naturel : on applique l'art. 757 et l'on arrive à dire que l'enfant a droit à une réserve d'un neuvième de la succession totale de son père. Par un calcul analogue, on voit que cette réserve sera d'un douzième, si le père a laissé deux enfants légitimes, puisque, si le bâtard avait été légitime, il aurait eu une réserve d'un quart. Elle sera d'un seizième s'il y a trois enfants légitimes.

Si le bâtard se trouve en face, non plus de postérité légitime, mais d'ascendants ou de collatéraux privilégiés, nous savons que s'il était enfant légitime, il aurait eu une réserve de moitié ; mais, appliquons 757 et nous apprenons que la réserve, dans ce cas, est d'un quart de la succession totale.

La jurisprudence la plus récente admet que les frères et sœurs légitimes d'une personne décédée comptent pour le règlement de la réserve de l'enfant naturel, lors même qu'ils ont été exclus de la succession par l'institution d'un donataire universel. Par conséquent, dans ce cas encore, le bâtard n'aura droit qu'à une réserve d'un quart de la succession [1].

Si le défunt, avec l'enfant naturel ne laisse que des collatéraux ordinaires, sachant que si le bâtard était légitime il aurait droit à une réserve de la moitié de la succession, nous appliquons encore 757 et nous lui réservons les trois quarts de cette moitié, c'est-à-dire les trois huitièmes de la succession paternelle.

Enfin, le de cujus meurt-il sans parents au douzième degré, le bâtard a une réserve qui est égale à la moitié de la succession, puisque, dans ce cas, s'il était légitime, il aurait une réserve de moitié, et que l'art. 758 lui donne la totalité de la succession. Sa réserve est la même que s'il jouissait de la légitimité.

On voit ainsi que pour cette détermination, il faut combiner les règles des art. 757 et 758 avec celles de

(1) Douai, 28 avril 1874; D. 75, 2, 49 ; Req. 20 avril 1875; D. 75, 1, 487 (sur le pourvoi contre l'arrêt précédent). — *Comparer* ; Lyon, 30 janvier 1862 : Recueil de la jurisprudence de la Cour de Lyon, par M. Rougier, t. 40, 1862, p. 139.

l'art. 913 relatives au taux de la quotité disponible et de la réserve.

S'il y a plusieurs enfants naturels, on opère de même, en considérant comme légitimes les bâtards par rapport à chacun d'eux.

Peut-on concilier ce que nous venons de dire avec l'art. 761, ou n'y a-t-il pas contradiction entre l'idée d'un droit qui ne peut être réduit, comme la réserve et celle de la réduction opérée par la donation de l'art. 761? En effet, le père ne pourrait pas réduire à moité cette réserve en donnant, de son vivant, l'autre moitié à l'enfant. Mais MM. Aubry et Rau [1] pensent que si le père a usé du droit que lui confère l'art. 461, et que si cette moitié de portion ab intestat héréditaire est moindre que la réserve de l'enfant naturel, celui-ci ne peut plus se faire compléter sa réserve, « parce que le droit de succession ab intestat de l'enfant na- « turel se trouvant éteint lorsqu'il a été réduit à la moitié « de sa portion héréditaire, conformément à l'art. 761, il « doit, à plus forte raison, en être de même de la réserve. » Nous ne saurions partager cette manière de voir ; nous pensons que la réserve est absolument inattaquable et que l'enfant pourrait toujours en demander le supplément. La réserve de l'enfant naturel étant de même nature que celle de l'enfant légitime, elle est irréductible comme celle de ce dernier [2], et le bâtard peut, pour s'en faire remplir, demander la réduction de toute disposition faite par ses père et mère, entre vifs ou à cause de mort, postérieure ou même antérieure à la reconnaissance [3].

(1) Aubry et Rau, t. VII §, 686, p. p. 235-236.
(2) Paris, 26 août 1872. D. 73, 2, 118.
(3) Sur ce dernier point, Aubry et Rau, *loc. cit.*, Demolombe, XIX, 165; Cass. 16 juin 1847, Sir. 47, 1, 660.

Mais comment faut-il opérer lorsque le bâtard se trouve en présence, non plus seulement de donataires ou légataires de la quotité disponible, mais encore, et en même temps, en face d'héritiers légitimes réservataires? Doit-il prendre sa réserve sur la quotité disponible donnée ou léguée, ou sur la portion indisponible des héritiers exclusivement, ou bien doit-il le faire proportionnellement sur l'une et sur l'autre? Nous suivons sur cette question l'opinion de MM. Demolombe, Aubry et Rau (*l. c.*) La réserve de l'enfant naturel se prend proportionnellement sur *la* réserve ordinaire et la quotité disponible lorsqu'il existe un ou deux enfants légitimes. Mais, lorsque ces enfants légitimes sont plus nombreux, leur réserve seule est grevée de celle de leur frère bâtard. Voici la raison de cette différence, elle nous est donnée en ces termes par MM. Aubry et Rau : «..... la réserve de l'enfant naturel étant d'une nature analogue à celle de l'enfant légitime, on doit, tant pour la fixation de la quotité de cette réserve, que pour le règlement des conséquences qu'elle entraîne en ce qui concerne les rapports des héritiers à réserve et des donataires ou légataires, considérer fictivement l'enfant naturel comme légitime. Or, l'existence d'un 2ᵉ ou 3ᵉ enfant légitime ayant pour effet de diminuer tout à la fois et dans la même proportion, les parts des réservataires et la quotité disponible, il faut, de toute nécessité, faire proportionnellement supporter la réserve de l'enfant naturel par les autres réservataires et par les donataires ou légataires. » Mais quand il y a un plus grand nombre d'enfants légitimes « la présence d'un réservataire de plus a pour unique effet de diminuer les parts des autres enfants, sans amoindrir la quotité disponible ; cette quotité doit toujours demeurer entière aux donataires ou légataires, peu importe que ce réservataire soit un enfant légitime ou un enfant naturel. »

Supposons maintenant que l'enfant naturel soit en concours, non plus avec des descendants, mais bien avec des ascendants du de cujus. Y a-t-il des ascendants dans les deux lignes, la réserve de l'enfant naturel se prend uniquement sur celle des ascendants et non sur la quotité disponible, car, si l'enfant naturel était légitime, les ascendants n'auraient rien à prétendre ; leur réserve qui n'est rien qu'en sous-ordre, disparaîtrait complètement. L'enfant est bâtard, sa réserve est moindre ; celle des ascendants ne doit donc exister que pour partie, puisque la réserve de l'enfant légitime et celle du naturel ne diffèrent que quant au taux. Lorsque il n'y a d'ascendants que dans une ligne, la quotité disponible doit supporter pour moitié la réserve de l'enfant naturel, et celle des ascendants l'autre moitié, car, dans l'hypothèse précédente, nous avons vu que chaque ligne devait fournir pour moitié la réserve du bâtard. Chacune des deux lignes est indépendante de l'autre : si l'une d'elles n'existe plus, la situation de l'autre ligne ne peut pas se trouver empirée par cette circonstance, sa réserve doit donc n'être grevée que de la moitié qui lui incombait primitivement.

S'il y a plusieurs enfants naturels, on calcule de la même manière.

Toute cette théorie de la réserve de l'enfant naturel a été savamment traitée par Merlin[1] dans des conclusions qu'il présenta à la Cour de Cassation sur le pourvoi formé contre un arrêt de la cour de Pau du 24 mai 1806, arrêt qui fut cassé le 26 juin 1809, comme déterminant d'une

(1) Merlin : *Questions*, v° Droit de réserve, n°ˢ 1, 2.

manière inexacte la quotité de la réserve des enfants naturels. Les conclusions conformes à la décision de la Cour suprême donnent à la double question que nous venons d'examiner les solutions que nous avons adoptées à notre tour, après les jurisconsultes que nous avons cités.

En principe, le droit à la réserve est réciproque. Dès lors s'impose à notre examen la question de savoir si les père et mère d'un bâtard ont droit à une réserve sur la succession de l'enfant qu'ils ont reconnu.

C'est en se fondant sur cet argument de la réciprocité qu'un certain nombre d'auteurs s'est prononcé pour l'affirmative[1]. Cette opinion nous semble inadmissible ; la réserve est un droit exceptionnel, car elle est limitative de l'exercice du droit de propriété. A ce titre, elle ne peut donc être accordée qu'aux personnes qui sont désignées par la loi d'une manière expresse, ou du moins implicite. Or, en combinant les art. 757, 761 et 913, nous arrivons bien à reconnaître une réserve en faveur du bâtard, puisqu'il a, dans une certaine mesure, les mêmes droits que s'il était légitime ; mais les textes, avec quelque soin qu'on les examine, ne peuvent autoriser en aucune manière une semblable solution. L'argument de réciprocité n'est pas concluant, car, d'une part, le législateur ne devait pas récompenser, pour ainsi dire, la faute des parents naturels. D'autre part, comment et d'après quels principes fixerait-on le montant de cette réserve ? Il n'y aurait aucun moyen de le faire, à moins de leur accorder la même réserve qu'aux ascendants légitimes, ce qui ne saurait être admis. Nous devons donc en conclure que le père et la mère

---

(1) Merlin : *Répertoire*, v° réserve; Grenier; Devilleneuve et Carette, S. 41, 2, 125; Zachariæ; Troplong, II, 817.

naturels n'ont pas de réserve sur la succession de leur enfant prédécédé. C'est la solution qui prévaut aujourd'hui dans la doctrine et la jurisprudence [1].

4° *L'enfant naturel peut demander le rapport et en profiter*, malgré l'art. 857 qui ne l'accorde qu'aux cohéritiers. Mais ce mot ne doit pas être entendu, dans cet article, sous son sens technique et restreint, mais dans un sens plus large. Ce qui le prouve, c'est la disposition finale de l'art. 857, qui, en refusant ce droit aux créanciers et légataires de la succession, fait une opposition entre ceux-ci et les cohéritiers, c'est-à-dire ceux qui viennent à titre héréditaire. L'enfant naturel n'est pas créancier de la succession. On doit donc le ranger parmi les cohéritiers dont parle l'art. 857. D'ailleurs l'art. 757 est décisif dans le sens que nous indiquons,

5° *Lorsque le père a fait un partage d'ascendant, le bâtard qui y a été omis, peut en provoquer un nouveau dans la forme légale*, sans qu'il y ait à distinguer si ce partage d'ascendant a été fait entre vifs ou par acte de dernière volonté, s'il est postérieur ou même antérieur à la reconnaissance.

Deux arguments principaux nous paraissent commander cette solution : d'abord l'art. 1078 lui-même. Il dit ces mots : « Si le partage n'est pas fait entre tous les enfants qui existeront à l'époque du décès et les descendants de ceux prédécédés, le partage sera nul pour le tout..... » On

(1) Marcadé, *sur* 915; Demante, IV, 51 , Demolombe, XIX, 184 ; Civ rej. 26 déc. 1860 : S. 61, 1, 321 ; Civ. Cass. 29 janvier 1862, S. 62, 1, 534; Cass, chambres réunies, 12 décembre 1865, S. 66. 1, 73; Bourges, 18 déc. 1871, S. 71, 2, 198.

18

voit quelle est la généralité de ces expressions : *tous les enfants :* la loi ne fait aucune distinction entre les enfants légitimes et ceux qui ne le sont pas. Il semble donc certain que ces derniers sont compris dans le mot *enfants.* Il ne nous est pas permis de les exclure.

Mais en second lieu, notre proposition se justifie par ce motif que le partage du père de famille doit-être fait entre tous ceux qui auraient droit d'en provoquer un, après le décès du disposant, si celui-ci était mort sans avoir fait un pareil acte.

Cette dernière considération, pour nous, est décisive : « En effet, dit M. Bonnet[1], il en faut toujours revenir à cette idée mère : le partage d'ascendant est l'image du partage ordinaire qu'il a pour objet de prévenir. Or, s'il est incontestable qu'en partage ordinaire les héritiers légitimes ne sauraient, hors du cas prévu par l'art. 761 du Code civil, procéder régulièrement sans appeler l'enfant naturel, comment, de la part de l'ascendant, échapper à la nécessité de comprendre également cet enfant dans la distribution des biens héréditaires. ? »

Cela nous paraît, en effet, concluant. Cependant, on a voulu répondre. Considérez, a-t-on objecté, l'art. 756 et les dispositions de notre ancienne jurisprudence; l'enfant naturel n'est point héritier; ce défaut de qualité ne l'oblige-t-il pas au respect du partage d'ascendant, sauf à réclamer ce qui lui revient dans ce partage par voie de réduction[2]? De son côté, M. Troplong nous affirme « qu'il y aurait trop d'inconvénients pour les mœurs dans un

---

(1) Bonnet : *Théorie et pratique des partages d'ascendants.* t. I, nᵒˢ 179-180.
(2) Poujol, *sur* 1078 ; Dalloz, *rép.*; Duranton IX, nᵒ 635.

mélange de la filiation légitime avec la filiation illégitime [1]. »

« Inconvénients pour les mœurs..... mélange de deux filiations..... » mais qu'est-ce qui offre le moindre inconvénient : que le père donne une portion de son partage à l'enfant naturel, ou que celui-ci, passé sous silence, vienne ensuite critiquer cet acte, attaquer l'un, attaquer l'autre héritier, faire le compte de chacun pour demander le sien ? L'inconvénient de notre opinion, si même il existe, nous paraît encore préférable au danger que présente l'opinion de M. Troplong, sans compter qu'il ne produira pas les débats pénibles pour les familles et les scandales rendus publics par la publicité des jugements et qui sont à peu près inévitables dans le système que nous repoussons.

Mais ce n'est pas tout : on invoque l'ancien droit, l'article 756, mais on oublie que s'il est vrai que le bâtard n'est pas héritier dans le sens technique du mot, il n'est plus réduit, comme dans l'ancien droit, à une créance alimentaire. Souvenons-nous qu'il est co-propriétaire de l'hérédité et n'isolons pas la proposition que nous discutons en ce moment des autres conséquences que nous venons d'étudier du même principe, que l'enfant naturel a un droit héréditaire et qui concourent à nous démontrer que le partage où l'enfant a été omis ne saurait subsister [2].

Quel est le caractère, quelle est la nature de la nullité qui frappe le partage d'ascendant dans lequel l'enfant naturel a été omis ? L'acte est-il simplement nul ; est-il, au contraire, inexistant ?

(1) Troplong ; *traité des donations*, n° 2324.
(2) Aubry et Rau, VIII, p. 12, n° 5 ; Bonnet, *l. c.* ; Réquier, *Traité des partages d'ascendants*, n° 119.

D'après nous, le partage est inexistant. Et d'abord, pour l'enfant naturel passé sous silence, la chose est certaine. Nous avons, pour le prouver, l'art. 1665, aux termes duquel « les conventions n'ont d'effet qu'entre les parties contractantes ; elles ne nuisent point aux tiers... » Or, l'enfant qui n'a pas été apportionné dans le partage, n'y a pas été partie contractante, le partage est pour lui *res inter alios acta* ; il est donc, à son égard, complètement dénué d'effets, c'est-à-dire inexistant. Il s'en suit que, après la mort du père naturel, le bâtard peut, en se portant successeur, provoquer le partage de la succession, sans demander auparavant la nullité de celui du père, puisque pour lui il n'existait même pas.

Mais le partage est-il inexistant même au regard des descendants qui y sont compris? MM. Aubry et Rau l'ont nié dans les précédentes éditions de leur ouvrage. Dans la dernière, dont la publication vient seulement d'être terminée, les savants jurisconsultes reviennent avec raison, pensons-nous, sur leur ancienne solution. C'est que, en effet, la seconde partie de l'art. 1078 ne peut guère laisser de doute à cet égard. Ce texte nous dit : « ..... Il pourra être provoqué un nouveau partage dans la forme légale, soit par les enfants ou descendants qui n'y auront reçu aucune part, soit même par ceux entre qui le partage aurait été fait. » On voit ainsi que la loi place textuellement les enfants apportionnés sur la même ligne que ceux qui ont été omis au partage, quant au droit d'en provoquer un nouveau. Or, pour les uns, le partage est inexistant; comment ne le serait-il pas pour les autres ? D'ailleurs, si le partage est seulement nul, il existe tant qu'il n'a pas été mis à néant ; alors, comment se fait-il que ceux qui y ont pris part soient autorisés à en provoquer un nouveau sans demander, au préalable, la nullité du premier? C'est que celui-ci doit être considéré comme non avenu[1].

Par quel laps de temps se prescrit le droit de l'enfant naturel de demander, selon l'art. 1078, § 2, un nouveau partage dans les formes légales? Ici, il faut exactement déterminer la situation dans laquelle se trouve le bâtard. Il se trouve dans la position d'un successible qui est exclu de toute participation à l'hérédité par le fait de ses cosuccessibles d'avoir possédé cette hérédité tout entière. C'est le cas de l'art. 816 du Code civil. Pour ne pas compliquer l'hypothèse par une question de pétition d'hérédité, nous supposons que les descendants légitimes copartagés ne nient pas le droit de l'enfant naturel de réclamer sa part. Nous restons bien, alors, en présence d'une demande en partage. Pendant combien de temps le bâtard peut-il l'intenter? Perpétuellement, répondrions-nous, si nous nous trouvions en face d'une indivision. Mais, en fait, cette indivision a cessé, puisque chacun des cohéritiers jouit séparément d'une partie des biens de la succession. Disons de suite que la prescription, dans ce cas, sera, non pas une prescription extinctive courant contre l'enfant naturel, mais une usucapion s'accomplissant au profit des enfants légitimes apportionnés et leur permettant de repousser la demande formée contre eux par le bâtard. L'art. 816 *in fine* est formel sur ce point. Envisagée au point de vue du bâtard seul, la prescription est bien extinctive, mais seulement indirectement et par contre-coup, parce qu'il y a une usucapion qui s'accomplit d'un autre côté. Or, cette usucapion, par quel laps de temps s'accomplit-elle? Par le laps de dix à vingt

(1) Demolombe, XXIII, 167-168 ; Bonnet, II, 353-354 ; Aubry et Rau, VIII, p. 14, n° 9.

ans? Non ; car il faudrait alors un juste titre et un acte inexistant ne peut jamais servir de juste titre. C'est ce que veut dire uniquement l'art. 2267 dont la rédaction obscure et incomplète pourrait induire en erreur. Cette usucapion sera nécessairement celle de 30 ans, la seule possible quand il n'y a pas de juste titre. C'est donc pendant 30 ans que le bâtard omis dans le partage d'ascendant peut demander le partage nouveau où sa part lui sera attribuée.

Mais, quand commencent ces 30 ans? si le partage a été fait par acte de dernière volonté, les 30 ans courent seulement à partir du décès du testateur ; mais si le partage a eu lieu entre vifs, comme il s'agit d'une prescription acquisitive, les 30 ans commenceront-ils à courir à partir de ce partage? Non, puisqu'il est réputé inexistant ; mais du moment où chaque descendant légitime aura commencé à jouir à titre de propriétaire exclusif des biens compris dans le lot qui lui avait été assigné par le père de famille. Ce moment pourra n'être pas le même pour tous les enfants légitimes. En d'autres termes, la question doit se résoudre en fait, et quand l'enfant naturel attaquera les enfants apportionnés, ce sera à chacun de ceux qui répondront par une fin de non-recevoir tirée de la prescription acquisitive, de prouver le moment précis où aura commencé sa possession.

Nous avons à dire quelques mots sur la théorie de l'imputation. D'après l'art. 760, jamais un père naturel ne peut faire à son enfant une libéralité avec dispense de rapport : l'enfant et ses descendants doivent imputer sur leur part toutes les libéralités qu'ils ont reçues entre vifs de celui de leurs auteurs dont la succession est ouverte et qui sont sujettes à rapport. Cette disposition de la loi est une conséquence d'un autre principe qui découle lui-même de la règle de l'art. 757 et que l'on trouve formulé à l'article 908, en ces termes : « Les enfants naturels ne pourront, par donation entre vifs ou par testament, rien recevoir au-delà de ce qui leur est accordé au titre des successions. » Le législateur a eu pour motif l'intérêt de la famille légitime. Ce que le Code refusait dans la sucession ab intestat à l'enfant naturel, le père aurait pu le lui donner ou le lui léguer. La loi aurait été, de la sorte, éludée, et, par ce détour, l'infériorité de l'enfant naturel vis-à-vis du légitime, compensée. C'est ce que la loi n'a pas voulu. Il était juste qu'on accordât une part d'hérédité aux bâtards ; il était juste, d'autre part, que la famille légitime ne pût leur être sacrifiée et se voir, même, complètement dépouillée en leur faveur.

L'imputation arrive exactement au même résultat que le rapport tel qu'il est organisé par le Code civil. C'est un véritable rapport en moins prenant. L'une et l'autre ont pour but de faire remettre dans la masse des biens à partager les biens reçus par le successible. Les mêmes règles devront s'appliquer dans les deux cas. Cela résulte de la comparaison des articles 760 et 843.

Cela posé, l'on sait que lorsqu'une personne fait une donation à l'un de ses héritiers sans insérer expressément une clause de préciput, cet héritier n'a pas le droit de conserver, au décès du donateur, l'objet donné, en même temps que sa part ab intestat dans la succession ; il ne peut pas être cumulativement héritier et donataire du défunt. Il doit opter entre ces deux qualités, renoncer à la succession, s'il veut retenir l'objet donné, le rapporter, s'il veut hériter. Eh bien, il en est de même en matière de filiation naturelle.

Le bâtard ne peut pas non plus cumuler la qualité de donataire et de successible ; le choix lui est également imposé. Mais si, dans les deux cas, la disposition est la même, la raison de décider ne l'est pas, et c'est de là que naissent quelques différences que nous retrouverons plus loin entre le rapport et l'imputation. Le rapport est institué pour faire régner l'égalité entre les cohéritiers, principe d'ordre public destiné à assurer la paix dans les familles et auquel on ne peut déroger que par une manifestation expresse de volonté ; tandis que nous venons de dire que l'imputation est la conséquence de la règle formulée à l'article 908, que les enfants naturels ne peuvent d'aucune manière recevoir rien de plus que ce que leur accorde l'article 757.

L'imputation n'est donc, au fond, autre chose qu'un rapport en moins prenant, bien que le point de départ des deux institutions soit différent. Malgré l'opinion de M. Demolombe[1], nous pensons que c'est un rapport en moins prenant, même pour les immeubles en la possession de l'enfant naturel au moment de l'ouverture de la succession. Les expressions dont se sert l'article 760 nous paraissent assez précises pour ne permettre aucun doute à cet égard[2]. Nous pouvons tirer de là une conséquence. Le rapport des immeubles se fait, en principe, en nature. Ce qui doit être alors restitué, c'est un corps certain dont le donataire n'est propriétaire que sous condition résolutoire d'acceptation de la succession. Quand, par exception, il a lieu en moins prenant (860), ce qui est dû est une somme d'argent représentant la valeur de l'immeuble au jour de l'ouverture de la succession et dont le donataire a toujours

---

(1) Demolombe, XIV, 99.
(2) Aubry et Rau, VI, § 638 et note 16.

eu la propriété incommutable. Puisque l'imputation est un rapport en moins prenant, c'est également une somme d'argent que doit l'enfant à la succession. Lorsque l'enfant naturel a reçu de son père un immeuble et que celui-ci meurt, l'enfant, fût-il encore propriétaire de l'immeuble, n'en doit que la valeur calculée au jour du décès (arg. art. 860), tandis que, dans l'opinion de M. Demolombe, il devrait le rapporter en nature à la succession. Le rapport des meubles a toujours lieu en moins prenant. Dans le cas de l'article 760, on ne fait donc que suivre le droit commun si l'objet donné par le père au bâtard est mobilier et, à la différence des immeubles, « il se fait sur le pied de la valeur du mobilier lors de la donation » (868). De sorte que, pour un immeuble, s'il périt avant l'ouverture de la succession, sans la faute du bâtard donataire, celui-ci n'a rien à imputer, tandis que, s'il s'agit de meubles, la somme d'argent représentative de leur valeur est irrévocablement fixée au jour de la donation, et cette somme est due, lors même que dans l'intervalle de cette donation à l'ouverture de la succession, ce mobilier aurait cessé d'exister.

Voici comment se fait l'imputation. Il faut réunir fictivement à la masse des biens existant en nature dans la succession, les sommes à imputer par l'enfant naturel, pour fixer le montant de ses droits. Ainsi, supposons un de cujus qui laisse 18,000 francs de fortune, un enfant naturel à qui il avait donné 3,000 francs de son vivant ; plus, un enfant légitime. Il semble que la somme partageable est de 18,000 francs, que l'enfant naturel a droit à 3,000 francs, et, par conséquent, ne va rien prendre dans a succession[1]. Cependant, il n'en est rien : l'enfant devra

_____

[1] Chabot, *commentaire de la loi des successions*, sur 760.

ajouter aux 18,000 francs les 3,000 qu'il a reçus antérieurement, et il aura droit au tiers de la moitié des 21,000 fr.
dont se composera ainsi la masse totale, c'est-à-dire
3,500 francs. De la sorte, il imputera sur ce qui lui revient
des 3,000 francs qu'il avait déjà reçus et il aura encore
500 francs à retirer de la succession [1].

Il existe un autre mode d'opérer le règlement de l'imputation indiquée par Chabot [2]. C'est celui auquel nous faisions
allusion, il y a un instant, d'après lequel la masse partageable serait de 18,000 francs et l'enfant naturel, ayant
déjà reçu 3,000 francs, n'aurait rien à prétendre de nouveau dans la succession. Ce système produit des résultats
choquants : il arrivera telle hypothèse où l'enfant naturel,
loin de retirer un profit de la succession, devra, au
contraire, restituer une partie de ce qu'il aura reçu. Supposons, en effet, que le père ayant donné entre-vifs
9,000 francs, la moitié de sa fortune, à l'enfant naturel,
décédé en ne laissant, avec cet enfant, que des collatéraux
non privilégiés. En pareil cas, le bâtard a droit aux 3/4 de
la succession. D'après le calcul de Chabot, la masse à partager serait de 9,000 francs, les 3/4 afférents à l'enfant
naturel égalent 6,750 francs. Mais celui-ci devant imputer
sur cette part les 9,000 francs qu'il a reçus, se trouverait posséder plus que ce à quoi il a droit et serait comptable
à la succession de la différence, soit 2,250 francs. Et que
l'on veuille bien remarquer que l'enfant serait d'autant
plus mal traité que son père aurait voulu se montrer

(1) Aubry et Rau, VI, § 638 n. 14 — Zachariæ, § 638 n. 12 — Demolombe, XIV, 97.
(2) Chabot, *loc. cit.*

plus généreux à son égard. Ce résultat n'est guère admissible. Au contraire, d'après la manière de calculer que nous proposons, on réunit fictivement aux 9,000 francs existant en nature dans la succession, les autres 9,000 francs reçus antérieurement par l'enfant. Celui-ci a droit aux 3/4 de ces 18,000 qui sont 13,500 francs ; d'où suit que, au lieu de restituer 2,250 francs, le bâtard peut encore réclamer 4,500 francs aux héritiers de son père défunt. Le système que nous repoussons est aussi, dans l'une comme dans l'autre des hypothèses que nous avons indiquées, comme dans toutes les autres que nous aurions pu faire, absolument contraire au principe de l'art. 757 : lorsqu'un enfant légitime concourt avec un enfant naturel, ce dernier doit retirer le tiers de ce qu'il aurait eu s'il avait été légitime. Or, dans notre premier exemple, si le bâtard avait été légitime, il aurait rapporté ses 3,000 francs, antérieurement reçus, pour les ajouter fictivement aux 18,000 dont se compose actuellement la succession et pris 10,500 francs, moitié des 21,000 francs formant la masse totale. Mais étant illégitime, il ne peut prétendre qu'à 1/6, c'est-à-dire 3,500 francs. D'après Chabot, il ne prendrait que 3,000 fr. Dans notre second exemple, le bâtard, en concours avec des collatéraux ordinaires, prend les 3/4 de ce qu'il aurait eu s'il avait été légitime. Or, dans ce cas, il aurait 18,000 francs, puisqu'il joindrait aux 9,000 reçus entre vifs les 9,000 existants au moment du décès. Il doit, comme enfant naturel, avoir les 3/4 de cette somme, c'est-à-dire 13,500 francs, tandis que, d'après Chabot, il lui faudrait, au contraire, rendre 2,250 francs. Notre manière de calculer est donc la seule logique, comme elle est aussi, la seule qui soit légale.

On appliquera, enfin, à cette matière de l'imputation l'art. 856, d'après lequel les fruits et intérêts des choses ou sommes sujettes à rapport, sont dûs à dater du décès de cujus.

On voit qu'au fond des choses, l'imputation est un véritable rapport en moins prenant.

Cependant, il y a entre l'une et l'autre, des différences dont voici les principales :

1° Les enfants naturels ne peuvent pas être dispensés d'imputation, tandis que les héritiers légitimes peuvent être dispensés de rapport.

2° Un héritier légitime peut, en renonçant à la succession, retenir le don entre vifs ou réclamer le legs à lui fait, même au-delà de sa part héréditaire, à concurrence, toutefois de la quotité disponible (845), tandis que l'enfant naturel ne peut, même en renonçant, garder rien au-delà de ce qui lui est accordé par l'art. 757 (art. 908).

3° Les héritiers légitimes ne rapportent pas ce qui a été donné par le de cujus à leurs descendants (847) ou à leur conjoint (849). Ces donations sont toujours censées faites avec dispenses de rapport ; il n'y a pas, quant à elles, présomption d'interposition de personnes. Le contraire a lieu pour les enfants naturels. L'art. 911, en établissant la présomption d'interposition de personnes lorsqu'une libéralité est faite à l'enfant ou au conjoint d'un incapable, et l'enfant naturel en est un, dans la mesure des art. 760 et 908 nous montre que le bâtard doit imputer même les libéralités faites à ses descendants ou à son conjoint.

Il peut se faire que l'enfant naturel recueille beaucoup moins que sa part dans la succession ab intestat de son père ou de sa mère, car l'art. 761 nous enseigne que l'enfant n'a rien à réclamer s'il a reçu du vivant de son père naturel la moitié de ce à quoi il aurait droit dans la succession de celui-ci. Certaines personnes ont soutenu et il y a même un arrêt dans ce sens[1] que ce qui peut être ainsi réduit est la réserve même de l'enfant naturel. C'est ainsi notamment que doivent raisonner ceux d'après lesquels la part tout entière assignée aux enfants naturels par les art. 757-758 est une portion réservée. Nous avons, plus haut, réfuté cette opinion. Mais en dehors même de cela nous ne pouvons admettre la solution que l'on propose sur l'art. 761. Ce texte parle, en effet, des « articles précédents. » Or, dans ces textes, il est question, non de la réserve, mais de la succession ab intestat. La réserve est déterminée par l'art. 913.

Les expressions dont se sert l'art. 761 : « lorsqu'ils auront reçu du vivant de leur père ou de leur mère..... », prouvent qu'il ne suffit pas aux père et mère déclarer dans une disposition, soit entre vifs, soit à cause de mort, qu'ils entendent que l'enfant soit réduit à la moitié de ce que la loi lui donne. Pour que cette réduction ait son effet, il faut : 1° qu'elle soit suivie d'une tradition réelle ; 2° que la déclaration soit faite dans un acte entre vifs.

Il faut que la réduction ait été suivie d'une tradition réelle, ou, tout au moins, qu'elle soit librement acceptée par l'enfant naturel. Malgré le mot « reçu » de l'art. 761, il serait peut être exagéré d'aller jusqu'à exiger une numération effective des deniers. Dans tous les cas, l'art. 761 signifie que l'enfant ne peut pas être contraint à recevoir de ses père et mère la moitié ce ce qui lui reviendra.

(1) Paris, 17 janvier 1865, S., 65, 2, 2.

Cette question avait été proposée aux rédacteurs du Code. Ils n'y ont pas répondu, probablement parce qu'ils ont pensé que l'art. 761 s'exprimait assez clairement.

Cependant des auteurs considérables[1] soutiennent une opinion opposée. Le père légitime, dit-on, peut réduire ses enfants à la portion indisponible ; le père naturel ne pourra-t-il faire aucune réduction sur la portion que la loi assure à son fils naturel ? N'y a-t-il pas là une atteinte portée à la puissance paternelle ? Aussi, ajoute-t-on, à défaut d'acceptation par l'enfant naturel, les tribunaux sont autorisés à accepter en son lieu et place les offres du père, et à déclarer la donation valable. Plusieurs arrêts ont même consacré cette solution[2].

Nous ne pensons pas qu'on puisse adopter cette solution : le texte et l'esprit de l'art. 761 y sont également contraires. Le texte, d'abord ; nous y lisons : « Toute réclamation leur est interdite lorsqu'ils ont *reçu....* » Ces expressions supposent que le bâtard est libre de recevoir ou de ne pas recevoir l'avantage que consent à lui faire son père naturel. Elles indiquent une libéralité, une donation que l'enfant doit être libre de refuser. De plus, disent MM. Aubry et Rau[3] « Le « but de l'art. 761 n'est pas de favoriser les parents légi- « times au détriment de l'enfant naturel, mais de concilier « leurs intérêts respectifs : une pareille donation, disait « Siméon au Corps législatif, est utile et pour l'enfant « naturel qu'elle fait jouir plutôt, et, pour la famille légi- « time qu'elle débarrasse d'un créancier odieux. » Il faut

(1) Duranton, VI, 305 ; Toullier, IV, 262 ; Pont, *Revue de législation*, 1846 ; Zachariæ, § 605.

(2) Voici les plus récents : Cass., 31 août 1847 S., 47, 1, 785 ; Metz, 27 janvier 1853, S., 54, 2, 721.

(3) Aubry et Rau, VI, § 605, p. 332, note 20.

que l'enfant puisse peser les avantages et les inconvénients
de la situation qu'on lui offre et refuser de s'y soumettre si
le préjudice lui semble l'emporter sur les avantages qu'il
peut retirer de sa libéralité. Et enfin, de quel droit les tribunaux viendraient-ils se substituer à l'enfant naturel dans
cette circonstance et en vertu de quelle loi, celui-ci jouissant de tous ses droits, des juges pourraient-ils donner en
son lieu et place, un consentement valable, nécessaire pour
la formation d'un contrat [1] ?

C'est à dessein que nous disons contrat. En effet, l'acte
à intervenir pour que la réduction soit opérée, doit être
une donation entre vifs et non une autre. Cette proposition
résoud la question de savoir si la déclaration de réduction
serait valable étant faite dans le testament du père ou de
la mère. Nous répondons par la négative avec le texte
même de l'art. 761 [2]. C'est du vivant du père que l'enfant
naturel doit recevoir la moitié de ce qui lui revient, et,
c'est par une déclaration expresse que les père et mère
doivent manifester leur volonté. C'est ce que nous dit textuellement la loi. Or, une semblable déclaration, quoique
suivie du legs, serait absolument nulle, parce que ce legs
n'aurait d'exécution qu'après la mort du père ou de la mère
qui ne seraient pas dessaisis de leur vivant. Et c'est de leur
vivant qu'ils doivent donner.

Supposons que l'enfant naturel, par une circonstance
quelconque, se trouve nanti du legs du vivant même du

(1) Dans ce sens : Merlin, rép., v° *réserve*; Dalloz, *Jur. gén.*, v° succession; Marcadé, sur 761 ; Demante; Demolombe, XIV, 105 ; Aubry et Rau,
loco cit.; Laurent, IX, § 132.

(2) Demolombe, XIV, 509 ; Aubry et Rau, VI, § 605, texte et note 26. —
Paris, 2 juin 1819. Dev. et Car. Collection nouv. VI, 21 ; Nancy, 22 janvier 1833, Pal. 43, 2, 326; Rennes, 21 juillet 1860, S. 61, 2, 86.

père ; la déclaration de réduction accompagnant ce legs est-elle valable ? Nous répondrons encore négativement, parce que la délivrance de la moitié et la déclaration sont des actes qui doivent être faits contradictoirement entre le père et l'enfant naturel et simultanément.

Le même motif nous engage à décider que si le père ayant fait une donation ordinaire au bâtard qui l'a acceptée, déclarait après cette acceptation sa volonté de réduire la part de l'enfant, selon l'article 761, cette déclaration serait sans effet, car la loi dit en propres termes que l'enfant doit avoir *reçu avec déclaration expresse de la part du père*..... Cela nous prouve que la déclaration doit être contemporaine de la donation, ou, tout au moins, concomitante à l'acceptation de celle-ci ; et cela se comprend immédiatement ; il ne faut pas, en effet, que le bâtard soit leurré en se trouvant ainsi réduit, sans avoir pu, d'aucune manière, le prévoir, après avoir accepté une donation qui était pure et simple au moment où elle a été faite [1].

Ainsi, il faut que l'enfant naturel ait reçu la moitié de sa part de succession ab intestat ; mais il est à remarquer que, pour déterminer le montant de cette moitié, il est nécessaire que le père soit mort. Sans cela, comment calculer le montant de la succession ? Comment le père lui-même sait-il ce qu'il laissera à son décès ?

Il arrivera donc fréquemment que l'enfant naturel aura reçu dans la donation, tantôt moins, tantôt plus que ce qui revenait après la réduction faite. Il y aura lieu, dans ces

______

(1) Telle est l'opinion de MM. Demante, III, 80, Demolombe, Aubry et Rau, *locc. citt.* Laurent, IX, § 135. Cependant, M. Duranton, VI, 304 et Zachariæ sont d'un avis différent. Voir aussi, Toulouse, 29 avril 1845, S. 46, 2, 49 ; Cass. 31 août 1847, S. 47, 1, 785.

cas, à des rectifications. La valeur de la donation est-elle inférieure à la moitié de la portion de succession à laquelle avait droit ab intestat l'enfant naturel, celui-ci peut réclamer et se faire remplir de sa moitié.

La convention de l'article 761 doit être considérée comme un pacte licite sur succession future. Comme tel, elle est exceptionnelle et doit être interprêtée d'une manière restrictive. Il s'ensuit que dans le cas où le bâtard aurait renoncé par avance à demander le supplément de cette moitié, il aurait le droit de tenir cette renonciation pour nulle et non avenue, car, d'après les articles 791 et 1130, on ne peut renoncer à la succession d'un homme qui est encore vivant, ni aliéner les droits éventuels qu'on peut avoir sur cette succession [1].

Mais, dans l'hypothèse inverse de l'enfant naturel qui aurait reçu plus que la moitié que lui accorde l'article 761, aucune restitution ne peut lui être demandée. En effet, quel texte invoquerait-on pour cela? L'article 761? Il est impossible d'y trouver le germe d'une semblable action. Il veut seulement dire que la réduction ne peut pas excéder la moitié de la part ab intestat ; c'est un maximum que la loi fixe au père sans prétendre apporter par l'indication d'un minimum des entraves à sa générosité. Dans un seul cas, le bâtard sera contraint de restituer : c'est celui où il aurait reçu en fraude de l'article 908 et l'action en restitution ne portera que sur l'excédant indiqué par le même article 908 et restera en dehors de l'article 761 [2].

---

(1) Aubry et Rau, Demolombe, *locc. citt.* Zachariæ, § 605 ; Bruxelles, 18 février 1813, S. 13, 2, 225.

(2) Auct. et locc. citt.

L'art. 761 ne profite pas aux autres enfants naturels d'un même individu, mais seulement à ses héritiers légitimes. Ainsi, lorsqu'un bâtard a été réduit, la part des autres ne se trouve pas accrue d'autant ; elle continue de se calculer comme si rien n'était intervenu entre leur frère naturel et l'auteur commun. Le surplus provenant de la réduction, va grossir la masse que se partage la famille légitime venant à la succession.

Enfin, disent MM. Aubry et Rau, les dispositions de l'art. 761 et les propositions ci-dessus énoncées sont également applicables aux descendants de l'enfant naturel ; peu importe que la donation leur ait été faite personnellement ou qu'elle ait eu lieu au profit de leur auteur.

Remarquons en terminant ce qui a trait à cet art. 761, qu'ayant pour but de permettre au père de famille d'écarter le bâtard de la succession et des opérations de la liquidation, il ne va jamais atteindre ce but, car l'enfant, pour vérifier s'il a reçu sa moitié et s'il a quelque réclamation à faire valoir, devra toujours assister aux opérations préliminaires et préparatoires du partage. Les rédacteurs du Code n'avaient pas, sans doute, prévu la bizarrerie de ce résultat.

Les art. 870 et 873 contiennent un principe général qui s'applique à notre matière. Il n'est pas douteux que celui qui recueille une part dans l'actif d'une succession ne doive aussi payer une part du passif. Par conséquent l'enfant naturel doit contribuer aux dettes avec les héritiers légitimes du défunt.

A la vérité, on a soutenu que l'obligation de payer les dettes héréditaires était une conséquence de la saisine légale de l'héritier légitime, et, il est bien vrai que la rédaction de l'art. 724 semble favoriser cette opinion. Il s'ensuivrait

alors, que les successeurs irréguliers qui ne sont pas ensaisinés, ne sont pas tenus de payer les dettes de la succession.
C'est ce que personne n'oserait admettre. L'obligation aux
dettes n'est donc pas une conséquence de la saisine. La saisine a pour effet d'exempter les héritiers qui en jouissent de
demander l'envoi en possession des biens héréditaires, et si,
l'art. 724 parle de l'obligation de payer toutes les charges
de la succession, on n'est pas fondé à tirer de ce texte l'argument à contrario que nous venons d'indiquer.

La saisine est donc étrangère à notre matière. L'obligation de payer les dettes s'explique autrement : les dettes,
sont *onus universi patrimonii*, *non singularum rerum;* elles
pèsent sur l'ensemble du patrimoine et non sur chaque objet
héréditaire en particulier. Par conséquent, celui qui recueille
in universum jus, à titre non particulier, une portion d'actif,
recueille, par la force même des choses, une portion de
passif correspondante. Or, il est bien certain que l'enfant
naturel n'est pas un successeur à titre particulier : il ne
succède pas à tel ou tel objet de la succession individuellement déterminé ; il succède à une quote-part de l'hérédité,
à une universalité. Il doit donc être tenu à une portion du
passif.

On voit bien qu'ainsi expliquée, l'obligation aux dettes
se rattache directement à l'idée de la représentation de la
personne du défunt, aussi bien par ceux qu'on appelle ses
successeurs aux biens que par ses héritiers légitimes. C'est,
en effet, cette idée que nous devons admettre avec
M. Demolombe [1] en nous séparant sur ce point de
MM. Aubry et Rau [2]. D'après ces auteurs, celui-là seul

(1) Demolombe, XIII, 160.
(2) Aubry et Rau, VI, § 639, texte n° 6 et note 23.

serait le continuateur de la personne qui a la saisine, mais la saisine n'a rien à faire avec la continuation de la personne et la distinction que l'on veut établir à ce point de vue entre l'héritier saisi et l'enfant naturel est absolument arbitraire. Il suffit, pour justifier notre proposition, de comparer quelques articles du Code civil. L'art. 873 dit : « Les héritiers sont tenus des dettes et charges de la succession personnellement... » Dans cet article, le mot héritier doit être pris dans le sens de continuateur de la personne, de successeur *in universum jus*. Par conséquent, on doit y comprendre aussi bien l'enfant naturel que l'héritier légitime. Cet art. 873 nous dit que cette obligation d'acquitter les dettes et charges de la succession est personnelle. Que faut-il entendre par là? Il faut entendre que l'enfant naturel est tenu *in infinitum* de sa part du passif, c'est-à-dire même *ultrà vires emolumenti*, au-delà de la valeur effective des biens qu'il a recueillis dans la succession. C'est ce que dit textuellement l'art. 2092 : « Quiconque s'est obligé personnellement est tenu de remplir son engagement sur tous ses biens mobiliers ou immobiliers, présents et à venir. »

Telle est l'argumentation qui nous semble décisive, M. Demolombe y joint les deux autres arguments que voici : D'abord toute personne a nécessairement un représentant dans celui qui est appelé à recueillir sa succession. MM. Aubry et Rau le nient [1] en disant : La loi n'accorde la saisine qu'aux héritiers légitimes et la refuse aux simples successeurs irréguliers. En établissant une ligne de démarcation aussi tranchée entre ces deux ordres de successeurs, les rédacteurs du Code ont clairement manifesté

---

(1) Aubry et Rau, *loco cit* et § 582.

l'intention de ne reconnaître comme continuateurs de la personne du défunt que les successeurs, qu'à ce titre, ils investissaient de la saisine héréditaire. Mais nous venons de démontrer que la représentation de la personne du défunt est indépendante de la saisine. Nous avons, de la sorte, répondu d'avance à l'objection de MM. Aubry et Rau. Elle n'a donc, désormais, plus de portée. La saisine, nous l'avons déjà dit, n'a d'autre effet que de dispenser ceux qui en jouissent de l'obligation de demander à qui de droit l'envoⁱ en possession des biens ; les successeurs irréguliers sont astreints à cette obligation. Mais l'envoi en possession, une fois obtenue, et c'est là l'autre argument présenté par M. Demolombe, il n'y a plus de différence entre les uns et les autres ; ce que la loi n'accordait pas de plano à l'enfant naturel, la justice le leur donne. Il y a là une sorte de saisine judiciaire qui équivaut à la saisine de droit des héritiers légitimes et l'enfant naturel qui l'a obtenue représente le défunt tout aussi bien que les héritiers ensaisinés de plein droit. De sorte que, lors même qu'on ferait une concession à MM. Aubry et Rau et qu'on adopterait leur théorie sur la prétendue corrélation existant entre la saisine légale et la représentation du défunt par ses héritiers, la solution que nous admettons pourrait tout de même se justifier.

Ainsi l'enfant naturel est tenu des dettes *in infinitum*. Nous ne parlerons pas du droit de poursuite des créanciers, car ce droit correspond à un passif provisoire et l'important est de savoir ce que le bâtard doit supporter sans recours possible dans le passif définitif, ce qui est le droit de contribution entre cohéritiers. L'enfant naturel contribue conformément à l'art. 870, dans la proportion de ce qu'il prend dans l'actif; ce qui veut dire qu'il doit payer proportionnellement à la part pour laquelle il continue la personne du de cujus, et non pas proportionnellement à l'émolument qu'il peut retirer de sa part, comme pourrait le laisser croire le texte qui est rédigé d'une manière peu exacte. Ainsi l'enfant naturel concourant avec un enfant légitime, prend-il un sixième de l'actif héréditaire, il doit supporter un sixième du passif. Il supporte de même 1/9 de passif s'il est en face de deux enfants légitimes ; de même, 1/2, 3/4 ou la totalité, selon les diverses hypothèses prévues par les art. 757 et 758. Mais il est tenu *ultrà vires* ou *in infinitum*, d'où suit que si la succession est mauvaise et que la portion de passif qui lui incombe est plus forte que sa part d'actif, il est obligé de payer sur ses biens personnels cet excédant du passif sur l'actif, car il y a confusion opérée entre son patrimoine et celui du défunt dans la proportion où il le représente. Les expressions : être tenu *ultrà vires* ou *in infinitum* ne veulent pas dire autre chose.

La conséquence de ce que nous venons de dire est la suivante : Si le bâtard veut ne contribuer aux dettes et charges de la succession qu'à concurrence de l'actif héréditaire, il doit recourir au bénéfice d'inventaire. D'après le système de MM. Aubry et Rau, jamais il n'y aura besoin de recourir à cette formalité.

AU PROFIT DE QUI S'OUVRE LA SUCCESSION
DE L'ENFANT NATUREL.

La reconnaissance produit des droits réciproques de successibilité : nous avons vu comment et à qui succède l'enfant naturel. Voyons maintenant qui lui succède à lui-même.

Il y a trois situations à examiner, selon que :

1° L'enfant laisse de la postérité ;

2° Il laisse son père ou sa mère ;

3° Il laisse des frères et sœurs légitimes ou naturels.

§ 1. — *L'enfant naturel laisse des descendants.*

La loi ne prévoit pas expressément cette hypothèse. Donc on appliquera, selon les cas, les art. 745 ou 757, Ces articles comprennent dans la généralité de leurs termes les enfants légitimes ou naturels d'un de cujus enfant naturel, comme ceux d'un défunt qui est enfant légitime.

Si l'enfant naturel est mort avant son propre père qui l'a reconnu, c'est le cas d'appliquer l'art. 759 du Code civil qui s'exprime ainsi : « En cas de prédécès de l'enfant naturel, ses enfants ou descendants peuvent réclamer les droits fixés par les articles précédents (757-758). » Pour que l'art. 759 s'applique, il faut que ces enfants ou descendants soient légitimes. Alors il y a représentation. S'ils sont naturels, ils n'ont rien à prétendre sur la succession de leur aïeul naturel qui n'est pas leur parent. En effet, l'enfant naturel ne se rattache qu'à celui de ses père et mère qui l'a reconnu. D'ailleurs, l'art. 756 est formel : « ils n'ont aucun droit sur les biens des parents de leurs père et mère [1]. »

Les enfants du bâtard ne pourraient pas succéder de leur chef, quand même ils seraient légitimes. Nous savons qu'ils ne sont pas parents du père de leur père, et c'est aussi

(1) Demolombe, XIV, n° 144. — Dalloz, v° Succession, n° 354. — Laurent, IX, n° 146.

pour cela qu'il n'existe pas entre eux d'obligation alimentaire. L'objection tirée de l'art. 759 que l'on fait à cette solution, n'est rien moins que concluante, comme nous allons le voir dans un instant. Au surplus l'art. 759 a prévu le cas unique où ces enfants viennent par représentation : celui d'un droit direct est absolument passé sous silence [1].

§ 2. — *L'enfant naturel laisse son père ou sa mère.*

L'art. 765 nous enseigne que le père naturel n'a de droits à la succession de son fils que si celui-ci est décédé sans postérité. Si donc il laisse des enfants, fussent-ils même naturels, eux aussi, ces enfants excluent le père naturel, car ils sont compris dans le mot postérité qu'emploie l'art. 765 [2].

Si l'enfant n'est reconnu que par un seul de ses parents, celui-ci prend la totalité de la succession. S'il a été reconnu par tous les deux, ils se la partagent par moitié, même si la reconnaissance n'a été faite qu'après le décès de l'enfant, et pour lui succéder.

La succession anomale de l'art. 747, droit de retour de l'ascendant donateur, ne s'applique pas ici ; elle n'est faite que pour la famille légitime.

Supposons que l'enfant naturel soit mort laissant une postérité légitime. Si ces enfants viennent eux-mêmes à mourir, le père naturel de leur père légitime peut-il prendre leur succession ? Un arrêt récent de la Cour de Paris reconnaît qu'il y a entre ces personnes une parenté civile, et admet

(1) Aubry et Rau, VI, § 567.
(2) Delvincourt ; Toullier ; Dalloz ; Demolombe ; Aubry et Rau.

que la succession doit être dévolue à ce père naturel. De plus, on sait que les droits de succession sont réciproques et que les enfants légitimes de l'enfant naturel prédécédé représentent leur père et peuvent réclamer les droits que lui accordent les art. 757-758 [1]. L'opinion contraire prévaut pourtant, dans la doctrine : l'auteur de la reconnaissance, celui qui est improprement appelé aïeul naturel, ne doit pas succéder. Il n'existe pas de parenté civile entre les père et mère d'un enfant naturel et les descendants, même légitimes de ce dernier [2]. « L'argument de réciprocité « qu'on voudrait tirer de l'art. 759 ne serait pas concluant. Si, en général, les droits de succession sont réciproques, cette règle n'est cependant pas absolue [3]. » Ainsi, par exemple, l'adoptant ne succède pas à l'adopté, sauf pour les choses par lui données à l'adopté et qui se retrouvent en nature au moment du décès de ce dernier, conformément à l'art. 351 du Code civil.

§ 3. — *L'enfant naturel laisse des frères légitimes ou naturels.*

Sans insister sur ce que présente d'incorrect l'expression de frères légitimes, nous dirons que ces frères qui sont les enfants légitimes du père ou de la mère, recueillent tous les biens que le bâtard a reçus de ses parents. C'est une succession anomale. Mais ce cas de retour successoral

(1) Paris, 23 mai 1873.

(2) Chabot. — Liége, 24 déc. 1823, S. 25, 2, 375; Req. rej. 16 avril 1834. S., 35, 1, 67 ; Grenoble, 13 janvier 1840. S. 40, 2, 216.

(3) Aubry et Rau, t. VI, § 567, n. 7 et 8; Demante; Demolombe; Laurent, loc. cit., n° 148;

diffère de celui qui est institué par l'article 747, sous les deux points suivants : d'abord, dans le cas de l'article 747, l'ascendant donateur seul succède aux biens par lui donnés, tandis que dans l'article 766, ce sont les enfants légitimes du père naturel qui viennent à la succession anomale. En second lieu, la comparaison des termes employés par le législateur dans ces deux articles, nous montre que l'article 747 ne soumet au retour légal de l'ascendant que les biens que celui-ci avait donnés entre vifs au défunt ; « les ascendants succèdent à l'exclusion de tous autres, aux choses par eux *données.....* » L'article 766 fait, au contraire, rentrer dans le retour légal, indistinctement les objets que l'enfant naturel avait reçus entre vifs et ceux qui lui étaient advenus par succession de son père ou de sa mère : « En cas de prédécès des père et mère de l'enfant naturel, *les biens qu'il en avait reçus* passent aux frères ou sœurs légitimes..... [1]. »

D'accord avec MM. Aubry et Rau, nous pensons que, pour que s'ouvre la succession anomale, il faut qu'il y ait décès des deux auteurs de l'enfant naturel. Il ne suffirait pas que l'auteur naturel de qui le bâtard tenait les biens qui doivent retourner à ses enfants légitimes fût seul mort, car les frères légitimes ne doivent succéder que dans les mêmes cas que les frères naturels, et ces derniers sont exclus par le survivant des père et mère naturels. D'ailleurs l'article 766, en parlant du prédécès du *père* ET *de la mère*, enlève tout doute à cet égard [2].

(1) Comp. 351. — Demolombe XIX, § 157, Aubry et Rau, VI, § 608, n. 20.

(2) Contrà, Marcadé, sur 766. — Dijon, 1er août 1818, Dev. et Car., *Coll. nouv.* V. 2, 409. Riom, 4 août 1820, Sir., 21, 2, 313 ; Paris, 27 novembre 1845. Pal. t. 1er 1846, p. 224.

Faut-il étendre aux descendants des frères légitimes le droit de venir à la succession anomale de l'enfant naturel ?

Pour nous, nous pensons que ces descendants seront exclus de la succession anomale.

D'abord, y viendront-ils de leur chef ? Nous ne le croyons pas ; ces personnes ne sont pas successibles de l'enfant ntaurel, n'étant pas ses parents. Bien plus, les enfants légitimes eux-mêmes, ceux qui prennent la succession anomale, ne sont pas parents civilement à l'enfant naturel [1]. Cette succession est donc absolument exceptionnelle à tous les points de vue. De sorte que s'il a fallu un texte précis et formel pour attribuer ces biens aux frères et sœurs légitimes, à plus forte raison, ne doit-on pas les accorder sans un article spécial aux descendants de ces frères et sœurs, et cet article fait défaut. En effet, l'article 766 « appelle à la succession de l'enfant naturel « ses frères et sœurs naturels et leurs descendants, tandis « que pour les biens provenant du père ou de la mère, « elle se borne à appeler les frères et sœurs légitimes, « sans parler de leurs descendants. Donc, elle restreint au « premier degré de la descendance légitime du père ou de « la mère l'exercice du droit de retour sur les biens que « l'enfant naturel en a reçus [2]. »

Mais ces descendants pourraient-ils exercer le retour par représentation de leurs père et mère prédécédés ? Pas davantage. La représentation est une fiction de la loi et, dès lors, on ne peut la concevoir ni en faire l'application

---

(1) Un arrêt de la Cour d'Amiens va même jusqu'à dire que ces enfants légitimes prennent la succession anomale à titre de retour, mais non à titre d'héritiers et de leur chef. Amiens, 1er avril 1868. D. 1870, 2, 81.

(2) Laurent, IX, n° 175.

dans des hypothèses qui ne sont pas textuellement prévues par le législateur et la nôtre est de ce nombre. « un droit « aussi exorbitant ne peut être exercé que dans les condi- « tions, les limites et au profit de ceux que la loi indique « expressément. On ne peut pas objecter que la question « est implicitement prévue par les articles 739 ss. Ces « articles parlent exclusivement de la succession ordinaire « et la succession dont il s'agit ici n'est pas une succession « ordinaire [1]. »

Cependant la question est vivement controversée. Le plus grand nombre des auteurs enseigne que les descendants des frères légitimes peuvent exercer *jure proprio* le retour légal, car, dit-on, c'est bien moins comme parents collatéraux de l'enfant naturel que comme descendants de son père que les frères et sœurs légitimes sont appelés à exercer le droit de retour. Donc, la même qualité doit faire donner le même droit à leurs descendants. Cette opinion ne réfute pas l'argument que nous avons présenté : ni les frères légitimes, ni leurs descendants ne sont parents au bâtard. Un texte dérogatoire au droit commun donne, il est vrai, une vocation aux frères légitimes. Ce même texte passe sous silence les descendants des frères et sœurs. Donc, ils sont exclus [2].

Mais que décider dans l'hypothèse d'un frère légitime survivant au bâtard et des descendants d'un autre frère légitime prédécédé ? Le retour doit-il profiter au seul frère légitime survivant ?

(1) Laurent, *loco. cit.*, Civ. Rej. 1er juin 1853 D. 53, 1, 178.
(2) Pour l'opinion que nous repoussons : Toullier, Duranton, Merlin, répert. v° *représentation* ; Zachariæ, § 606 ; Demolombe, XIV. 156 ; Aubry et Rau, VI, § 608 et note 18.

Dans ce cas, M. Laurent appelle les descendants du
frère prédécédé. Sans doute ils ne pourraient à eux seuls
donner ouverture au droit de retour ; mais ce droit ouvert,
ils reparaissent et prennent par représentation la place de
leur père prédécédé. « Ne peut-on pas dire qu'il y a dans
l'article 766 deux ordres de successions ; l'un irrégulier,
celui des frères et sœurs naturels ; l'autre irrégulier aussi
quant à la vocation, celui des frères légitimes, mais régulier quant au partage ? » Cette succession anomale se divi-
sera par souche ; les biens qui la composent sont comme
un supplément, une partie de l'héritage du père commun ;
ses enfants ne doivent-ils pas partager cette fraction
comme ils ont partagé l'hérédité tout entière ? « Une fois
le retour ouvert, il n'y a plus que des parents légitimes en
cause et l'on ne voit pas pourquoi les rapports de ces
parents ne seraient pas régis par le droit commun. Les
descendants du frère légitime prédécédé pourront donc
invoquer le bénéfice de la représentation en vertu de
l'art. 742. »

Les frères et sœurs légitimes ne reprennent à titre de
retour légal que les biens qui viennent de l'auteur qui leur
était commun avec l'enfant naturel. Par conséquent, malgré ce que semble dire l'art. 766, tous les frères légitimes
indistinctement ne viennent pas à la succession anomale.
En effet, il faut se reporter aux principes qui régissent les
successions et qui sont applicables ici. Le frère légitime
consanguin n'a aucun droit à prétendre sur les biens provenant de la mère naturelle et réciproquement, les frères
utérins légitimes n'ont rien à prendre de ce qui vient du
père naturel, et, sauf le principe de l'art. 766, on ne
succède qu'à celui auquel on est rattaché par un lien civil.

« Donc, les enfants légitimes de chacun des deux parents succèdent aux biens reçus de ce parent [1]. »

Les frères et sœurs naturels du bâtard défunt, n'ont, eux, aucun droit à la succession anomale dont nous venons de parler. Ils ne peuvent recueillir que les biens de leur frère qui auraient une origine autre que celle des biens de la succession anomale. Dans ce cas, il y aura, à proprement parler, deux successions : la succession anomale, déférée aux frères légitimes et la succession ordinaire afférente aux frères naturels, et ceux-ci se la partageront à l'exclusion de toutes autres personnes, excepté leurs descendants s'ils sont eux-mêmes prédécédés.

Ces deux successions peuvent ne pas coexister. Tantôt l'enfant naturel n'ayant rien reçu de ses auteurs, les enfants légitimes de ces derniers n'auront aucun droit sur la succession ordinaire. Celle-ci, à défaut de frères naturels pour la recueillir, et de conjoint survivant du bâtard défunt, tombera en déshérence et sera, à ce titre, dévolue à l'Etat. Tantôt, au contraire, il n'y aura qu'une succession anomale. Alors, s'il n'existe pas de frères légitimes pour la recueillir, ou bien, ce qui revient au même, si ces frères renoncent à la succession ou en sont écartés comme indignes, elle sera recueillie par les frères naturels qui priment le conjoint survivant et l'Etat. Il en est de même si les deux successions coexistant, les frères légitimes la répudient ou bien en sont exclus pour cause d'indignité.

(1) Chabot, sur 766; Demante, III, n° 86 *bis*; Demolombe, XIV, § 154; Aubry et Rau, VI, § 608 et note 19; Laurent, IX, § 174.

POSITIONS

DROIT ROMAIN

1.º La femme esclave peut être concubine dans le sens technique du mot.

2º Les *liberi naturales*, enfants issus du concubinat, ne sont pas, il est vrai, les agnats de leur père, mais ils se rattachent à lui par le lien de la *cognatio*.

3º Par l'effet de la légitimation, les *operæ* dues au fils légitimé par des esclaves qu'il avait affranchis antérieurement, périssent absolument, sans qu'il y ait à distinguer entre les *operæ fabriles* et les *operæ officiales*.

4° Les personnes qui vivent en concubinat n'échappent pas aux peines édictées par les lois caducaires contre les *cœlibes* et les *orbi*.

DROIT CIVIL FRANÇAIS

1° L'enfant naturel reconnu par son père et par sa mère a le droit de porter le nom de l'un et de l'autre de ses auteurs.

2° L'enfant naturel reconnu n'a pas le droit de porter les titres de noblesse de ses père et mère ; cette noblesse ne lui est pas transmise.

3° L'enfant naturel reconnu a droit à une part en nature dans la succession de ses père et mère prédécédés.

4° Lorsqu'un père a fait un partage d'ascendant, l'enfant naturel reconnu, qui y a été omis, a le droit d'en provoquer un nouveau dans la forme légale, comme pourrait le faire un héritier légitime.

DROIT CRIMINEL

1° L'individu qui a tenté de commettre un crime, dont l'exécution se trouvait alors impossible, n'est point punissable.

2° L'aggravation de peine que motive la situation personnelle de l'auteur principal d'un crime ne s'étend pas au complice.

DROIT DES GENS

1° Les femmes mariées étrangères ne jouissent d'aucune hypothèque légale sur les biens que leurs maris possèdent en France.

2° Lorsqu'un étranger se fait naturaliser français, ses enfants, nés avant sa naturalisation, demeurent étrangers, fussent-ils encore mineurs au moment où leur père change de nationalité.

Vu :

Lyon, le 1er Mars 1880.

Le Doyen, Président de la Thèse.

E. CAILLEMER.

Permis d'imprimer :

Lyon, le 6 Mars 1880.

Le Recteur de l'Académie,

Em. CHARLES.

Lyon. — Imp. du *Saint Public*. — Bellon, rue de la République, 33.

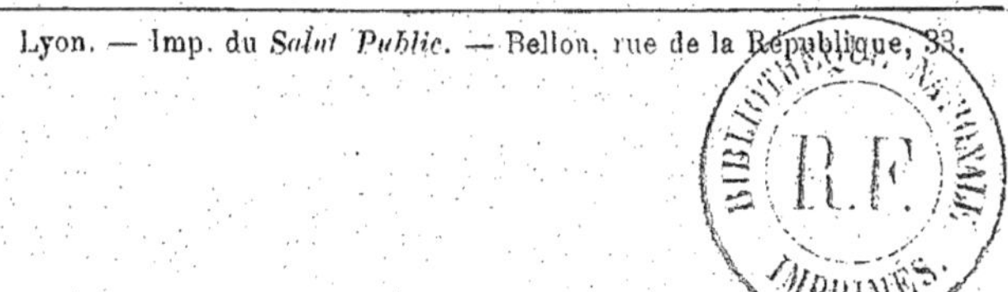